nympho_manie_

Carol Groneman

nympho*manie*

Die Geschichte einer Obsession

Aus dem Englischen
von Sonja Schuhmacher
und Rita Seuß

Campus Verlag
Frankfurt/New York

Die amerikanische Originalausgabe *Nymphomania* erschien 2000 bei W. W. Norton
Copyright © 2000 by Carol Groneman

Die Deutsche Bibliothek – CIP-Einheitsaufnahme

Ein Titeldatensatz für diese Publikation ist bei
Der Deutschen Bibliothek erhältlich
ISBN 3-593-36662-2

Copyright der deutschen Ausgabe © 2001 Campus Verlag GmbH, Frankfurt/Main
Umschlaggestaltung: RGB, Hamburg
Umschlagmotiv: © photonica, Hamburg
Satz: Leingärtner, Nabburg
Druck und Bindung: Wiener Verlag, Himberg
Gedruckt auf säurefreiem und chlorfrei gebleichtem Papier.
Printed in Austria

Besuchen Sie uns im Internet: www.campus.de

Für Steve,
meine große Liebe

Inhalt

Danksagungen

WIE DIE SPRICHWÖRTLICHE beiläufige Bemerkung eines Kellners bei Sardi's, aus der schließlich ein Stück für den Broadway wird, so entstand die Idee zu diesem Buch auf einer Historikerinnen-Konferenz in Little Berks, als Susan Reverby im Scherz meinte, eine Geschichte der Nymphomanie wäre ein echter Knüller. Fasziniert von der Idee, Nymphomanie könnte über das Verständnis weiblicher Sexualität Aufschluss geben, forschte ich zehn Jahre lang in Medizin und Strafrecht, Bereiche, mit denen ich kaum vertraut war. Aus diesem Grund war ich bei der Arbeit an diesem Buch in ganz besonderer Weise auf die Unterstützung durch Freunde und Kollegen angewiesen.

Als Erstes möchte ich meinen Helferinnen Betty Boyd Caroli und Deborah Gardner danken, die sich drei Jahre lang regelmäßig zusammensetzten und alle meine Textentwürfe kritisch beurteilten, manche sogar mehrmals. Dank ihrer klugen und kritischen Lektüre gab ich mich nie mit einfachen Antworten zufrieden.

Viele Freunde und Kollegen haben meine verschiedenen Textfassungen gelesen und kommentiert und mir geholfen, meine Ideen in Worte und Kapitel zu fassen. Ich danke Joan Jacobs Brumberg, Faye Dudden, Max Gitter, Dorothy Helly, Jacqueline Jaffe, Judith Levine, Richard Lieberman, Mary Ann Mason, Ralph Norgren, Mary Beth Norton, Ruth Rosen, David Rosner, Shirley Sarna, Nancy Tomes, Hannah Waldman, Lynne Zeavin und Judith Zinsser. Mein besonderer Dank gilt Elisabeth Gitter, die mir mit ihrer seltenen Kombination aus intellektuellem Scharfblick und guter Laune eine große Hilfe war.

Die Psychologin und Sexualtherapeutin Leonore Tiefer, zugleich eine wunderbare Freundin, war mir bei allen inhaltlichen Fragen eine

geduldige Zuhörerin. Sie ließ mich nie im Stich und half mir mit un-
erbittlicher Kritik und guten Ideen. Sie machte mich mit Sexualforschern bekannt, verschaffte mir Zutritt zu der International
Academy of Sex Research, wo ich 1995 einen Vortrag hielt, und lud
mich ein, an der von ihr gegründeten Women's Sexuality Study
Group mitzuarbeiten. Von dieser interdisziplinären Gruppe aus Psychologen, Psychiatern und Sexualforschern habe ich viel gelernt. Ihr
gehörten an: Cydelle Berlin, Peggy Brick, Betty Dodson, Marian
Dunn, Clare Holzman, Suzanne Iasenza, Meg Kaplan, Brunhild
Kring, Sandra Leiblum, June Reinisch, Pat Schreiner-Engel und
Sharon Thompson.

Die fachkundigen Kommentare zu meinen Vorträgen auf der
Tagung zur Geschichte der Frau in Berkshire, dem Columbia Seminar
on Women and Society, dem Women's Studies Seminar des John Jay
College of Criminal Justice, dem Women's Studies Program des Gra-
duate Center der City University of New York und dem Seminar des
New York University Institute for the Humanities schärften meinen
Blick. Großartige Arbeit haben meine wissenschaftlichen Assistenten
am CUNY Graduate Center geleistet, unter anderen Page Delano,
Tracy Morgan und in ganz besonderer Weise Kathy Feeley, die mir bei
den Recherchen zu diesem Buch eine große Hilfe war.

Ein Forschungsstipendium des American Council of Learned Socie-
ties sowie ein unterrichtsfreies Forschungsjahr verschafften mir die
nötige Zeit für die Arbeit an diesem Buch. Der Professional Staff Congress und das Board of Higher Education der University of New York
bewilligten mir mehrere Zuschüsse für meine Forschungen am Kinsey
Institute in Bloomington, Indiana, dem Institute for Advanced Study
of Human Sexuality in San Francisco sowie der National Library of
Medicine in Bethesda, Maryland. Dank auch dem Universitätsseminar
der Columbia University für ihre Unterstützung bei der Drucklegung
des Manuskripts.

Meine Lektorin Amy Cherry war fast noch früher als ich von diesem
Projekt überzeugt. Ihre Bereitschaft, jedes einzelne Kapitel zu lesen,
noch bevor das gesamte Manuskript vorlag, und ihre klugen Anmerkungen erleichterten mir den Arbeitsprozess enorm. Mein Dank gilt
auch meinem Agenten Georges Borchardt, der von Anfang an das Projekt begeistert mitgetragen hat.

Große Unterstützung erfuhr ich auch seitens des John Jay College of Criminal Justice. Danken möchte ich dem Präsidenten Gerald R. Lynch, dem Verwaltungsdirektor Basil Wilson und insbesondere dem für Zuschüsse zuständigen Mitarbeiter des Instituts, Jacob Marini, der mir behilflich war, die Anträge auf Bezuschussung so zu stellen, dass sie auch bewilligt wurden. Meinen Kollegen am Fachbereich für Geschichte und besonders am interdisziplinären Thematic Studies Program, wo ich unterrichte, gilt mein Dank für ihre ungebrochene Begeisterung und Diskussionsbereitschaft. Insbesondere der frühere Leiter des Bereichs für Thematic Studies Gerald Markowitz und dessen jetziger Leiter Michael Blitz, meine Kolleginnen und Kollegen Rudy Gray, Dan Juda, Billie Kotlowitz, den ich sehr vermisse, Sondra Leftoff, Jane Mushabac, Jill Norgren, Dennis Sherman sowie Abby Stein standen mir mit ihren Einsichten, ihren Kommentaren und Vorschlägen zur Seite.

Großen Dank schulde ich weiterhin Ron Brown, dem Bibliothekar der New York University Law School, der mir bei meinen juristischen Recherchen behilflich war, sowie David Garcia, der mir half, die Tücken immer neuer Computerprogramme zu bewältigen. Ich danke Gerald Heeger, dem früheren Dekan der School of Continuing and Professional Studies an der New York University, der mir Zugang zu den Bibliotheken der New York University verschaffte.

Meine Schwester Lorraine Hayne sowie meine Stieftochter Joanna Curry standen mir in der schweren Zeit treu zur Seite. Mit Steve Curry, meinem wichtigsten Leser und Kritiker, führte ich beim Abendessen endlose Gespräche über Nymphomanie. Sein Scharfblick trug erheblich zum Gelingen dieses Buches bei, und er behielt seine gute Laune auch nach dem x-ten Vortrag, wenn selbst Geschichten über Nymphomanie anfangen, langweilig zu werden. Ohne ihn wäre dieses Buch nicht zustande gekommen.

Einleitung

ALS ICH IM JAHR 1991 mit meinen Forschungen zur Geschichte der Nymphomanie begann, fragte ich meine Studenten, was ihrer Meinung nach unter Nymphomanie zu verstehen sei. Als das verlegene Gekicher abgeflaut war, führte ich eine anonyme Befragung durch, bei der etwa ein Drittel antwortete, Nymphomanie bezeichne eine mannstolle oder sexbesessene Frau; etwa ein Drittel meinte, es bedeute soviel wie Sexsucht, und einige dieser Studenten meinten, der Begriff beziehe sich auf Männer und Frauen; ein Drittel schließlich hatte von Nymphomanie noch nie etwas gehört und wusste mit dem Begriff nichts anzufangen.[1]

Meine Kollegen waren nicht weniger unsicher über die Bedeutung des Begriffs, und viele fragten, ob es denn das Phänomen heute noch gebe. War im Zuge der sexuellen Revolution denn nicht die ganze Problematik verschwunden? Eine Bekannte erzählte, ihr zwanzigjähriger Sohn und seine Clique verwendeten den Begriff »Nymphomanin« in einem positiven Sinn für Mädchen, die Spaß an Sex hätten. Andere taten ungefragt ihre Meinung kund. Ein Antiquar, der mir bei der Suche nach schwer zugänglichen Quellen half, bat mich, ihn mit einer Nymphomanin bekannt zu machen, da er die Swinging Sixties verpasst zu haben glaubte.

Meine Freundinnen vermuteten, es handle sich lediglich um eine weitere sexistische Klischeevorstellung. Und viele wollten wissen, ob es ein männliches Gegenstück dazu gebe. Ja, das gibt es, und bezeichnenderweise hatte keine von uns den Begriff je gehört: »Satyriasis«.

Wie so oft in der Forschung, brachten mir meine Recherchen einen Vorfall in Erinnerung, der zeigt, wie wichtig es ist zu verstehen, was mit dem Begriff Nymphomanie eigentlich gemeint ist. An der katholischen Highschool im Mittleren Westen, die ich Ende der fünfziger Jahre besuchte, bewunderten, ja beneideten meine Freundinnen eine hübsche, kluge Mitschülerin, die ich Martha nenne. Ihr gelang der schwierige Balanceakt zwischen einem »anständigen« und einem »unanständigen« Mädchen: Sie stand bei den Jungs hoch im Kurs, besuchte aber auch regelmäßig die Sonntagsmesse.

Im Frühjahr ihres dritten Schuljahrs jedoch verließ Martha plötzlich die Schule. Es hieß, sie sei bei »einer Tante in Indiana«, was damals eine Umschreibung für das Elizabeth Crittenton Home für ledige Mütter war. Martha, so erzählte man, hatte eine Party besucht, wo man ihr die »Spanische Fliege« verabreicht hatte. Jeder wusste, das es ein Aphrodisiakum war, das »unstillbares sexuelles Begehren« verursachte. Das Gerücht ging um, Martha hätte es »auf dem Pooltisch« mit allen Jungs getrieben. Wir waren entsetzt: Martha war unser Idol gewesen, wir hatten alle so sein wollen wie sie. Aber jetzt fingen wir an, uns von ihr zu distanzieren und brandmarkten sie als Luder, Schlampe und Nymphomanin. In unseren Teenagerköpfen bestand Marthas Sünde nicht etwa darin, dass sie vergewaltigt und »ruiniert« worden war. Nein, sie selbst war der Aggressor; sie selbst hatte es gewollt, das behaupteten jedenfalls die Jungs. Martha wurde nicht gefragt. Sie war lange Zeit unser Gesprächsthema Nummer eins, dann war sie vergessen.

Seither hat sich in diesem Land die Einstellung zur Sexualität und das Sexualverhalten von Grund auf gewandelt. Mit der sexuellen Revolution hat man sich zwar nicht von der Doppelmoral bei der Beurteilung sexuellen Verhaltens von Frauen und Männern verabschiedet, aber die Diskrepanz ist doch immerhin beträchtlich geschrumpft. Die Jungfräulichkeit hat ihre alles überragende Bedeutung verloren. Junge Frauen haben heutzutage mehr Sexualpartner, als sich die Generation ihrer liberalen Mütter je hätte träumen lassen. Hinzu kommt, dass sich in den vergangenen zwanzig Jahren ein neues Verständnis von Vergewaltigung entwickelt hat. Unsere Mutmaßungen über Marthas sexuelle Erfahrung auf dem Pooltisch wird daher heute als das erkannt, was es war: Gruppenvergewaltigung. Heutigen Moralvorstellungen zufolge hätte Martha entweder eine Abtreibung vornehmen lassen oder aber ihr Baby behalten können. Vielleicht hätte sie sogar auf der Highschool bleiben, einen Abschluss machen und dann aufs College gehen können.

Aber die sexuelle Gleichberechtigung hat (ähnlich wie das Wahl-recht für Frauen) keineswegs so grundlegende Veränderungen in Gang gesetzt, wie es sich Frauen erhofft haben. Die sexuellen Wünsche von Frauen werden heute, nach der sexuellen Revolution, eher akzeptiert. Weibliches Sexualverhalten ist zwar weniger reglementiert, aber in vielen Fragen herrscht Ungewissheit. Mit der Angst vor AIDS und im Zuge der religiösen Kampagne »Sag einfach nein!« (zu Sex) ist in den letzten Jahren das Pendel auf die andere Seite ausgeschlagen. Eine hitzige Debatte entbrannte über die Frage, wo die Grenze zu ziehen sei – bei der Jungfräulichkeit, beim vorehelichen Geschlechtsverkehr, beim Sex nur mit dem künftigen Ehepartner oder beim Sex mit einem Partner, den man liebt.

Auch wenn sich im 21. Jahrhundert neue Regeln für das sexuelle Verhalten entwickeln, lassen sich die alten Ängste und Befürchtungen nicht einfach abschütteln: Wie viel ist zu viel? Wie viel ist nicht genug? Gibt es ein gesundes, normales Maß an Sex? Und wer setzt die Maßstäbe? Mit diesen Fragen hat sich eine Untersuchung über Nymphomanie auseinander zu setzen. Mehr als zweihundert Jahre lang hat die wechselhafte und unklare Definition dieses Phänomens nur gezeigt, wie sehr unser Verständnis weiblicher Sexualität damals und heute kulturell geprägt ist.[2]

Eine Geschichte der Nymphomanie kann auch erklären, warum wir damals ein so vernichtendes Urteil über Martha gefällt haben. Kein Arzt hat je bei Martha Nymphomanie diagnostiziert. Und doch reflektieren ihr traumatisches Erlebnis, das Verhalten der Jungen und unser Urteil die Geschichte westlicher Vorstellungen von weiblicher Sexualität, von Madonnen und Huren – und die Tatsache, dass für die Kontrolle der männlichen Sexualität einzig und allein die Frauen verantwortlich gemacht werden.

NYMPHOMANIE ALS KRANKHEITSBILD ist relativ neu, aber die Wurzeln des Begriffs reichen weit in die Vergangenheit zurück. Dem griechischen Arzt Galen zufolge, der im 2. nachchristlichen Jahrhundert lebte, tritt das übersteigerte sexuelle Begehren vor allem bei jungen Witwen auf, die die mangelnde sexuelle Befriedigung in den Wahnsinn treibe. Ausgehend von der Theorie der Harmonie der Körpersäfte nahm die altgriechische Medizin an, die weiblichen Körpersäfte seien durch Kälte und Feuchtigkeit gekennzeichnet, und daher brauchten die Frauen den Geschlechtsverkehr, damit sich der Mutterschoß öffnen, das Blut erwärmen und abfließen könne. Dies sei der Grund für das unstillbare weibliche Verlangen nach dem männlichen Samen. Und weil Frauen ihr Verlangen weniger gut beherrschten, seien ihre fleischlichen Gelüste sehr viel stärker als die der Männer.[3]

Medizinische Vorstellungen von der vermeintlichen sexuellen Unersättlichkeit der Frau und das traditionelle religiöse Bild Evas als Verführerin blieben bis ins 18. Jahrhundert hinein im Wesentlichen unangetastet. Dann vollzog sich ein grundlegender Wandel im Verständnis der weiblichen Sexualität. In den modernen Vorstellungen von Nymphomanie, wie der »Furor uterinus« jetzt genannt wurde, spiegelt sich daher auch ein neues Bild vom weiblichen sexuellen Begehren.[4]

Dieser Wandel vollzog sich in unterschiedlichem Maße überall in der westlichen Kultur. Um ihn zu verstehen, müssen wir einen Blick auf die radikalen politischen, wirtschaftlichen und sozialen Veränderungen werfen, von denen das neue Frauenbild mitbestimmt war.

Der Gleichheitsgrundsatz im Zuge der amerikanischen Revolution schien ganz besonders in den neu gegründeten Vereinigten Staaten den Frauen neue Chancen zu verheißen. Wenn alle Menschen bestimmte unveräußerliche Rechte besaßen, wie es Revolution und Aufklärung verkündeten, warum war dann die Hälfte der Menschheit davon ausgeschlossen? In den nachfolgenden Jahrzehnten lieferten Naturrecht, Wissenschaft und Medizin auf diese Frage Antworten, die die traditionelle Hierarchie untermauerten: Ihre biologische Veranlagung hindere die Frauen, zusammen mit den Männern an den neu erworbenen politischen und sozialen Rechten zu partizipieren.[5]

Im Zuge dieser tief greifenden Veränderungen kam es Anfang des 19. Jahrhunderts zu einer Welle des moralischen Eifers. Protestantische Geistliche appellierten an die Frauen, für beide Geschlechter ein Vorbild an Tugend und Reinheit zu geben. Das Ideal weiblicher »Leidenschaftslosigkeit« ermöglichte es den Frauen, sich moralisch überlegen zu fühlen, gleichzeitig hob das neue Weiblichkeitsideal die Frau auf ein Podest. Auf diesem Sockel thronend, hatte sie nun die Aufgabe, die Glut männlicher Leidenschaft zu bändigen und die Reinheit der Familie zu schützen – während sie von Politik und Arbeitswelt ausgeschlossen blieb.[6]

Im Lauf des 19. Jahrhunderts untermauerte die Medizin dieses Verständnis der »natürlichen« Unterschiede von Männern und Frauen. In anatomischen Zeichnungen der Renaissance wurden die weiblichen Fortpflanzungsorgane als eine nach innen gewendete Variante der männlichen Organe dargestellt: die Vagina als nach innen gestülpter Penis, der aufgrund der geringeren Hitze des weiblichen Körpers nicht nach außen getreten ist. Im 19. Jahrhundert dagegen wurde dieses Bild durch die Vorstellung ersetzt, männliche und weibliche Geschlechtsorgane seien völlig verschieden. Dies ist eines von zahlreichen Beispielen für die neue Konzeption einer nicht nur körperlichen, sondern auch geistigen und moralischen Verschiedenheit von Mann und Frau.[7]

Freilich, die Ärzte konnten nicht vorschreiben, wie sich die Mehrheit der Frauen tatsächlich im Bett verhielt. Auch in der Medizin fanden zu jener Zeit große Umwälzungen statt, und der medizinische Berufsstand hatte noch nicht den gesellschaftlichen Status späterer Zeiten erlangt. Trotzdem wirkten die Ärzte – in der überwältigenden Mehrheit Männer – an der Legitimierung eines für Männer und Frauen strikt unterschiedlichen sexuellen Verhaltenskodex mit.[8] Das empfindliche Nervensystem, die monatlich wiederkehrende »Krankheit«, das kleinere Gehirn sowie die Fortpflanzungsorgane würden es den Frauen verbieten, zur Wahl zu gehen, außer Haus zu arbeiten, Bücher zu schreiben, die Universität zu besuchen und am öffentlichen Leben teilzunehmen.

Gleichzeitig mit der Entstehung dieses neuen Bildes der Weiblichkeit vollzog sich ein Wandel der Arbeitswelt. Die Tätigkeit des Mannes verlagerte sich von Landwirtschaft und Handwerk in die Fabrik und ins Büro. Frauen, so glaubte man, seien für diesen harten Wettkampf im öffentlichen Leben schlecht gewappnet. Dennoch hatten Frauen der Mittelschicht nach wie vor eine wichtige Rolle als Ehefrau, Mutter und Gehilfin des Mannes.[9]

Bezeichnenderweise wurde die Rolle der Hausfrau und Mutter gerade zu einer Zeit besonders hervorgehoben, als die Gesellschaft und auch die Frauen selbst die weibliche Tugend bedroht sahen, zumal eine steigende Zahl von Kindern unehelich geboren wurde und Männer sich immer häufiger wegen Verführung vor Gericht verantworten mussten. Mit der stärkeren gesellschaftlichen Mobilität zu Beginn des 19. Jahrhunderts lockerten sich auch die traditionellen gesellschaftlichen und familiären Kontrollen, die bis dahin sicher gestellt hatten, dass junge Leute im Fall einer Schwangerschaft heirateten.[10]

Für die neu entstehende Mittelschicht wurde die romantische Liebe zu einem grundlegenden Element bei der Wahl des Ehepartners. Die erotische Anziehungskraft, die jetzt beim Sex eine größere Rolle spielte, wurde damit gleichfalls zum Problem. Schriftsteller, Geistliche und Ärzte verwiesen darauf, wie gefährlich Leidenschaft insbesondere für Frauen sei. Früher hatten Eltern, Gerichte, die Kirche und die Dorfgemeinschaft Kontrolle ausgeübt. Jetzt fiel diese Aufgabe dem Einzelnen zu.[11]

Aber die Sexualität stellte nicht nur für Frauen ein Problem dar. Die Medizin des 19. Jahrhunderts betrachtete den Körper als einen geschlossenen Energiekreislauf. In der Ejakulation sah man eine Gefahr für den Verschleiß der begrenzten Ressourcen des männlichen Körpers, und die Masturbation wurde bis ins 20. Jahrhundert hinein in geradezu panischer Weise verteufelt. Gleichzeitig glaubten Mediziner wie Laien, die – wenn auch kontrollierte – sexuelle Lust sei bei Männern etwas Natürliches, nicht aber bei Frauen. Folglich wurde das männliche Gegenstück zur Nymphomanie, die Satyriasis, anders und weitaus seltener diagnostiziert und behandelt. Der Flirt, der verführerische Blick und anderes Verhalten, das bei Frauen bisweilen als Nymphomanie bezeichnet wurde, galt bei Männern keineswegs als ein Krankheitssymptom. Don Juan war schließlich ein gefeierter Held. Satyriasis wurde selten durch Kastration behandelt, Klitoridektomie und Ovarektomie, die Entfernung von Klitoris und Eierstöcken, wurden dagegen zur Behandlung von Nymphomaninnen von Ärzten durchaus empfohlen.[12]

Im 19. Jahrhundert wurde nicht mehr die Fleischeslust, sondern Sittsamkeit und Unterwürfigkeit zum Inbegriff des weiblichen Charakters. Das bedeutete jedoch keineswegs, dass man Frauen das sexuelle Begehren absprach. Nur wenige Ärzte vertraten diese extreme Auffassung. Die Medizin sah es vielmehr als drohendes Problem, dass Frauen von ihrem sexuellen Begehren überwältigt wurden. Von Natur aus weniger leidenschaftlich als Männer, galten Frauen auch als weniger rational, damit aber auch als anfälliger für Nymphomanie und andere »geschlechtlich bedingte« Krankheiten, besonders in so »kritischen Phasen« wie Pubertät, Menstruation, Schwangerschaft und

Menopause. Nicht frei von Widersprüchen formulierte die Medizin
wie auch die religiöse Erbauungs- und die Ratgeberliteratur ein neues
Ideal der Weiblichkeit: Frauen seien von Natur aus tugendhafter und
keuscher als Männer, die Rolle als Mutter sei ihnen wichtiger als die der
Sexualpartnerin; daher sollten sie als moralische Richterinnen über die
Geschlechterbeziehungen wachen.[13]

Dieser sexuell passive »Engel im Haus«, den das neue Weiblichkeitsideal beschrieb, entstammte der Mittel- und Oberschicht. In der viktorianischen Epoche mit ihren Klassen- und Rassenstereotypen nahm
man an, dass nur die höher gestellten Schichten diesem Ideal nahe
kommen könnten. Die Frauen der Unterschicht, die Armen, die Einwanderer und die Schwarzen mit ihrer primitiveren und animalischen
Natur seien hingegen promiskuitiv veranlagt. Das neue Weiblichkeitsideal bezog sich also ausschließlich auf Frauen aus der weißen Mittelschicht.[14]

IN DIESEM SOZIALEN UND POLITISCHEN UMFELD entstand die Nymphomanie als Krankheitsbild.[15] Im Laufe des 19. Jahrhunderts nahm die
Erörterung dieser Krankheit (obwohl sie bei relativ wenigen Frauen
diagnostiziert wurde) in der medizinischen Literatur immer breiteren Raum ein. Seien es knappe Bemerkungen über eine bestimmte
Patientin oder ausführlichere Darstellungen der Krankheit – die Fälle,
von denen in diesem Buch die Rede ist, zeugen vom Bemühen der
Ärzte (und manchmal auch der Patientinnen), die Bedeutung der
Nymphomanie genauer zu fassen. Es handelt sich durchweg um
Frauen aus der Mittelschicht, die aktiv den Geschlechtsverkehr suchten, ein gesteigertes sexuelles Verlangen an sich feststellten, masturbierten und von Sex träumten. In einer Welt, in der die Frauen sexuell
passiv zu sein hatten, enthüllte die unkontrollierte und unersättliche
sexuelle Gier der Nymphomanin alle Widersprüchlichkeiten dieses
Modells.[16]

Ich möchte nicht ausschließen, dass einige dieser Frauen tatsächlich
geistig oder körperlich krank waren. Auch möchte ich nicht behaupten, dass frauenfeindliche Ärzte diese Diagnose bloß erfunden hätten,
um Frauen zu unterdrücken. Aber ich glaube, dass diese Fälle zeigen,
welche vielfältigen Deutungen Ärzte und ihre Patientinnen zu bestimmten Zeiten für bestimmte Erscheinungsformen sexuellen Begeh-

rens fanden und sie dann als Krankheit beziehungsweise Störung diagnostizierten.[17]

Die Medizin ist zwar der Ausgangspunkt zur Erforschung der Nymphomanie, aber nicht ihr Endpunkt. Die Geschichte greift über auf das Recht, die Psychologie, die populäre Kultur und auf deren wechselseitige Beziehungen. Aufgrund der Vieldeutigkeit der Nymphomanie als strafrechtliches, medizinisches, psychologisches und kulturelles Phänomen lässt sich ihre Geschichte nicht in linearer Abfolge erzählen, sondern in Kapiteln, die um zwei sich vielfach überschneidende Themenkomplexe kreisen.

Nymphomanie ist eine Metapher für die Fantasien und Ängste, Befürchtungen und Gefahren, die sich im Laufe der Jahrhunderte im Zusammenhang mit der weiblichen Sexualität entwickelt haben. Wenn wir den verschiedenen Bedeutungen dieser Metapher im Zeitraum der letzten zweihundert Jahre nachgehen, erkennen wir, wie stark diese Bedeutung vom Blickwinkel des Betrachters abhängt. Alfred Kinsey, einer der bekanntesten Sexualforscher des 20. Jahrhunderts, brachte diesen Gedanken in seiner Definition der Nymphomanin als »jemand, der mehr Sex hat als man selbst,« auf den Punkt. Bei der Analyse der medizinischen, strafrechtlichen, psychologischen und volkstümlichen Vorstellungen von »sexbesessenen« und daher »kranken« Frauen erkennen wir, wie viel sie über die Kultur aussagen, die diese Bilder hervorgebracht hat.[18]

Im Laufe der Zeit haben Fachleute aus allen möglichen Bereichen – Ärzte, Psychologen, Psychoanalytiker, Rechtsanwälte, Biochemiker, Sexualforscher und Kriminologen – immer wieder den Anspruch erhoben, über die weibliche Sexualität das letzte Wort gesprochen zu haben. Unter dem Deckmantel der Objektivität gingen sie völlig unbekümmert davon aus, dass Sexualität universell, angeboren und biologisch determiniert sei. Doch die vielen Spielarten der Nymphomanie legen das Gegenteil nahe: Es gibt keinen unveränderlichen Wesenskern, der von äußeren Einflüssen frei ist. Sexualität ist nicht nur auf den Körper beschränkt. Ihre Bedeutung wird von unterschiedlichen Kräften determiniert, auch von dem, was jeweils als »normal« oder »natürlich« gilt. Die Theorien und Erklärungsmodelle von Experten zeigen, wie sehr diese als wissenschaftlich ausgegebenen Begriffe und Vorstellungen selbst wieder das Produkt älterer Stereotypen von

Weiblichkeit sind. In einer Welt, in der die Wissenschaft zum Grad-
messer der Wahrheit geworden ist, beeinflussen diese althergebrachten
Vorstellungen Medizin, Psychologie und Strafrecht ebenso wie die
populäre Kultur.

Nymphomanie galt zunächst als ein organisches Leiden, später als
eine psychische Störung, und heute betrachtet man sie mit einem
gewissen Amüsement, wenngleich ihre dunkle Seite keineswegs verschwunden ist. Medizinische Fallschilderungen, Gerichtsprotokolle,
psychologische Tests und populäre Quellen zeigen, welch verschlun-
gene Wege der Begriff der Nymphomanie im Lauf der vergangenen
zweihundert Jahre genommen hat.

Nymphomanie als körperliches Phänomen

IM JAHR 1841 wurde bei Miss T., der neunundzwanzigjährigen Tochter eines Bauern in Massachusetts, Nymphomanie diagnostiziert. Für den Arzt, der den Fall im *Boston Medical and Surgical Journal* beschrieb, bestand kein Zweifel an der Diagnose. Ihre »abstoßend obszöne« Sprache und die Art, wie sie sich bewegte, seien Ausdruck ihrer unkontrollierten »libidinösen Gefühle«. Zwar sei sie gesund, aber unruhig und mürrisch und habe »Hysterieanfälle«, wenn sich die Ärzte näherten. Bei einer Vaginaluntersuchung wurde eine vergrößerte Gebärmutter und eine extrem feuchte Vagina festgestellt, ihre lange und »geschwollene« Klitoris jedoch hielt man für das verräterische Anzeichen der Nymphomanie. Man verabreichte ihr Ätzmittel für die Genitalien, um ihre Glut abzukühlen, sowie Aderlass und Kaltwasserduschen. Nach ein paar Wochen stellten die Ärzte eine deutliche Besserung fest und fanden »keine Symptome mehr, die auf Nymphomanie hindeuteten«. Eine erneute Vaginaluntersuchung ergab »allen Anschein von Sittsamkeit«, unter anderem auch eine zurückgebildete, stark verkleinerte Klitoris.[1]

Zu der Zeit, als Miss T. behandelt wurde, waren Aderlass und Ätzmittel gängige Therapiemaßnahmen für die meisten Krankheiten.[2] Über die Ursachen von Krankheiten war nicht viel bekannt, und die Ärzte wandten traditionelle Heilmittel an, die auf der altgriechischen Vorstellung beruhten, die Krankheit sei ein Zustand des inneren körperlichen Ungleichgewichts. Durch Aderlass und Abführmittel sollte dieses Gleichgewicht wieder hergestellt werden. Ätzmittel schufen einen Gegenreiz, der die Gifte aus dem Körper zog und ihn wieder in sein natürliches Gleichgewicht brachte. Kühlende Bäder, maßvolle

Ernährung und Beruhigungsmittel sollten die überreizten Nerven beruhigen. Diesen Glauben teilten Ärzte wie Laien.[3] Für Ärzte und Patienten waren Brechmittel und Aderlass der Beweis dafür, dass der Arzt der Krankheit entschlossen entgegentrat.

Bei Miss T. diagnostizierten die Ärzte eine Krankheit der Geschlechtsorgane. Auch Männer wurden bei zahlreichen Leiden zur Ader gelassen und mit Abführ- und Ätzmitteln behandelt, aber die Beschwerden der Männer wurden weitaus seltener mit den Geschlechtsorganen in Verbindung gebracht. Die weiblichen Fortpflanzungsorgane dagegen verursachten, wie man glaubte, körperliche und geistige Krankheiten. Da damals viele Frauen überarbeitet, unterernährt und durch zahlreiche Schwangerschaften geschwächt waren, überrascht es nicht, dass sie unter allen möglichen körperlichen Beschwerden litten. Schwächezustände, die mit den Eierstöcken und der Gebärmutter zu tun hatten, waren also durchaus nichts Ungewöhnliches.

Aber auch ideologische Gründe spielten eine Rolle. Man war allgemein überzeugt, dass die Fortpflanzungsfähigkeit der Frau – von der Pubertät bis zur Menopause – ihr ganzes Dasein bestimme. Die Gebärmutter (und seit Mitte des 19. Jahrhunderts auch die Eierstöcke) hatte nach landläufiger Meinung sehr viel mehr Einfluss auf die weibliche Natur als die Hoden auf das Leben des Mannes. Folglich glaubten nicht nur die Ärzte, sondern auch der Durchschnittsbürger, gynäkologische Probleme verursachten nicht nur viele Frauenkrankheiten, sondern auch nervöse und psychische Störungen.

Da man überzeugt war, alle Teile des Körpers stünden miteinander in Verbindung, konnte eine Magenverstimmung den Geist verwirren und umgekehrt. Besonders die »Reflex«-Theorie besagte, dass eine Erkrankung der Genitalien eine sympathetische Reaktion in anderen Organen, vor allem im Gehirn, zur Folge haben könne. Diese Theorie galt zwar auch für Männer, aber die Frauen mit ihrem empfindlichen Nervensystem und ihren monatlichen »Krisen« betrachtete man als anfälliger für alle möglichen Krankheiten. Sehr viel häufiger als für Männer bestand für Frauen infolge des monatlichen Blutverlustes die Gefahr, ihr inneres Gleichgewicht zu verlieren.[4]

Derartige Theorien prägten die medizinischen Vorstellungen so unklarer Krankheiten wie Nymphomanie. Über Miss T. erfahren wir von den Ärzten weiter nichts, als dass man sie für geheilt erklärte.

Hätte sie aber auf die Therapie nicht angesprochen, wäre sie womöglich in einer der neu geschaffenen Nervenheilanstalten untergebracht worden. Dort beobachteten Ärzte die extremsten Fälle des als Nymphomanie diagnostizierten weiblichen Verhaltens – unschickliche Belästigung von Anstaltsbediensteten, schmutzige und obszöne Sprache, Sich-die-Kleider-vom-Leib-Reißen und Masturbieren in der Öffentlichkeit.[5] Die in diesen Berichten beschriebenen Frauen waren womöglich tatsächlich psychotisch oder geisteskrank. Vielleicht war dieses für Frauen unziemliche Verhalten nur ein Aufbegehren gegen die Repressionen seitens der Anstalt, wurde von Ärzten und Bediensteten aber als Symptom einer geschlechtlichen Erkrankung verstanden.[6]

Mediziner, die über Nymphomanie berichteten, sahen jedenfalls einen Zusammenhang zwischen dem unangemessenen Verhalten von Patientinnen in Nervenheilanstalten und Frauen, die mit Bedenken über ihr sexuelles Verlangen zu ihnen kamen. Die Folge war, dass ein breites Spektrum von Verhaltensweisen unter Nymphomanieverdacht stand. Nymphomanie wurde bei lasziven Blicken ebenso diagnostiziert wie bei sexuellen Übergriffen auf Männer.

Im 19. Jahrhundert glaubten Ärzte und Patientinnen, die ärztliche Hilfe suchten, starkes sexuelles Verlangen bei Frauen sei ein Krankheitssymptom. Selbstbeherrschung und Mäßigung waren Voraussetzung für die Gesundheit von Männern und Frauen, aber aufgrund der – wie man annahm – geringeren sexuellen weiblichen Lust wurde jedes noch so kleine Anzeichen von Exzess als gefährliche Nähe zum sexuellen Wahnsinn gedeutet. Es überrascht nicht, dass Ärzte die ärgsten Bedenken hatten, wenn sich die Krankheit bei »gebildeten und tugendhaften« Frauen manifestierte.

Medizinische Theorien versuchten immer wieder, den Ursachen von Nymphomanie auf den Grund zu gehen, und machten überreizte Nerven, Gehirnentzündung, Rückgratverletzung, Missbildung des Kopfes, gereizte Genitalien und eine vergrößerte Klitoris dafür verantwortlich.[7] Aber die Ärzte hatten auch moralische Bedenken. In ihren Augen war Nymphomanie sexuelle Genusssucht und Maßlosigkeit, ein dem Willen nicht unterworfenes sexuelles Begehren und die Unfähigkeit, der Versuchung zu widerstehen. Einerseits wurde übersteigertes sexuelles Begehren als krankhaft definiert, andererseits sah man die Wurzeln des Übels in mangelnder moralischer Strenge und Willenskraft. Die erste ausführliche Untersuchung der Krankheit, das Werk *La nymphomanie ou Traité de la Fureur utérine* des ansonsten unbekannten französischen Arztes M.D.T. Bienville von 1771, das 1775 in englischer Sprache erschien, betonte diesen Zusammenhang. Allzu üppiges Essen, zu viel Schokolade, unreine Gedanken, die Lektüre von Romanen oder »heimliche Pollution« (Masturbation) überreizten, so Bienville, die empfindlichen weiblichen Nervenfasern und führten zu Nymphomanie.[8]

Bienvilles Nachfolger äußerten dieselben Bedenken, und Ermahnungen zu tugendhaftem Verhalten waren im Lauf des 19. Jahrhunderts immer häufiger zu hören. Da es weder zu einem medizinischen Durchbruch noch zu einer Entdeckung im Hinblick auf »exzessive« oder »unkontrollierbare« Sexualität kam und es keine wirksamen Heilmittel für nervöse und psychische Erkrankungen gab, blieb der gesunde Menschenverstand, gepaart mit moralischen Ermahnungen und der Anwendung herkömmlicher Methoden, die beste Waffe der Ärzte. Und im letzten Viertel des 19. Jahrhunderts gelangten Gynäkologen schließlich zu der Überzeugung, Nerven- und Geisteskrankheiten könnten dadurch geheilt werden, dass man den Frauen die Fortpflanzungsorgane operativ entfernte.

Gehirn oder Genitalien?

ALS SICH IM LAUFE DES 19. JAHRHUNDERTS die medizinischen Fachgebiete Gynäkologie, Neurologie und Psychiatrie herausbildeten, kam es zu Grabenkämpfen, bei denen jedes Fachgebiet seine eigenen physiologischen Erklärungen und Behandlungsmethoden für Frauenkrankheiten propagierte. Aber trotz aller Bemühungen, die Symptome zu klassifizieren und die Ursachen auf eine solide naturwissenschaftliche Grundlage zu stellen, blieb Nymphomanie nach wie vor schwer fassbar. Spezialisten wie Neurologen und Irrenärzte (wie Psychiater damals genannt wurden) suchten die physiologischen Ursachen der Nymphomanie in Gehirnverletzungen, Veränderungen in den Blutgefäßen des Gehirns, Verdickung der Schädelknochen oder überreizten Nervenfa-

sern. Sie setzten sich mit der »Gebärmuttertheorie« auseinander, derzufolge kranke Genitalien das Leiden verursachten. Auf diese Weise hofften sie, Nymphomanie diagnostizieren, behandeln und vielleicht sogar heilen zu können, und bekräftigten zugleich ihren Anspruch als Spezialisten.[9]
Neurologen suchten nach einem Zusammenhang zwischen dem Gehirn und dem Nervensystem, um den Ursachen für Sexbesessenheit bei Männern und Frauen auf die Spur zu kommen. Mittels Obduktion und Untersuchung der Rückenmarksflüssigkeit fahndeten sie nach Anzeichen einer behandelbaren Krankheit. Doch die Autopsie angeblicher Nymphomaninnen ergab keine signifikanten Veränderungen des Gehirns, was die Theorien der Nervenärzte in Frage stellte.[10] Neurologische Untersuchungen erbrachten so gut wie keine organischen Hinweise dafür, dass Nymphomanie etwas mit dem Gehirn zu tun hätte. Da aber Alternativen fehlten, empfahlen Neurologen weiterhin kalte Umschläge, lange Phasen erzwungener Inaktivität und andere Heilmittel für Gehirn und Nervensystem.

Irrenärzte brachten ausbleibende oder unregelmäßige Menstruation und ähnliche Symptome mit Nerven- und Geisteskrankheiten in Verbindung, suchten aber gleichzeitig im Gehirn und im Nervensystem nach Ursachen für die Störung. Als Direktoren neu eröffneter Nervenheilanstalten vertraten sie den damals modernen Gedanken, Geisteskrankheiten seien heilbar. Viele waren überzeugt, die Störungen könnten mit »moralischen Mitteln« behandelt werden. Verrückte und andere als Irre diagnostizierte Menschen mit psychischen Leiden sollten nicht mehr in Kellergeschossen und Dachböden weggesperrt werden, sondern in Anstalten untergebracht und in einer angenehmen Umgebung durch Ausübung einfacher Tätigkeiten und einer »geregelten Lebensweise« behandelt werden. Obwohl unsicher über die Ursachen weiblicher Krankheiten wie Hysterie, Hysteromanie und Nymphomanie, blieben Nervenärzte noch bis weit ins 19. Jahrhundert hinein vom Erfolg dieser neuartigen, humanen Behandlungsmethode überzeugt.[11]

Anfang des 19. Jahrhunderts vertrat die Phrenologie, die damals als ernsthafte Wissenschaft betrachtet wurde, eine andere Erklärung für übersteigerte Sexualität. Die Phrenologen glaubten, die Abmessung des menschlichen Schädels lasse Rückschlüsse auf geistige Fähigkeiten zu. Ein vergrößertes Kleinhirn (zuständig für die Koordination der

Muskeln und für den Gleichgewichtssinn) deute auf zügellose sexuelle Lust hin. Aber ein besonders spektakulärer Fall, der um 1840 im amerikanischen *Journal of Psychological Medicine and Mental Pathology* und in der englischen medizinischen Zeitschrift *The Lancet* dargestellt wurde und dessen verstörende Details im 19. Jahrhundert immer wieder erörtert wurden, widerlegte diese Behauptung auf dramatische Weise. Im Autopsiebericht einer Zwölfjährigen, bei der man Nymphomanie diagnostiziert hatte, hieß es, das Mädchen besitze überhaupt kein Kleinhirn. Weitere Einzelheiten kannte man nicht, und wir wissen auch nicht, warum bei ihr Nymphomanie festgestellt wurde. Aber ohne ein Kleinhirn hätte das Mädchen nicht einmal gehen können.[12]

Wenn Ärzte im 19. Jahrhundert als Ursache von Frauenkrankheiten noch nicht nachgewiesene Hirnschädigungen oder ein überreiztes Nervensystem annahmen, so betonten Gynäkologen die zentrale Bedeutung der Fortpflanzungsorgane nicht nur für körperliche, sondern auch für psychische Leiden.[13] Die Gynäkologie, in der ersten Hälfte des 19. Jahrhunderts noch nicht als medizinisches Spezialgebiet etabliert, musste um Anerkennung ringen und gegen die Ansicht kämpfen, die Untersuchung der weiblichen Genitalien durch männliche Ärzte sei unschicklich. Der allgemeine Moralkodex und das weibliche Schamgefühl setzten den Untersuchungsmethoden enge Grenzen. Anfang des 19. Jahrhunderts wurden Patientinnen gewöhnlich angekleidet untersucht, der Arzt stellte ihnen zweckdienliche Fragen, betrachtete ihr Gesicht, ihre Hände und Füße und gab eine Diagnose, ohne die Genitalien untersucht zu haben.[14]

Un die Jahrhundertmitte begannen Gynäkologen zögerlich das Spekulum zu verwenden (ein Vorläufer des heutigen Instruments zur Vaginaluntersuchung) und gründlichere Untersuchungen vorzunehmen. Moralisten protestierten jedoch gegen diesen Übergriff auf den weiblichen Körper. Ein Kritiker befürchtete sogar, allein die Verwendung des Spekulums errege die sexuelle Lust der Frauen und verursache Nymphomanie.[15]

Die Medizin war im 19. Jahrhundert kein einheitliches Lehrgebäude, und die Ärzte waren sich über Frauenkrankheiten keineswegs einig. Die Patientinnen und ihre Familien hatten die Wahl zwischen so unterschiedlichen Behandlungsmethoden wie Homöopathie, Hyp-

nose, Hydrotherapie (die Heilbehandlung durch Wasser) und volkstümlichen Heilmitteln. Die einzelnen medizinischen Fachgebiete for-
mulierten konkurrierende Theorien, Definitionen und Therapien, vor
allem bei einem so unklaren Krankheitsbild wie Nymphomanie. Wie
wir noch sehen werden, beeinflussten auch die Frauen selbst durch die
Schilderung der Symptome das gängige Bild dieser Krankheit.[16]
   Von dem folgenden Fall berichtete Dr. Homer Bostwick, der Verfasser von *A Treatise on the Nature and Treatment of Seminal Diseases,
Impotency and Other Kindred Affections*, ein Werk, das im Jahr 1855
in der achten Auflage erschien. Er schildert den Fall einer Frau, die sich
selbst als derart von Leidenschaft überwältigt darstellt, dass sie wahnsinnig zu werden fürchte.

Ein Fall von Nymphomanie

MRS. R., EINE KLEIN GEWACHSENE, korpulente, seit kurzem verwitwete
Zwanzigjährige von lebhaftem Charakter, suchte Dr. Bostwick aus
purer Verzweiflung auf. »Wenn man mich nicht bald aus diesem qual-
vollen Zustand erlöst, wird mich der Kampf zwischen meinem Moral-
empfinden und meinem lasziven Begehren noch ins Grab bringen«,
erklärte sie. Sie gab der Lektüre von Romanen und den ausgelassenen
Festen ihrer Jugendzeit die Schuld daran, »dass meine Fantasie völlig
überdreht ist«. Offensichtlich war sie mit der Behauptung vertraut,
Frauen seien Männern geistig unterlegen. Folglich hielt sie es für
gefährlich, auf diese Weise die Fantasie anzuregen. Sie erklärte Dr.
Bostwick, ihre Leidenschaft sei so stark, dass »ich mich in Anwesen-
heit des anderen Geschlechts nur unter den allergrößten Schwierigkeiten wie eine Dame benehmen kann«. Auch nach ihrer Heirat gelang es
ihr nicht ganz, ihr »übersteigertes sexuelles Verlangen« zu zügeln, und
sie praktizierte auch weiterhin »Selbstbefleckung« (Masturbation).
Seit dem Tod ihres Mannes »ist meine Leidenschaft mehr denn je ent-
flammt, und ich habe Angst, wahnsinnig zu werden, wenn ich nicht
aus diesem Zustand erlöst werde«.[17]
   Dieser Fall, dargestellt mit Mrs. R.s Worten, liest sich wie einer jener
Fälle, die Bienville in seiner klassischen Studie zur Nymphomanie

beschrieb. Er enthält alle Elemente, die das Bild dieser Krankheit im 19. Jahrhundert prägten: entfesselte Fantasie, unkontrollierbares sexuelles Verlangen, Romanlektüre, ein moralischer Kampf und ein unaufhaltsames Abgleiten in den Wahnsinn. In Mrs. R.s Beteuerung »Ich bin sicher, dass meine lasziven Gefühle nicht natürlich sind, sie müssen die Folge einer Krankheit sein« zeigt sich der Einfluss ärztlicher Vorstellungen von weiblichem sexuellem Begehren und von weiblichem Anstandsgefühl.[18] Es ist unwahrscheinlich, dass Mrs. R. Bienvilles Buch oder andere medizinische Fachliteratur kannte, dennoch war sie durchdrungen von den in diesen Schriften enthaltenen Meinungen und war offenbar auch überzeugt, sexuelle Unschicklichkeiten gehören in ärztliche Behandlung.

Dr. Bostwick untersuchte mit einem Spekulum die »gereizten« und »entzündeten« Genitalien sowie die vergrößerte Klitoris. Er verordnete Mrs. R. Sitzbäder, strenge Diät und Duschen; sie sollte Eisbeutel auf den Genitalbereich legen, und an die Gebärmutter wurden Blutegel angesetzt, um das böse Blut abzusaugen. Nach ein paar Wochen erklärte Dr. Bostwick seine »hochachtbare« Witwe aus Boston für vollständig geheilt. Sie heiratete sogar wieder.[19]

Hier wie in mehreren anderen Fällen, die Dr. Bostwick beschrieb, blieb es nicht dem Arzt vorbehalten, Nymphomanie zu definieren. Die Patientinnen hatten ähnliche Vorstellungen über den Körper und die Leidenschaften wie er. Auch sie waren misstrauisch und ängstlich besorgt angesichts »widernatürlicher« Gefühle, die sie als Anzeichen sexueller Krankheiten verstanden.

Nymphomanie contra Satyriasis

IN FACHZEITSCHRIFTEN DES 19. JAHRHUNDERTS, in medizinischen Lehrbüchern und Nachschlagewerken wurde Satyriasis häufig als das Gegenstück zur Nymphomanie beschrieben. Da die Ärzte jedoch überzeugt waren, Frauen hätten in der Regel ein geringeres sexuelles Verlangen als Männer, gingen viele davon aus, dass bei Männern diese Krankheit weitaus seltener auftrat. Man nahm auch an, dass Nymphomanie als Krankheit sehr viel schlimmer sei als Satyriasis. Und für eine

Nymphomanin prognostizierte man sehr viel Schrecklicheres als für einen an Satyriasis erkrankten Mann. Das Schicksal der Nymphomanin war die Prostitution oder das Irrenhaus, während manche Ärzte der Meinung waren, ein Mann mit gesteigertem Geschlechtstrieb könne ein ganz normales Leben führen, wenn es ihm nur gelänge, sich zu beherrschen.[20]

Viele Ärzte erkannten, dass es für Männer einfacher war, ihre sexuellen Bedürfnisse in »unerlaubten Ausschweifungen« zu befriedigen, wenngleich sie dies öffentlich kritisierten. Henry Maudsley, ein einflussreicher englischer Psychiater und Herausgeber des *Journal of Mental Science*, meinte, solche Liasons würden »öffentlich verurteilt, heimlich praktiziert und stillschweigend verziehen«.[21]

Fallstudien an Satyriasiskranken in Irrenhäusern wie Privatpraxen machen sehr widersprüchliche Angaben. Wie bei der Nymphomanie, so galt die Masturbation in der Öffentlichkeit, die Zurschaustellung sexueller Handlungen sowie sexuelle Übergriffe auf Frauen, Kinder und Anstaltsmitarbeiterinnen als Satyriasis. Als Ursache wurden ähnliche Faktoren genannt wie bei der Nymphomanie: entzündete Genitalien, Verletzungen des »zerebrospinalen Systems«, Gehirntumor, Opiumkonsum und extreme sexuelle Enthaltsamkeit beziehungsweise exzessiver Geschlechtsverkehr. Zuweilen wurde Satyriasis mit »Priapismus« verwechselt, eine schmerzhafte Erkrankung, bei der der Penis über Stunden, ja Tage hinweg erigiert bleibt. Kastration wurde zwar zur Behandlung von Satyriasis gelegentlich praktiziert, aber diese drastische Maßnahme war bei Männern mit geistigen Störungen offenbar keine Routinebehandlung.[22] In keinem der Fälle von Satyriasis wurde Flirten, laszive Blicke oder Parfümierung (was bisweilen als »leichte Nymphomanie« bezeichnet wurde) als Symptome genannt.

Die Verhaltensmaßstäbe für Frauen waren natürlich sehr viel strenger als für Männer. Manche Ärzte erkannten durchaus, in welchem Maße Frauen durch soziale Kontrolle gehindert wurden, ihre sexuellen Bedürfnisse zu äußern. Bei einer Tagung der Boston Gynecological Society im Jahr 1869 wurde eine als Nymphomanin diagnostizierte Frau den versammelten Ärzten vorgeführt. Wie es für solche Vorführungen typisch war, trug die Patientin eine Maske, um ihre Identität zu schützen. Trotzdem können wir uns vorstellen, wie qualvoll für diese namenlose Frau der viktorianischen Zeit diese Inszenierung gewesen sein muss. Ein Arzt meinte herablassend, vielleicht aber auch mitfühlend: »Wenn diese Frau ein Bordell besuchen und sich vierzehn Tage lang jede Nacht dort prostituieren würde, könnte das ihre Rettung bedeuten.« Er beeilte sich jedoch hinzuzufügen, dass selbstverständlich ein Arzt eine solche Behandlung keinesfalls empfehlen könne.[23]

Im 19. Jahrhundert war Sexualität für Männer wie für Frauen eine komplizierte Angelegenheit. Die bürgerliche Wohlanständigkeit verlangte Selbstbeherrschung, Mäßigung und Disziplin. Besonders Frauen der Mittelschicht sollten mit ihrer vorbildlichen Reinheit die fleischlichen Gelüste der Männer zügeln. Zwar wissen wir nicht, wie die große Mehrheit der Frauen mit diesen moralischen Zwängen zurechtkam, aber zumindest einige von ihnen – wie Mrs. B. im folgenden Fall – verinnerlichte die Vorstellungen ihrer Zeit und konsultierte Ärzte wegen ihrer sexuellen Ängste und Probleme.

Mrs. B.s laszive Träume

IM JAHR 1856 suchte Mrs. B., eine vierundzwanzigjährige, verheiratete Frau aus der Mittelschicht, den Gynäkologen Dr. Horatio R. Storer in Boston auf. In seiner Fallschilderung, die auch publiziert wurde, beschrieb Storer, Vizepräsident der American Medical Association, Mrs. B. als eine kleine, blasse Person. Sie suchte ärztliche Hilfe wegen ihrer Gefühle und Empfindungen, die den strengen Vorstellungen des 19. Jahrhunderts zuwiderliefen. Im Traum, so erklärte sie Dr. Storer, sehe sie außerordentlich laszive Bilder von Geschlechtsverkehr mit fremden Männern. Neulich, nachdem sie einen Mann kennen gelernt und mit ihm gesprochen habe, habe sie vom Geschlechtsverkehr mit ihm geträumt. Auch tagsüber werde sie von erotischen Gefühlen überwältigt, wenn sie mit Männern spreche. Bisher habe sie sexuelle Begegnungen mit Fremden vermieden, aber sie befürchte, wenn ihre Beschwerden zunähmen, könne sie sich in Zukunft nicht mehr beherrschen.[24]

Wir können nur vermuten, wie schwierig es für eine Frau der damaligen Zeit gewesen sein muss, mit einem Arzt – einem Mann – über sol-

che intimen Angelegenheiten zu sprechen. Jedenfalls sah sie ihre Empfindungen als ein medizinisches Problem, das sie einem Gynäkologen
darzulegen hatte, und nicht einem Priester. Ob sie wusste, was Nymphomanie war oder nicht, bleibt dahingestellt – jedenfalls deutete sie
ihre lustvollen Träume als Gefahr und damit als eine Warnung vor dem
Verlust der Kontrolle.

Vom Arzt aufgefordert, ihre Geschichte zu erzählen, bekannte Mrs.
B., obwohl sie nie masturbiert habe, habe sie schon als Kind ein hefti-
ges, aber unbestimmtes sexuelles Verlangen verspürt. Sie vermutete,
dass sie diese Veranlagung von ihrer Mutter geerbt hatte, die als junge
Frau sexuell ähnlich intensiv empfunden habe. Aufgrund dieses über-
mächtigen sexuellen Verlangens hatte Mrs. B. schon mit siebzehn Jahren, also relativ jung, geheiratet. Wie sie Dr. Storer versicherte, war sie
in der Ehe glücklich und genoss den Geschlechtsverkehr mit ihrem
sehr viel älteren Ehemann, einem Weinhändler. In den sieben Jahren
ihrer Ehe habe sie mit ihrem Mann jeden Abend Geschlechtsverkehr
gehabt. Auch wenn er sich zurückhalte, könne sie sich nicht beherrschen. Kürzlich jedoch habe sich ihr Mann beklagt, sie hätte eine
Blockade, was den Geschlechtsverkehr erschwere. Sie aber glaube,
dass es nicht an ihr lag, sondern an ihrem Mann, der die Erektion nicht
halten könne.

Mrs. B. suchte Dr. Storer keineswegs deshalb auf, weil sie der heftige
Wunsch, mit ihrem Mann zu schlafen, beunruhigte, weil sie so häufig
Geschlechtsverkehr mit ihm hatte oder weil ihr Mann womöglich
impotent war. Der Grund war vielmehr ihre Befürchtung, in Zukunft
ihr sexuelles Begehren nicht mehr allein auf ihren Mann beschränken
zu können. In einer Zeit, in der man Frauen von Natur aus für weniger
leidenschaftlich hielt als Männer, in einer Zeit, in der das Schamgefühl
viele Frauen davon abhielt, mit ihrem Arzt über sexuelle Probleme zu
sprechen, zeigen Mrs. B.s Bekenntnisse gegenüber Dr. Storer, wie groß
ihre Angst vor dem Ehebruch gewesen sein muss.

Interessant ist, dass Dr. Storer bereits damals – noch vor Freuds
bahnbrechenden Arbeiten – der Bedeutung der erotischen Träume auf
den Grund gehen wollte. Mrs. B. meinte, der Grund für diese Träume
sei, dass sie und ihr Mann sich bisher vergeblich ein Kind wünschten.
Von allen Erklärungen für ihre Nymphomanie – einschließlich einer
möglichen Impotenz ihres Mannes – wählte Mrs. B. jene, die ihr Ver-

ständnis von der weiblichen Rolle Mitte des 19. Jahrhunderts am besten widerspiegelte. Zumindest im Gespräch mit Dr. Storer gab Mrs. B. an, es sei die Unfruchtbarkeit, nicht der Mangel an sexueller Befriedigung, die ihre erotischen Träume und ihre tagträumerischen Sehnsüchte auslösten. Für eine bürgerliche Frau ist diese Schlussfolgerung keineswegs überraschend. Sie reflektiert vielmehr das im 19. Jahrhundert herrschende Verständnis, dass die Mutterschaft nicht nur Lebensinhalt der Frau, sondern auch Sinn und Zweck der weiblichen Sexualität sei.

Wie es die meisten Ärzte im 19. Jahrhundert getan hätten, nahm Dr. Storer eine körperliche Untersuchung bei Mrs. B. vor und interpretierte ihre libidinösen Träume von einem fremden Mann als Symptom von Nymphomanie. Er kam zu dem Ergebnis, dass Mrs. B. körperlich vollkommen gesund war; Herz und Lunge funktionierten normal, die Menstruation war regelmäßig, wenn auch spärlich; der Stuhlgang regelmäßig, der Appetit gut.

Dann wandte er seine Aufmerksamkeit den Genitalien zu. Wie die meisten Gynäkologen der damaligen Zeit war er zweifellos sehr behutsam bei der Untersuchung. Er entschied sich, auf das Spekulum zu verzichten, und berichtete Folgendes: Mrs. B.s Klitoris war normal groß, die Vagina leicht überhitzt, die Gebärmutter etwas vergrößert. Mrs. B.s Aussage nach juckte ihre Klitoris ständig. Um zu sehen, wie ernst es war, berührte Dr. Storer behutsam Mrs. B.s Klitoris, worauf die Patientin aufkreischte, aber nicht vor Schmerz, sondern vor Erregung. Entsetzt und besorgt über den Ernst ihrer Beschwerden, prophezeite Dr. Storer, ohne ärztliche Behandlung würde sie in einer Irrenanstalt landen.

Die vom Arzt vorgeschlagene Therapie bezog ihre ganze Familie mit ein: Mrs. B. sollte auf den Geschlechtsverkehr mit ihrem Ehemann völlig verzichten. Da sie »sich nicht beherrschen« konnte, sollte ihr Mann eine Zeit lang das Haus nicht betreten. Statt seiner zog ihre Schwester ein und wachte darüber, dass Mrs. B. kein Fleisch, keinen Brandy oder andere Stimulantien zu sich nahm, die ihre animalischen Begierden steigerten. Die Patientin sollte statt Federbett und Federkissen Bettzeug aus Wolle verwenden, um die sinnlichen Empfindungen beim Schlafen zu dämpfen. Um ihre Leidenschaften zu unterdrücken, sollte sie sich überdies morgens und abends kalt abwaschen, einmal am Tag einen Einlauf machen und die Vagina mit einer Boraxlösung spülen. Schließlich sollte sie sich nicht mehr mit dem Roman beschäftigen, an dem sie schreiben wollte. Wir erfahren nichts über Mrs. B.s literarisches Schaffen, aber Dr. Storer war offenkundig besorgt, die Beschäftigung mit romantischen Liebesabenteuern und Leidenschaften seien für ihr leicht erregbares Gemüt hochgefährlich.

Weil medizinische Fallbeispiele wie dieses in der Regel veröffentlicht wurden, um eine Diagnose und die entsprechende Behandlung darzulegen, endet der Bericht abrupt nach Beschreibung der ärztlichen Verordnung. Wir wissen nicht, ob Mrs. B.s laszive Wünsche nachließen, ob sie und ihr Mann ein Kind zeugten oder ob ihr Mann wieder eine Erektion bekam. Dr. Storer schloss seine Darstellung mit einer kurzen, aber hoffnungsvollen Bemerkung: Mr. B. blieb fort, und Mrs. B.s schmutzige Träume kehrten nicht wieder.

Eine junge Nymphomanin aus der Arbeiterschicht

DAS MEDIZINISCHE VERSTÄNDNIS weiblicher Sexualität, das Mrs. B. und Dr. Storer teilten, beschränkte sich jedoch keineswegs auf die Mittelschicht. Mädchen aus ärmeren Verhältnissen und aus der Arbeiterschicht suchten zwar im 19. Jahrhundert im Allgemeinen keinen Privatarzt auf, aber um 1850 kam die Mutter einer Siebzehnjährigen zu Dr. John Tompkins Walton, weil ihre Tochter einen »Anfall« hatte. In seiner Falldarstellung im *American Journal of Medical Science* beschrieb Walton, was er sah, als er Catherine zu Hause aufsuchte: das Gesicht des Mädchens war verzerrt, ihr Körper verrenkt in einem »eigenartigen und abstoßenden Anfall«, der von »lüsternen Blicken« und vom »Irrsinn der Wollust« begleitet war.[25]

Walton befürchtete, als einziger Mann unter den Anwesenden Catherines Aufregung nur noch zu steigern, und versuchte, sie durch Mesmerismus (Hypnose) zu beruhigen. Ihm fiel eine Methode wieder ein, von der er während des Studiums gehört hatte: Bäuerinnen, deren Legehennen das Ei nicht loslassen konnten, tauchten den Bürzel der Henne in kaltes Wasser. Er forderte Catherine auf, sich in einen Kübel mit frischem Wasser zu setzen. Daraufhin beruhigte sich das Mädchen und ließ sich von ihm untersuchen. Der Arzt kam zu dem Ergebnis, dass sie an Nymphomanie litt, weil ihre Anfälle unkontrollierter sexueller Erregung immer dann auftraten, wenn sie allein war oder sich in schlechter Gesellschaft befand.

In offensichtlichem Widerspruch zu seinen anfänglichen Ausführungen meinte Walton, ein Laie würde an Catherine einen »kindlich-unbefangenen Gesichtsausdruck« und »angenehmes Verhalten« feststellen. Aber aufgrund seiner ärztlichen Ausbildung könne er die eigentliche Ursache für ihre Beschwerden hinter dieser äußeren Erscheinung erkennen. Catherines wohlproportionierter Körper mit seinen »animalischen Merkmalen« (kleine Augen, matter Blick, Nase und Kinn groß und breit, wulstige Lippen) seien die maßgeblichen Anzeichen für ihre übersteigerte Sinnlichkeit und letztlich für ihre Nymphomanie. Wenn wir Dr. Waltons Schilderung von Catherine heute lesen, fällt auf, wie sehr seine Anschauungen von den Rassen- und Klassentheorien seiner Zeit beeinflusst sind. Catherines Gesicht und Körper »sah« er in den Kategorien, die ihm zur Verfügung standen: im Licht pseudowissenschaftlicher Theorien, denen zufolge körperliche Merkmale den Charakter eines Menschen offenbaren. Die Zügellosigkeit der primitiven Rassen und der niedrigen sozialen Klassen, so glaubte man, sei an der Form der Lippen und am Gesichtsausdruck zu erkennen.

Dr. Walton meinte weiter, Catherine sei keine Jungfrau mehr, da »die Nymphae [die kleinen Schamlippen] schlaff« und »die Vagina gedehnt« sei. Die Überempfindlichkeit von Catherines Klitoris bewies dem Arzt, dass sie auch regelmäßig masturbierte. Zunächst wollte sie es nicht zugeben, aber im Kreuzverhör gestand sie dem Arzt schließlich, sie sei »wollüstig« und habe ein »unersättliches« Verlangen nach Masturbation.

Dr. Walton beklagte den verderblichen Einfluss von Catherines Umgebung. Sie lebte in einem Haus mit mehreren Familien, benutzte mit der gesamten Bewohnerschaft des Hinterhofs ein einziges Wasserkloset und traf sich mit den jungen Männern, die dort herumlungerten. Andere Ärzte jener Zeit hätten diese Lebensbedingungen als Zeichen der Armut, nicht des moralischen Verfalls gesehen. Sie waren überzeugt, dass die sozialen Bedingungen und die Umwelt bestimmte

Krankheiten (Cholera ebenso wie Nymphomanie) begünstigten, und forderten sanitäre Maßnahmen für die Slums. Dr. Walton teilte diese Reformeinstellung nicht.

Er probierte unterschiedliche Maßnahmen aus: kaltes Wasser zum Kühlen der Vagina; Blutegel für das Perineum (den Damm zwischen After und äußeren Geschlechtsteilen), die das überschüssige Blut absaugen sollten; Ätzmittel für die Schleimhaut der Vagina, um deren Empfindlichkeit zu verringern. Außerdem sollten die Mutter sowie der Priester der Mutter auf Catherine einwirken, um ihre moralischen »Wunden« zu heilen. Der Arzt trug der Mutter auf, die Tochter ständig zu beobachten, und sie befolgte seine Anweisung. Catherine beklagte sich, die Mutter lasse sie nie aus den Augen, so dass sie »nur selten in den Genuss sexuellen Vergnügens« komme. Mit dem typischen moralischen Eifer der viktorianischen Zeit warnte Walton Catherine eindringlich, wenn sie seinen strikten Anweisungen nicht folge, werde sie einen frühen und grausamen Tod erleiden.

Catherine widersetzte sich offenbar dem ärztlichen Rat und wurde bald darauf »in coitu« ertappt, womit wohl der Geschlechtsverkehr gemeint ist. Freimütig und selbstbewusst in den Monaten der Behandlung, beschuldigte sie Walton wiederholt, er habe ihre »Potenz« zerstört. Aufgrund der großen »Tollheit des geschlechtlichen Verlangens« sagte Dr. Walton, er habe sie eine Zeit lang »kraftlos gemacht« (ohne aber seine Methode genauer zu beschreiben). Er hielt sie weiterhin mit der Drohung in Schach, »sie bloßzustellen, wenn sie meine Arbeit zunichte mache«, und mit dem Versprechen, »er könne sie sexuell in die Lage versetzen, eheliche Pflichten zu erfüllen, sobald es so weit sei«. Nach sechsmonatiger Behandlung behauptete Walton, »auch wenn sie jetzt gelegentlich noch einen leichten geschlechtlichen Orgasmus« habe, würde Catherine nicht mehr zu ihren alten Gewohnheiten zurückkehren.

Diese beiden Fälle – Mrs. B. und Catherine – weisen erstaunliche Parallelen auf. Mrs. B. ist zwar verheiratet, stammt aus der Mittelschicht und sucht von sich aus einen Arzt auf, während Catherine unverheiratet ist, der Arbeiterschicht entstammt und sich heftig gegen die ärztliche Einmischung wehrt. Aber hier wie dort wird die weibliche Sexualität als Krankheit gesehen. In Mrs. B.s Fall besteht die Nymphomanie in lasziven Träumen, überwältigendem sexuellem Verlangen und der Angst, die Beherrschung zu verlieren. In Catherines Fall ist Nymphomanie gleichbedeutend mit Masturbation und Geschlechtsverkehr, wahrscheinlich mit den jungen Männern im Hinterhof. In beiden Fällen werden körperliche Ursachen angeführt, aber die Nymphomanie wird stets als moralisches Problem betrachtet: als unangemessene, problematische und unbeherrschte weibliche Sexualität, die es zu beobachten und zu zügeln gilt.

Eine neue Behandlungsmethode für Nymphomanie: die gynäkologische Operation

DER GRUND DAFÜR, dass Walton Catherine nicht einfach als Angehörige der von Natur aus unmoralischen Unterschicht abqualifizierte, lag womöglich darin, dass die Mutter den Arzt aufgesucht und ihm ihre Sorge anvertraut hatte. Andere Ärzte hätten den Fall anders beurteilt. In den folgenden Jahrzehnten, als Hunderttausende Einwanderer und arme Bevölkerungsgruppen vom Land in die amerikanischen Städte strömten, wuchsen bei Ärzten, Politikern, Geistlichen und bürgerlichen Vereinigungen – und bei der Mittel- und Oberschicht allgemein – Ängste und Bedenken. Die so genannten »ehrbaren Schichten« befürchteten angesichts dieser »Menschenströme« die Ausbreitung von moralischem Verfall und Krankheiten.

Neue Vererbungstheorien schürten die Angst vor dieser Krebsgeschwulst. Vererbungs- oder Evolutionstheorien waren keineswegs allgemein anerkannt, und oftmals gab sich die Dummheit den Anstrich wissenschaftlicher Wahrheit. Eine weit verbreitete Theorie behauptete zum Beispiel, dass die Unmoral einer Generation auf die nächste übergeht und von nun an weitervererbt würde. Töchter und Enkelinnen könnten also nicht nur blaue Augen und braunes Haar erben, sondern auch die abnormen fleischlichen Gelüste einer Nymphomanin. Um das Leiden einer Patientin zu verstehen, fingen die Ärzte an, die Familiengeschichte zu erforschen und nach einem alkoholabhängigen Großvater, einem epileptischen Bruder oder einer nymphomanischen Tante zu suchen. Hatte eine Frau eine Veranlagung zu Nymphomanie oder anderen Frauenkrankheiten geerbt, so ging man davon aus, dass diese Krankheit sehr viel schwieriger zu behandeln sei.[26]

Drastische Maßnahmen wurden gefordert. Da die Gynäkologen Frauenkrankheiten und -beschwerden auf Störungen der Fortpflanzungsorgane zurückführten, kam jetzt eine Radikalkur auf, die für Ärzte wie Patientinnen eine neue Hoffnung darstellte: die Genitaloperation.[27] Die Chirurgie hatte große Fortschritte gemacht, seit Dr. Ephraim McDowell im ländlichen Kentucky im Jahr 1809 bei einer Frau einen zwanzig Pfund schweren erkrankten Eierstock erfolgreich entfernt hatte. Durch operative Eingriffe konnte das Leben vieler Frauen gerettet werden, die Bindegewebserkrankungen, Zysten und Gebärmutterkrebs hatten. Manche Gynäkologen hofften, die Entfernung der Eierstöcke könne Patientinnen von ihren bis dahin unheilbaren Nervenleiden, Menstruationskrämpfen und unbeherrschbaren sexuellen Wünschen heilen. Eine operative Entfernung der Eierstöcke brachte darüber hinaus weitere Vorteile: Die verderblichen Einflüsse von Krankheiten wie Nymphomanie wurden nicht an die nächste Generation weitervererbt.[28]

In den letzten dreißig Jahren des 19. Jahrhunderts entfernten Operateure bei Tausenden von Frauen gesunde Eierstöcke. Wie viele andere Ärzte glaubte auch Dr. Robert Battey aus Rome, Georgia, ein einflussreicher Befürworter dieser Operation in den Vereinigten Staaten und Gründer und späterer Vorsitzender der American Gynecological Society, durch diese Therapie würden Frauen von ansonsten entkräftenden Krankheiten geheilt. Schwer getroffen vom Tod einer jungen Patientin »in der Blüte ihrer jugendlichen Weiblichkeit«, die Battey, wie er glaubte, hätte retten können, wenn er ihr durch Entfernen der Eierstöcke die heftigen Menstruationskrämpfe genommen hätte, empfahl er die Operation bei Patientinnen, die »extrem elend und ohne Hoffnung auf Heilung« seien.[29]

Solche Operationen wurden auf beiden Seiten des Atlantiks in Fällen wie Nymphomanie, Hysterie, Dysmenorrhöe (schmerzhafte Menstruation), Epilepsie und bei allerlei schwer definierbaren Frauenkrankheiten durchgeführt. Da es kaum Therapiemöglichkeiten gab, glaubten viele Chirurgen und Patientinnen, eine Operation könne Leiden lindern.[30] Bei übersteigertem sexuellem Verlangen, einem jener amorphen und unklaren Symptome, bei denen Ärzte eine gynäkologische Operation empfahlen, wurde Klitoridektomie durchgeführt, also die Klitoris entfernt. Dies geschah zwar eher selten, zeigt aber, wie weit manche Ärzte gingen (und welche extremen Maßnahmen manche Patientinnen verlangten, um ihre vermeintliche sexuelle Krankheit in den Griff zu bekommen).[31]

Die sexuelle Reaktion sehr junger Mädchen oder älterer Frauen brachte die gängigen Vorstellungen schicklicher Sexualität durcheinander. Zu jung beziehungsweise zu alt, um Kinder zu bekommen, erschienen die sexuellen Wünsche von Mädchen und von Frauen nach der Menopause als etwas Unnatürliches, als Anzeichen von Krankheit. Im *New Orleans Medical and Surgical Journal* berichtete der Gynäkologe A. J. Block im Jahr 1894 von einem neunjährigen Mädchen, das seine Mutter zu ihm gebracht hatte, weil sie den Verdacht hatte, das Kind masturbiere. Von der Befürchtung geplagt, dieser »Schandfleck« sexueller Perversion habe sich in dieser vornehmen Familie ausgebreitet, unterzog Block das Kind einem »praktischen Test«. Er berührte zunächst die Vagina und die kleinen Schamlippen, ohne dass das Mädchen eine Reaktion zeigte. »Sobald ich ihre Klitoris berührte«, berichtete er, »spreizte sie die Beine, ihr Gesicht wurde blass, der Atem ging schnell und kurz, der Körper zuckte vor Erregung und die Patientin stöhnte leise.« Diese heftige Reaktion des Kindes bewies dem Arzt, dass allein die Klitoris für die »Krankheit« verantwortlich sei. Er führte eine Klitoridektomie durch.[32]

Die gynäkologische Operation wurde zu einem Allheilmittel, das jedoch keineswegs unumstritten war. Angriffe gab es von allen Seiten der Medizin, darunter auch eine sarkastische Kritik des angesehenen englischen Chirurgen T. Spencer Wells. Man stelle sich einmal die Ungeheuerlichkeit vor, meinte er, wenn eine Vereinigung von Ärztinnen verkünden würde, dass »die meisten unheilbaren Krankheiten von Männern auf krankhafte Veränderungen ihrer Genitalien zurückgehen und wenn jede von ihnen in ihrem Sprechzimmer auf ihrem Stuhl sitzen würde, ein Öfchen neben sich, ein Brandeisen in der heißen Glut und jeden Mann brandmarken würde, der an ihr vorbeiginge«.[33]

Wells war nicht der Einzige, der die Frauenfeindlichkeit erkannte, die in der Entfernung gesunder Eierstöcke zum Ausdruck kam. Viele Gynäkologen teilten seine Einwände und bezeichneten diese Operation als »Kastration« und als Maßnahme, eine Frau »geschlechtslos zu machen«. Und obwohl auch Männer mit mutmaßlichen sexuellen Störungen extremer medizinischer Behandlung unterzogen wurden – die operative Entfernung der Hoden wurde niemals zur Routinebehandlung.[34]

Autobiografie einer Nymphomanin

GYNÄKOLOGEN ZUFOLGE war die Operation, die mit der zunehmenden Verwendung von antiseptischen Mitteln und Anästhetika in der zweiten Hälfte des 19. Jahrhunderts »sicherer« geworden war, eine Antwort auf die problematische weibliche Sexualität. Medizinische Fälle wurden aber in der Regel vom Arzt dargestellt, und daher gibt es nur wenige Schilderungen derartiger Operationen von den betroffenen Frauen selbst. Die folgende von einer Patientin erzählte Krankengeschichte wurde zwar in einer medizinischen Zeitschrift publiziert, schließt aber teilweise diese Lücke. Der Fall veranschaulicht das furchtbare Martyrium einer Frau, belegt aber auch, dass die Patientinnen selbst medizinische Vorstellungen der Sexualität mitprägten.[35]

Im Jahr 1885 trat »die Patientin«, wie sie genannt wurde, vor einer Gruppe von Ärzten im Philadelphia Hospital auf. Der berühmte Neurologe Dr. Charles K. Mills stellte den »bemitleidenswerten und beinahe tragischen« Fall der Neunundzwanzigjährigen mit einigem Zögern vor – wohl wegen des heiklen Charakters der zur Diskussion stehenden Angelegenheit. Wegen der Schwere dieses Falles von Nymphomanie überwand er aber seine Zweifel.

Die Patientin, so erzählte Mills, die viele Jahre lang erfolglos behandelt worden war, suchte ihn verzweifelt auf und bat ihn, ihre Geisteskrankheit zu bescheinigen und sie in eine Nervenheilanstalt einzuliefern. Mills konnte sie aber überreden, sich in seinem Krankenhaus in der Abteilung für Nervenkrankheiten stationär behandeln zu lassen. Während ihres Aufenthalts forderte er sie auf (wie er es bei allen intelligenten Patienten tat), ihre Geschichte in allen Einzelheiten aufzuschreiben. Die Frau, die sich selbst als Nymphomanin bezeichnete, erzählte folgende Geschichte:[36]

»Die krankhafte Veranlagung habe ich von meiner Mutter geerbt, das Temperament von meinem Vater, was mich zu einem widersprüchlichen Charakter machte. Vor meinem sechsten Lebensjahr an wurden meine sexuellen Gefühle beim Sexualspiel mit anderen Kindern geweckt, und mit zwölf sagte mir einer, der mir das unrechte Verhalten beigebracht hatte, wenn ein Mann das wüsste, würde er mich nicht heiraten. Ich verstand nicht, was er meinte, ich wusste wenig über meinen Körper, über die Menstruation, die bald danach einsetzte, und ich wusste nicht, dass man durch Masturbation zum Orgasmus kommen konnte. Ich betastete mich, um meine Erregung zu beruhigen.

Allmählich wirkte sich das auf mein Nervensystem aus. Ich bekam Orgasmen gegen meinen Willen, oft schon wenn ich badete oder auch nur meine Intimteile wusch.

Zunächst verabreichte mir mein Arzt Medizin zur Nervenstärkung und trug mir auf, mich durch Willenskraft zu beherrschen, aber es war, als würde sich mein Geist von meinem Körper loslösen und mein Körper unabhängig agieren.

Als Nächstes wurde eine Klitoridektomie versucht, aber die Erleichterung war nur von kurzer Dauer. Vielleicht wegen der Art und Weise der Operation – das Geschlechtsteil wurde zusammengenäht –, wuchs die Klitoris nach, so dass andere Ärzte kaum glauben konnten, dass sie entfernt worden war. Bei der zweiten Operation wurden die Intimteile auseinander gezogen, bis sie geheilt waren. Die Erleichterung währte nur sechs Wochen. Manchmal war ich versucht, die Gesellschaft von Männern zu suchen, um meiner Leidenschaft nachzugeben, aber ich war zu schamhaft und zu stolz dafür. Ich hielt mich von allem fern, was »leichtlebig« erschien, und besudelte meine Lippen nicht mit unreinen Worten.

Im Jahr 1881 kam ich ins Krankenhaus. Ich drängte die Ärzte, mich erneut zu operieren, aber man behandelte mich statt dessen mit nervenstärkenden Mitteln. Während meines Krankenhausaufenthalts erkannte ich, dass meine Berufung die Krankenpflege war. Ich hatte nicht die Ausbildung erhalten, die ich mir gewünscht hätte, und hatte meinen Lebensunterhalt mit Handarbeit verdient. In den sieben Monaten, die ich glücklich und im vollen Ausschöpfen meiner ganzen Intelligenz im Krankenhaus verbrachte, wurde ich nicht ein einziges Mal von Nymphomanie heimgesucht. Aber als ich entlassen wurde

und meine Tage mit Tätigkeiten zubringen musste, die für mich keinen
Reiz hatten, kam die Krankheit wieder.

Ich ging erneut zum Arzt, der feststellte, dass beide Eierstöcke vergrößert waren. Man entschied sich dafür, sie zu entfernen – als Experiment mit ungewissem Ausgang.

Seitdem meine Eierstöcke entfernt wurden, kann ich im Wachzu-
stand mein Verlangen kontrollieren. Aber manchmal merke ich im
Schlaf, dass ich so etwas wie einen Orgasmus habe. Das erotische
Gefühl ist unvermindert vorhanden. Würde ich ihm nachgeben, wäre
ich so schlimm wie zuvor.«

Diese außergewöhnliche Schilderung zeigt die dramatische und tra-
gische Reaktion einer Frau auf ihre sexuellen Ängste und Begierden.
Für die Patientin hatten Masturbation, Orgasmus und ein überwälti-
gendes sexuelles Verlangen etwas Krankhaftes. Indem sie ihre Krankheit »Nymphomanie« nannte, begriff sie ihre sexuellen Gefühle als
exzessiv und brachte sie mit Geisteskrankheit in Zusammenhang.[37] Ihr
Geist und ihr Körper, so glaubte sie, lägen in einem entsetzlichen
Kampf, der nicht mehr ihrem Willen unterworfen war. Als achtbare
Frau des puritanischen 19. Jahrhunderts ängstigte sie die Vorstellung,
diesen Wünschen nachzugeben. Da sie glaubte, die überwältigende
sexuelle Erregung, die sie spürte, befiele – von ihren Geschlechtsorganen ausgehend – ihr Gehirn, ging sie von Arzt zu Arzt und suchte Heilung von ihrer Nymphomanie, indem sie wie bei einer Krebsgeschwulst Teile ihres Körpers entfernen ließ.

Die Autobiografie beschreibt auch die unterschiedlichen Ansätze
der Ärzte, die sie wegen Nymphomanie behandelten. Unsicher über
das Wesen dieser Krankheit, probierten Gynäkologen, Neurologen,
Psychologen und Allgemeinmediziner alle möglichen Behandlungsmethoden aus, angefangen mit der Verabreichung von Nerventonika
bis zur Klitoridektomie, von der Stärkung der Willenskraft bis zur
Einlieferung in eine Nervenheilanstalt. Als Neurologe war Dr. Mills
überzeugt, die Ursache der Nymphomanie liege nicht in den Genitalien, sondern in einer Fehlfunktion des Nervensystems und könne
daher auch nicht durch eine Genitaloperation geheilt werden.

Wenn auch die meisten als Nymphomaninnen diagnostizierten
Frauen sich keiner Operation unterzogen, fand Mills derartige
Behandlungsmethoden überaus beunruhigend und verurteilte die um

sich greifende Tendenz, »alles und jedes zu operieren, um nervöse
Zustände zu verbessern«.[38] Im Fall seiner gequälten Patientin hielt er
sich allerdings mit seiner Kritik zurück, da doch ein für sie positives
Ziel erreicht wurde: Sie masturbierte nicht mehr. In seinen Augen
rechtfertigte dieses Ergebnis die Operation zwar keineswegs, aber es
war doch etwas, das er mit Zustimmung zur Kenntnis nahm.[39]

Interessanterweise glaubte die Patientin selbst, dass sie durch eine
sinnvolle Tätigkeit von dieser Krankheit geheilt werden könnte. Sie
kümmerte sich um die Kranken nicht aus Gründen, die man von einer
Frau jener Zeit erwarten würde – Selbstlosigkeit und Altruismus –,
sondern weil die Krankenbetreuung ihre »ganze Intelligenz« forderte.
Gegenüber anderen manuellen Tätigkeiten, die sie hatte ausüben müssen, bevorzugte sie die noch nicht als eigenständigen Beruf anerkannte
Krankenpflege, die um 1880 häufig aus Fußbodenwischen und Bett-
schüsselleeren bestand. Obwohl der viktorianische Sittenkodex Ehe
und Mutterschaft als die höchsten Ziele einer Frau betrachtete, artiku-
lierte diese Frau einen Wunsch, der wahrscheinlich nicht nur sie
bewegte: »eine Tätigkeit, die sie herausforderte«. Als sie ihr Leben mit
Arbeit zubringen musste, »die keinen Reiz hatte«, befiel sie wieder die
Nymphomanie.[40]

Diese Autobiografie einer Nymphomanin verweist auf ein weiteres
medizinisches Problem des späten 19. Jahrhunderts: die sexuelle Erregung von Kindern. Als die Patientin von den sexuellen Erfahrungen
ihrer Kindheit berichtete, wuchs Dr. Mills Skepsis, ob sie je von ihrer
Nymphomanie geheilt werden könne. Für ihn wie für viele andere
Ärzte zeugte die sexuelle Erregung bei Kindern von einer abnormen,
ungesunden Sexualität (Dr. Mills äußerte diese Bedenken bei seiner
Beobachtung von Zweijährigen). Die Vorstellung angeblicher Unterschiede zwischen männlicher und weiblicher Sexualität beeinflussten
seine Beobachtungen ebenfalls: eine Vierjährige, die sexuell so erregt
war, dass sie »alle möglichen ungewöhnlichen Positionen einnahm, um
zu einer Art abnormer Masturbation zu gelangen«, bereitete ihm
besonderes Kopfzerbrechen.[41] Obwohl sich der Arzt gegen allzu viel
Operieren ausgesprochen hatte, empfahl er bei kindlicher Masturbation bei Jungen die Entfernung der lokalen genitalen Reizung durch
Beschneidung. Zu einer entsprechenden Behandlung bei Mädchen
äußerte er sich nicht.

Raffinierte Verführerinnen

ZUR SELBEN ZEIT, als Mills diesen relativ wohlwollenden Bericht veröffentlichte, tauchten Warnungen über eine andere Spielart sexuell gefährlicher Nymphomanie auf. Dem englischen Gynäkologen C. H. F. Routh zufolge sollten Ärzte ganz besonders auf Patientinnen achten, die sich nach außen hin sittsam gaben, in Wirklichkeit aber raffinierte Verführerinnen seien – eine Ansicht, die auch in amerikanischen medizinischen Zeitschriften ihren Niederschlag fand. Erkennbar an ihren »schmachtenden Blicken« und »häufigen Seufzern«, versuchten diese Nymphomaninnen, arglose Ärzte dazu zu bringen, die Genitalien ihrer Patientin zu untersuchen und ein Spekulum in die Vagina einzuführen, das diesen Frauen Lust verschaffe. Routh zufolge bewies die Tatsache, dass manche dieser Frauen anschließend ihre Ärzte wegen sexueller Belästigung anzeigten, dass sie geistesgestört waren. Er warnte seine Kollegen davor, mehrere »Angehörige unseres Berufsstandes« hätten »unter dem psychischen Druck dieser falschen Anschuldigungen den Verstand verloren«.[42]

Dr. Routh versuchte, das heimtückische Wesen dieser nymphomanischen Verführerinnen zu entlarven, indem er die außergewöhnlichen Geschichten referierte, die sie erzählten. Eine Siebzehnjährige behauptete, ihr Vater habe sie ans Meer gebracht und sie gezwungen, mit ihm als seine Frau zu leben. Eine andere Frau erklärte, »ihr eigener Bruder habe sie nachts im Bett geschändet«. Jahre bevor Freud seine Ansicht über den Wahrheitsgehalt sexueller Enthüllungen von Frauen revidierte, tat Routh sie als Täuschung und Hirngespinste ab und betrachtete sie als Beweis dafür, dass Frauen logen, wenn sie von sexuellen Übergriffen berichteten. »Wenn sie solche haarsträubenden Geschichten über diejenigen erfinden können, die sie am meisten lieben und verehren sollten«, schloss Routh, »dann sind sie auch imstande, andere, weitaus haarsträubendere Geschichten über ihre Ärzte zu erfinden und zu glauben«.[43]

Für ihn gab es nur eine Erklärung: Diese Frauen hatten sich die Geschichten von verführerischen Vätern und blutschänderischen Brüdern schlicht zusammenfantasiert. In den nachfolgenden Jahrzehnten wurde die Überzeugung, das sexuelle Verlangen verdrehe den Frauen derart den Kopf, dass sie sich einbildeten, vergewaltigt

worden zu sein, gesetzlich verankert (in Kapitel 4 werden wir mehrere dieser vermeintlichen nymphomanischen Lügnerinnen kennen
lernen).

Ärzte behaupteten, die Patientinnen griffen auch zu anderen Aus-
flüchten, damit der Arzt ihr Geschlechtsteil berühre. Dr. Joseph
Howe, der glaubte, Nymphomanie trete hauptsächlich im Alter zwischen sechzehn und fünfundzwanzig Jahren auf und zwar eher bei
blonden als bei brünetten Frauen, schilderte den Fall einer dünnen,
hoch nervösen, achtzehnjährigen Nymphomanin. Sie suchte das Belle-
vue Hospital in New York City auf, wo er als Arzt tätig war. Da sie
über Harnverhaltung klagte, »führte ich einen Katheter ein, fand aber
nur eine kleine Menge Urin. Während ich das tat, bemerkte ich an
ihren sonderbaren Zuckungen, dass sie äußerst erregt war.« Das leuch-
tete ihm als Erklärung eher ein als Infektion oder Verletzung. Er ließ
sie genau beobachten. Auch nach sechsunddreißig Stunden wollte sie
nicht urinieren. Dr. Howe sagte ihr, er würde nicht noch einmal den
Katheter benutzen, woraufhin sie das Krankenhaus verließ. Später
erfuhr er, dass sie einen weiteren Arzt konsultiert hatte, der ihr geraten
hatte zu heiraten. Dr. Howe wusste nicht, was weiter aus ihr geworden
war.[44]

Viele Ärzte nahmen an, dass Frauen Gegenstände wie »Haarnadeln,
Bleistifte, Häkelnadeln, kleine Schlüssel, Knochen, Teile von Tabaks-
pfeifen, Glasröhrchen etc. etc.« in die Vagina, die Blase oder die Harn-
röhre einführten und sich gynäkologisch untersuchen ließen, um
sexuelle Befriedigung zu erlangen.[45] Für sie war die Einführung von
Gegenständen oder eines Spekulums eine Art Masturbation, ein verzweifeltes Bemühen, sexuelle Befriedigung zu erlangen. Die körperlichen Phänomene, die diese Frauen schilderten, hätte man auch anders
erklären können, etwa mit sexuellem Missbrauch und versuchter
Abtreibung. Doch viele Ärzte betrachteten sie als Verführerinnen und
nicht als Opfer.

Wieder geht es hier um die Natur der weiblichen Sexualität. Der
weibliche Orgasmus wurde in der medizinischen Literatur (wenn-
gleich kontrovers) beschrieben, und viele Ärzte erkannten, dass die
Klitoris zur sexuellen Erregung beitrug.[46] Gemäß den ideologischen
Grundannahmen jener Zeit sah man jedoch das sexuelle Verlangen der
Frau als etwas Passives und Latentes, das mit wahrer Liebe, Ehe und

Mutterschaft verknüpft war. Daher zeigten sich Ärzte häufig entsetzt über die heftige Erregung, den »Verlust der Beherrschung« und die »offensichtliche Lust« der Frau, die sie bei ihren gynäkologischen Untersuchungen beobachteten.[47]

In einem ausführlichen Artikel im *American Journal of Obstetrics* aus dem Jahr 1883 hieß es, masturbierende Frauen seien leicht daran zu erkennen, dass »ihre Klitoris gewöhnlich erigiert ist und die Patientin bei Berührung fast immer um Selbstbeherrschung ringt«.[48] Die heftige körperliche Reaktion auf die Berührung der Klitoris oder der Schamlippen durch den Arzt – in medizinischen Zeitschriften oft genug als »Reaktionstest« empfohlen – oder die Kontraktion der Vagina bei Einführung eines Spekulums wurden als Symptome eines exzessiven Geschlechtstriebs gedeutet, als das typische Kennzeichen einer masturbierenden oder einer nymphomanischen Frau.

Perverse Sexualität

IM SPÄTEN 19. JAHRHUNDERT trotzten Krankheiten wie Nymphomanie, die eng mit moralischen Vorstellungen verknüpft waren, allen Bemühungen der Ärzte, sie zu definieren, zu kategorisieren oder zu heilen. Pessimistische Theorien behaupteten, lasterhaftes Verhalten werde von einer Generation auf die nächste weitervererbt. Dadurch wurden Ängste und Zweifel geschürt, ob die Menschheit zu Fortschritt und Besserung überhaupt fähig sei. Wenn eine Tochter von ihrer Mutter oder Tante Nymphomanie erben konnte, was halfen dann moralische Ermahnungen, sexuellem Begehren zu widerstehen?

Alle möglichen Arten des Sexualverhaltens wurden auf den Prüfstand gestellt: Abtreibung wurde zum Straftatbestand, Geschlechtskrankheiten und Prostitution scharf kritisiert und Pornografie reglementiert. Bis dahin unbeachtetes Sexualverhalten wurde in der medizinischen Literatur ausführlich erörtert und zwischen sogenanntem normalem und abnormem Sex genau unterschieden. Moralische und hygienische Bedenken richteten sich insbesondere gegen Geschlechtsverkehr, der weder der Fortpflanzung diente noch heterosexuell war. Anekdotische Fallstudien ergingen sich in schauerlichen Einzelhei-

ten über ein ganzes Sammelsurium von »Perversionen«, darunter
Cunnilingus, Fellatio, Fetischismus, Homosexualität, Masochismus,
Nekrophilie, Nymphomanie, Päderastie, Sadismus, Satyriasis und
Voyeurismus.[49]

Sexualforscher untersuchten jedoch nicht den sexuell abweichenden
Akt, sondern den Charakter des sexuell Pervertierten. Nach der klassischen Studie *Psychopathia Sexualis* (1886) des österreichischen Sexualforschers Richard von Krafft-Ebing trug die Persönlichkeit von
Menschen, die an Nymphomanie, Homosexualität und anderen Perversionen litten, pathologische Züge. Eine Frau litt nicht mehr an
Nymphomanie, sie *war* eine Nymphomanin und damit gefährlich,
abnorm und sexuell unbeherrscht.

Alle sexuell auffälligen Frauen – Nymphomaninnen, Prostituierte
und Lesbierinnen – wurden gleichsam in einen Topf geworfen. Man
ging davon aus, dass Nymphomaninnen zu Prostituierten würden,
um ihre sexuelle Gier auszuleben. Prostituierte wiederum seien oftmals Lesbierinnen.[50] Carlton Frederick, Chefarzt für Chirurgie an der
Frauenklinik in Buffalo, New York, schrieb: »Manche [Nymphoma-
ninnen] üben alle möglichen Formen degenerierter Praktiken. Am
häufigsten ist der Tribadismus, die sogenannte ›lesbische Liebe‹ – der
degenerierte Geschlechtsakt zweier Frauen, die sich bis zum Orgasmus stimulieren.« Fredericks, der ein bedrohliches Bild der Lesbierin
zeichnete, behauptete auch, sie würden die Genitalien von Knaben und
Babys streicheln. Die oftmals prickelnden pseudomedizinischen Erör-
terungen verurteilten auch die Darstellung der lesbischen Liebe in der
schönen Literatur, die, so glaubte man, bei jungen Mädchen und leicht
erregbaren Frauen unkontrollierbare Empfindungen wecke. Sie würden zu Nymphomaninnen und in ihrem unstillbaren Drang zu Prostituierten und endeten als Lesbierinnen, wodurch sich der Kreislauf der
Perversion schließe.[51]

Diese drei Gruppen stellten in vielfacher Hinsicht konventionelle
Vorstellungen in Frage. Übersteigertes sexuelles Begehren und exzessiver Geschlechtsverkehr sei bei Frauen widernatürlich, daher seien
Nymphomaninnen und Prostituierte abnorm und pervers. Da Sexualforscher die Heterosexualität als einzige Norm gelten ließen, wurden
sexuelle Beziehungen zwischen zwei Frauen als pervers abgestempelt.
Eine der beiden Partnerinnen in einer lesbischen Beziehung müsse, so

nahm man an, ihre herkömmliche Rolle »auf den Kopf gestellt« haben und spiele bei der sexuellen Befriedigung die dem Mann vorbehaltene aktive Rolle. Es war weniger die »passive« Rolle, die die Partnerin angeblich übernahm, sondern die »männliche« Rolle, durch die eine Lesbierin als sexuell pervers abgestempelt wurde. Die »passive« weibliche Partnerin in einer lesbischen Beziehung wurde in der Tat häufig nicht als »echte« Lesbierin betrachtet.[52]

Alle diese Frauen widersetzten sich den Normen des späten 19. Jahrhunderts, die sexuelle Selbstbeschränkung und das Festhalten an den hoch differenzierten Geschlechterrollen verlangten. Lesbierinnen, Nymphomaninnen, Prostituierte und (wie wir im folgenden Kapitel sehen werden) auch andere Frauen, die den ihnen zugewiesenen Platz nicht einnehmen wollten – Sufragetten, Frauenrechtlerinnen und berufstätige Frauen –, wurden nicht nur als krank, sondern auch als gefährlich eingestuft. Die Verteidiger des Status quo brandmarkten die unterschiedlichsten Frauen, die die engen Grenzen der Weiblichkeit verließen, als Bedrohung der Familie, der moralischen Ordnung, ja der Kultur.

Mrs. L.s sexuelles Feuerwerk

GANZ IM GEISTE der neuen wissenschaftlichen Erforschung sexueller Perversionen antwortete Dr. L. M. Phillips, praktischer Arzt in der kleinen Stadt Penn Yan im Staat New York, auf eine provozierende moralische Frage, die ihm ein Kollege gestellt hatte. In einer Fallstudie im *Cincinnati Medical Journal* von 1895 beschäftigte sich Phillips zunächst mit der folgenden Frage: »Welchen Einfluss haben nackte Statuen, wie sie in unseren öffentlichen Museen und im Fin-de-siècle-Theater zur Schau gestellt werden, auf empfindsame Geister?«[53] In seiner Antwort versuchte er, das Geheimnis dieser besonderen sexuellen Perversion zu ergründen, indem er es in Zahlen fasste. Mit Ausnahme der Künstler, die gelernt hätten, Nacktheit sei nichts Unanständiges, sowie etwa einem Prozent der Bevölkerung, die nie eine sexuelle Erregung kennen gelernt hätten, werde, so Dr. Philipps, die gesamte übrige Bevölkerung beim Anblick derartiger Darstellungen sexuell erregt. Bei den sexuell gesunden 60 Prozent der Bevölkerung ergäben sich daraus keine anomalen Folgen. Bei den übrigen 39 Prozent jedoch, darunter auch Mrs. L., deren Fall seine Theorie belegen sollte, wirke der tiefe Eindruck dieser Statuen noch lange Zeit nach. Die Nacktheit wühle nämlich die Betrachterin innerlich derart auf, dass Nymphomanie die Folge sein könne.

Über die Quelle seiner statistischen Angaben schwieg sich Phillips aus. Er war allerdings nicht der Einzige, der Zahlen zum Beleg einer Theorie anführte. Zu seiner Zeit steckte die wissenschaftliche Erforschung der Sexualität noch in den Kinderschuhen, und vollkommen unterschiedliche Zahlen wurden als maßgebliche Daten zum Sexualverhalten in Umlauf gesetzt. Doch Philipps war überzeugt, dass seine Prozentangaben den Fall Mrs. L. erklären halfen. Mrs. L. suchte ihn im Jahr 1895 auf, weil es ihr in den zurückliegenden sieben Jahren nicht gelungen war, ihr sexuelles Verlangen in den Griff zu bekommen. Sie war fünfunddreißig Jahre alt und seit dreizehn Jahren verheiratet. Obwohl sie früher einen starken erotischen Appetit gehabt habe, habe sie nach der Geburt ihres dritten Kindes jedes Interesse am Geschlechtsverkehr verloren. Sie war ihrem Mann gegenüber derart gleichgültig geworden, dass sie ihn in den folgenden zwei Jahren bat, anderswo seine Lust zu befriedigen. So schnell ihr Begehren erloschen war, erklärte Mrs. L., so schnell flammte es plötzlich wieder auf – und zwar mit einer bedrohlichen Heftigkeit. Verzehrt von Lust, schloss sie sich manchmal in ihr Zimmer ein – aus Angst, sonst ihre Ehre preisgeben zu müssen. Erneut verschwand das Begehren. Aber achtzehn Monate später entflammte es von neuem, und sie erlebte wiederum ein »sexuelles Feuerwerk«. Sie bat den Arzt, ihr zu helfen, diese überwältigenden Schwankungen ihrer sexuellen Gefühle in den Griff zu bekommen.[54]

Wie die meisten Ärzte seiner Zeit beschäftigte sich Dr. Phillips mit der Frage, ob Mrs. L.s Zustand erblich bedingt war. Nach Angaben seiner Patientin jedoch gab es in ihrer Familie keine Krankheiten oder psychischen Störungen. Nach einer körperlichen Untersuchung erklärte Dr. Phillips, sie sei eine »perfekte Frau« und schloss organische Ursachen wie Entzündung der Eierstöcke, Verletzung des Gebärmutterhalses oder verfrühte Wechseljahre aus. Ohne weitere Untersuchungen gelangte Dr. Phillips zu dem Schluss, dass eine Störung des

»psychosexuellen Hirnzentrums« für ihre Nymphomanie verantwortlich sei.[55] Er forderte Mrs. L. auf zu erzählen, wie alles gekommen war.

Ein paar Jahre zuvor, noch bevor die Nymphomanie ausgebrochen war, hatte sie eine vornehme Theaterparty in New York City besucht. Ein *tableau vivant*, bei dem schöne, in durchsichtige Gewänder gehüllte Frauen als lebende Statuen posierten, hatte für Unterhaltung gesorgt. Angewidert hatte sie sich abgewandt. Aber gleichzeitig war sie fasziniert gewesen und mehrere aufeinander folgende Abende wiedergekommen, um die ihrem Empfinden nach abstoßende, aber dennoch unwiderstehliche öffentliche Zurschaustellung des weiblichen Körpers auf sich wirken zu lassen.

Bei seiner Diagnose bediente sich Phillips aus dem kurz vorher von Krafft-Ebing aufgestellten psychopathologischen Klassifikationsschema. Mrs. L., so Phillips, sei ein Fall von »erworbener, episodisch auftretender *anaesthesia sexualis*«. Dieser rätselhafte griechisch-lateinische Begriff besagt nichts anderes, als dass Mrs. L. diese immer wiederkehrenden Schübe nach Erlöschen ihrer Libido nicht ererbt, sondern erworben hatte. Diese Schübe hochgradiger sexueller Erregung seien verbunden mit episodisch auftretender *paranoia erotica*, der nymphomanischen Manifestation der Krankheit. Obwohl Mrs. L. nicht geistesgestört war, hatte die Betrachtung des *tableau vivant* einen unauslöschlichen Eindruck in die psychosexuelle Sphäre ihres Gehirns eingebrannt. Dieser hypnotisierende, fetischisierende Eindruck hatte ihren erotisch aufgeladenen Geist gedrängt, bei dem verbotenen Bild zu verharren, das ihre Lust zwar stimulierte, aber dennoch unerreichbar blieb. Ohne Behandlung würde diese exquisite Art der Folter, die darin bestand, das Objekt der Begierde stets nur zu betrachten, unvermeidlich zu einer Geistesstörung führen.[56]

Interessant ist die Tatsache, dass weder Dr. Phillips noch Mrs. L. ihr Augenmerk auf den Fetischcharakter der lebenden Statuen richteten und offensichtlich nichts Ungewöhnliches dabei fanden, dass das Objekt von Mrs. L.s sexueller Erregung der nackte *weibliche* Körper war. Krafft-Ebing hatte die weibliche Homosexualität als sexuelle Perversion definiert, aber die Erörterung lesbischen Verhaltens stand im späten 19. Jahrhundert noch ganz am Anfang. Auch passte Mrs. L. nicht in das Bild weiblicher Homosexualität, das man damals am meisten

fürchtete: die Vorstellung der »sexuell konträren« Frau, die die Män-
nerrolle spielte und anderen Frauen sexuell nachstellte.

Mrs. L.s Beschreibung ihres Leidens und Dr. Phillips' Deutung sind
von den medizinischen Vorstellungen der damaligen Zeit bestimmt.
Mrs. L. glaubte, sie sei sexuell unbeherrscht und damit krank. Phillips
stellte die typischen Fragen eines Arztes: War ihre Nymphomanie
ererbt? Lag die Ursache in einer Erkrankung ihrer Fortpflanzungsorgane? Doch die Brille der Psychopathologie, durch die Phillips
Mrs. L.s nymphomanischen Zustand sah, beeinflusste auch seine Diagnose. Besorgt über das als pervers und abweichend empfundene sexuelle
Verlangen von Mrs. L., sah er dessen Wurzel im Inneren der Frau. Das
»psychosexuelle Hirnzentrum« – gedacht als physiologischer, nicht
psychologischer Ort – gab Dr. Phillips zwar die Möglichkeit, die
Krankheit zu lokalisieren, nicht aber, sie zu heilen. Er bekannte, er sei
bei Mrs. L. therapeutisch »mit seinem Latein am Ende«, und auch für
jene 39 Prozent der Bevölkerung, die nackte Statuen betrachteten, gebe
es wahrscheinlich keine Rettung vor der sexuellen Perversion.[57]

Im selben Jahr, als Dr. Phillips sich um eine Behandlung für Mrs. L.
bemühte, veröffentlichte Sigmund Freud die erste einer Reihe von
Arbeiten, die das Verständnis und die Deutung der Sexualität von
Grund auf verändern sollten. Freuds Theorien ebneten den Weg für
eine neue Sicht: Nymphomanie war nun keine physiologische Erkrankung mehr, sondern das Symptom einer gestörten Psyche. Biologische
Modelle der Nymphomanie wurden zwar nicht grundsätzlich verworfen, aber nach und nach setzten sich psychologische Erklärungen der
Nymphomanie als Persönlichkeitsstörung durch. Nymphomanie
offenbarte sich jetzt in dramatischen neuen Erscheinungsformen: als
inadäquates Selbstgefühl, unterdrückte Homosexualität und als Ausdruck einer unabgeschlossenen psychologischen Entwicklung. Von all
dem wird im folgenden Kapitel die Rede sein. Was jedoch am meisten
überrascht: Frigidität, auf den ersten Blick das genaue Gegenteil von
Nymphomanie, wurde zu einem klaren Indikator der Krankheit.

Knapp zwanzig Jahre, nachdem Mrs. L. Dr. Phillips in seiner Praxis
aufgesucht hatte, hätte keiner von beiden diese neue, von Freud
geprägte Welt wieder erkannt. Anfang des 20. Jahrhunderts eröffneten
psychologisch begründete neuartige Diagnosen auch einen neuen
Blick auf die Frauen, die wir im folgenden Kapitel kennen lernen wer-

den: die halbnymphomanische, erotisierte Ehefrau, die modernen
Auffassungen zufolge ein Recht auf sexuelle Befriedigung in der Ehe
hatte, das oft unerfüllt blieb; das »neue« Mädchen der Arbeiterschicht,
sexuell frühreif, »hypersexuell« und straffällig; sowie schließlich die
vermännlichte, sexuell abweichende »Neue Frau« – Reformerinnen,
Suffragetten und berufstätige, gebildete Frauen, die ihren Platz im
öffentlichen Leben einforderten.

Nymphomanie in neuem Gewand

IN DEN ERSTEN JAHRZEHNTEN des 20. Jahrhunderts wurde von allen Seiten ein »noch nie da gewesenes Aufbegehren gegen alte Normen« konstatiert. »Erstmals in der Geschichte … können Frauen ihrem sexuellen Instinkt nachgeben – ohne das Risiko, schwanger zu werden«, schrieb die fortschrittliche Beatrice Forbes-Robinson Hale in ihrem Buch *What Women Want*. Frauen, so fuhr sie fort, waren jetzt in der Lage, sich ihren Lebensunterhalt selbst zu verdienen, ohne heiraten zu müssen. Sie konnten sich beinahe nach Lust und Laune scheiden lassen und selbst bestimmen, wie viele Kinder sie haben wollten. Dieses bewusst überzeichnete Bild von den Möglichkeiten der Empfängnisverhütung, von Scheidung und freier Liebe weckte die Sehnsüchte, aber auch die Ängste der Zeitgenossen.[1]

Gleichzeitig wurden im Nachdenken über Sexualität neue Wege beschritten, angefangen mit den Werken des Begründers der Sexualforschung Richard von Krafft-Ebing über die zahlreichen Schriften des bahnbrechenden englischen Sexualreformers Havelock Ellis bis zu Sigmund Freuds Betonung der Rolle des Unbewussten für das sexuelle Begehren. Jetzt wurde die Sexualität als eine treibende Kraft nicht nur in körperlicher, sondern auch in psychischer Hinsicht verstanden. Die neuen psychologischen Theorien betonten die zentrale Bedeutung der Sexualität für den voll entwickelten Menschen, für seine Identität, seine Persönlichkeit und sein Selbstgefühl. Im Zuge dieser neuen Ideen wurde schließlich in den sechziger Jahren die Sexualität stärker erforscht und die Notwendigkeit betont, sie auszuleben.

Geradezu revolutionär war die Entdeckung, wie bedeutend der Geschlechtsakt für die Etablierung ehelicher Bindungen wie auch für

das psychische Wohlbefinden sei.[2] Das betraf Männer wie Frauen,
aber, wie wir noch sehen werden, war es die Abkehr von den idealisierten Vorstellungen weiblicher Sexualität der viktorianischen Zeit,
die den größten Veränderungsschub brachte.

Mit Beginn des 20. Jahrhunderts vollzog sich aber nicht nur in
der Psychologie ein grundlegender Wandel. Weibliche Arbeitskräfte
strömten in nie gekannter Zahl in die Fabriken, Läden und Büros der
Städte. Die Zahl der weiblichen Büroangestellten stieg auf mehr als das
Doppelte, als Frauen die ersten zaghaften Schritte von der Hausarbeit
ins Berufsleben machten und in Verkauf, Dienstleistung und anderen
expandierenden Bereichen tätig wurden. Die Zahl der Frauen mit
höherer Schulausbildung stieg in den ersten beiden Jahrzehnten des
neuen Jahrhunderts von weniger als ein Fünftel auf mehr als ein Drittel. Die »Neue Frau«, die das Wahlrecht forderte, sich an Streiks betei-
ligte und die Säuberung von Slums und Rotlichtbezirken verlangte,
gewann in der Öffentlichkeit an Bedeutung.

Frauen aus der Arbeiterschicht und später auch aus der Mittelschicht suchten jetzt auch öffentliche Räume auf wie die in Mode
gekommenen Tanzhallen, Vergnügungsparks, Film- und Varieteethea-
ter. Vom Turkey Trot, einem Ragtime-Tanzschritt, bis zur Achterbahn
gab es jetzt ausgelassene, sexuell stimulierende, wenn auch kommer-
zialisierte Freizeitvergnügungen, die junge Männer wie Frauen anzo-
gen. Dass die Frau als Berufstätige und Konsumentin nun in diesen
öffentlichen Räumen auftrat, stellte die idealisierte Vorstellung früherer Generationen in Frage, Männer und Frauen müssten in getrennten
Bereichen agieren: die Frau in Küche, Haus und Krankenpflege, der
Mann in Beruf und Öffentlichkeit. Je nach Einstellung sahen die Zeitgenossen in dieser noch nie da gewesenen Vermischung der Geschlechter die Möglichkeit einer längst fälligen persönlichen Erfüllung beziehungsweise den drohenden Zusammenbruch der Gesellschaft.[3]

Mehr als ein zeitgenössischer Beobachter sah ein »von Freiheit ver-
giftetes Zeitalter« heraufgekommen, in dem alles in Veränderung
begriffen war – die Rocksäume ebenso wie die Haartracht. Und auch
die Nymphomanie trat jetzt in neuer Gestalt auf. Nymphomanie
wurde zu einem psychischen wie physischen Phänomen und expan-
dierte damit zu einem paradoxen Konstrukt. Nicht nur zu viel, sondern auch zu aggressiver Sex, der falsche Orgasmus und die Pauschal-

kategorie der »vermännlichten« Frau wurden zu Symptomen geistiger
Störungen. Dieses neue Bedeutungsspektrum der Nymphomanie war
keineswegs wissenschaftlich fundierter als frühere, organisch moti-
vierte Definitionen. In ihm spiegelten sich jedoch die Ängste angesichts der sich verändernden Rolle der Frau sowie neue psychologische
Erklärungen der Sexualität wider. In die neuen Kategorien der Nymphomanie wurden jene Gruppen von Frauen gepresst, die um größere
persönliche Freiräume kämpften. Von Nymphomanie bedroht waren
Ehefrauen, die im ehelichen Schlafzimmer erotische Befriedigung
suchten, sexuell aktive, berufstätige junge Frauen, die abends ausgingen, sowie Karrierefrauen, deren unabhängiges Leben den traditionellen Vorstellungen von Weiblichkeit widersprach.

Erotisierte Ehefrauen

MIT BEGINN DES 20. JAHRHUNDERTS protestierten Moralprediger gegen
Rotlichtbezirke, Kämpfer für Sozialhygiene schlugen Alarm gegen
Syphilis und Tripper, und Reformer forderten Aufklärungsunterricht
in den Schulen. Trotz ihrer unterschiedlichen Motive, besonders
aber in ihrem Bestreben, Unmoral zu bekämpfen, hatten alle diese
Kampagnen ein gemeinsames Ergebnis: Sie heizten die öffentliche
Diskussion zum Thema Sexualität enorm an.
    Ein Beispiel ist der Kampf um Geburtenkontrolle und Empfängnis-
verhütung. Mit ihrem Kampf gegen staatliche Restriktionen, die Aufklärung über Empfängnisverhütung per Post untersagten, eröffnete
Margaret Sanger eine breite Diskussion zum Thema Geburtenkon-
trolle. Methoden der Empfängnisverhütung hatte es allerdings schon
vorher gegeben: Im Lauf des 19. Jahrhunderts war die Fruchtbarkeits-
rate weißer Frauen von mehr als sieben Kinder pro Frau auf weniger
als vier gesunken. Der Grund dafür war jedoch vor allem die sexuelle
Enthaltsamkeit gewesen. Jetzt stand die sexuelle Verwirklichung in der
Ehe im Vordergrund – sexuelle Abstinenz als Methode der Empfängnisverhütung wurde abgelehnt.[4]
    Diese Form der Geburtenkontrolle war einer früheren Generation
von Feministinnen sinnvoll erschienen, die die »Wollust« der Männer

in Schach halten wollten. Aber eine jüngere Generation von Frauen und Männern hatte eine völlig andere Auffassung von ihrer Geschlechterrolle. Insbesondere in den zwanziger Jahren des 20. Jahrhunderts beriefen sie sich auf Ehehandbücher und Sexualexperten, die die sexuelle Befriedigung der Frau in der Ehe betonten. Dem Gynäkologen Theodore Van de Velde zufolge, der einen populären Ratgeber mit dem Titel *Die vollkommene Ehe* (1926) schrieb, hing der Erfolg einer Ehe von der gegenseitigen Befriedigung der Ehepartner ab. Auch Frauen sollten »ihren gleichberechtigten Anteil am Sex« erhalten.[5] Die geschlechtliche Lust in der Ehe wurde zwar nicht im 20. Jahrhundert erfunden, aber anders als in vorangegangenen Jahrzehnten wurde dem sexuellen Genuss der Frau größere Aufmerksamkeit zuteil.[6]

Jetzt, da der Geist der weiblichen Sexualität aus der Flasche entwichen war, hoffte man auf die »Kameradschaftsehe« als gleichberechtigte Partnerbeziehung. Manche hielten es für nötig, angesichts der wachsenden, wenn auch immer noch begrenzten Autonomie und der neuen wirtschaftlichen Möglichkeiten der Frauen die Institution der Ehe zu stützen. Die neue erotisierte Ehefrau wurde als modernes Ideal der, wie man meinte, sexuell gehemmten Ehe der Eltern und Großeltern entgegengestellt.[7]

In Ehehandbüchern wurde die sexuelle Reaktion der Frau anerkannt und ermutigt und damit neue Normen geschaffen. Ein verglichen mit dem Ehemann stärkeres – oder auch geringeres – weibliches sexuelles Verlangen galt nun als bedenkliches Zeichen von Abnormität. Folglich wurden die Frauen einerseits vor ausbleibendem Orgasmus und andererseits vor übersteigertem sexuellem Verlangen gewarnt. Beides stieß einen Ehemann ab – entweder weil seine Männlichkeit davon abhing, ob er seiner Frau einen Orgasmus »verschaffen« konnte, oder weil er befürchtete, die Frau mit ihrem gesteigerten sexuellen Verlangen erweise sich als der potentere Partner dieser Beziehung.

In diesem neuen Mittelschichtideal der Ehe ging etwas verloren, was einstmals für Frauen eine Quelle der Macht hätte sein können. Die Frau war nicht mehr der »geschlechtslose Engel«, der das drängende männliche Begehren zu zügeln hatte. Sie war vielmehr eine gleichberechtigte Partnerin im ehelichen Geschlechtsverkehr. In krassem Gegensatz zum vorangegangenen Jahrhundert hatte die ideale Ehefrau beim Geschlechtsverkehr mit ihrem Mann einen Orgasmus – und zwar möglichst gleichzeitig mit ihm.

Mit dem Nachdruck auf der sexuellen Befriedigung der Frau trat ein Gespenst auf den Plan – die Befürchtung, Millionen von Ehefrauen seien sexuell unbefriedigt. Im Gegensatz zum strahlenden Ideal der sexuell harmonischen Kameradschaftsehe äußerten medizinische Fachleute zunehmend die Sorge, viele ihrer Patientinnen seien frigide. Gestützt auf angeblich beispielhafte Einzelfälle machten Ärzte stark unterschiedliche Angaben über »frigide« Frauen (zwischen 10 und 75 Prozent). Die Aufmerksamkeit richtete sich besonders auf verheiratete Frauen der weißen Mittelschicht. Frauen aus den unteren Gesellschaftsschichten blieben zumeist unbeachtet oder wurden als von Natur aus sinnlicher und weniger sexuell gehemmt betrachtet.[8]

Unter Frigidität verstand man im Allgemeinen einen Mangel an sexueller Lust oder die Unfähigkeit, beim Geschlechtsverkehr zum Orgasmus zu gelangen. Der Orgasmus selbst wurde unterschiedlich interpretiert. Jahrtausendelang galt die Klitoris als Ursprung der sexuellen Lust. Selbst im 19. Jahrhundert wurde trotz der Propagierung weiblicher »Leidenschaftslosigkeit« der Zusammenhang zwischen Klitoris und sexueller Befriedigung der Frau nicht vollständig verkannt. Mit Freuds Einführung einer neuen, verblüffenden Dichotomie von vaginalem und klitoralem Orgasmus änderte sich das. In den *Drei Abhandlungen zur Sexualtheorie* (1905) legte Freud dar, in der Pubertät müsse nach einer Phase der sexuellen Anästhesie die libidinöse Erregung auf die Vagina übertragen werden, obwohl beim weiblichen Kind die Klitoris die wichtigste erogene Zone sei. Im Laufe dieser Entwicklung wird das Mädchen zur Frau und wechselt »die für die spätere Sexualbetätigung leitende Zone«. Die vorpubertäre Phase der Anästhesie »kann eine dauernde werden, wenn die Klitoriszone ihre Erregbarkeit abzugeben sich weigert« – eine Entwicklung, die für Freud mit dem »Wesen der Weiblichkeit innigst« zusammenhing.[9]

Dennoch sollte bei der reifen Frau die Vagina, das passive Rezeptionsorgan für den aktiven männlichen Penis, das Zentrum der erotischen Erregbarkeit sein. Daher, so Freud, könne auch das Ausbleiben des *richtigen*, das heißt des vaginalen Orgasmus neben dem völligen Fehlen eines Orgasmus als Frigidität definiert und als Ablehnung der Weiblichkeit gedeutet werden. Obwohl sich relativ wenige Patientinnen tatsächlich einer Psychoanalyse unterzogen, war Freuds Theorie von enormem Einfluss auf die medizinische, psychologische und populärwissenschaftliche Literatur. Erst als in den sechziger Jahren die Forschungsergebnisse von William Masters und Virginia Johnson allgemein bekannt wurden, wurde diese Theorie schließlich begraben.

Die frigide Frau erweckte einerseits Mitgefühl und andererseits Misstrauen. Manche Zeitgenossen sahen in fehlender Aufklärung während der Kindheit die Ursache für die sexuellen Hemmungen von Frauen. Psychologen, Sexualreformer und Eheberater forderten Aufklärung und ein mitfühlendes Verständnis des Ehemanns für die sexuellen Bedürfnisse seiner Frau. Andere gaben den Ehemännern die Schuld. Die berühmteste Vorkämpferin für Empfängnisverhütung, Margaret Sanger, Verfasserin des Buches *Happiness in Marriage* (1926), verglich den Durchschnittsmann und seine Sexualtechniken mit einem »Orang-Utan, der versucht, Geige zu spielen«. In dem weithin bekannten medizinischen Ratgeber *The Doctor Looks at Love and Life* (1926) äußerte der berühmte Neurologe Dr. Joseph Collins ähnliche Gedanken: »Es wurde häufig gesagt, amerikanische Ehemänner seien die besten Ernährer und die armseligsten Liebhaber«.[10]

Doch der freudianische Psychoanalytiker Wilhelm Stekel, der durch seinen Einfluss auf populärwissenschaftliche Schriftsteller wie Theodore Van de Velde ein breites Publikum erreichte, meinte, bedenklicher sei »der Typus der anästhetischen Frau, welche die Dirne spielt, einerseits um über die Männer zu triumphieren, andrerseits um sich den Schein einer modernen Frau zu geben«. Stekels Beschreibung der frigiden Nymphomanin beschwor ein albtraumhaftes Bild der sexbesessenen Frau, hinter deren sexueller Aktivität sich Hass verbirgt und die durch ihre Kälte oder ihre Laszivität die sexuelle Kraft aus dem Mann heraussaugt.[11]

In dieser bemerkenswerten Begriffsumdeutung wurde Frigidität, deren Bedeutung alles andere als wissenschaftlich untermauert war, mit Nymphomanie gleichgesetzt. Weder frigide Frauen noch Nymphomaninnen, so hieß es, seien fähig zum vaginalen Orgasmus. Beide seien nicht in der Lage, ihre sexuelle Spannung voll auszuleben. Folglich sei die Nymphomanin, getrieben von ihrer Unfähigkeit zum Orgasmus, sexuell unersättlich.[12]

Freudianische Theoretiker behaupteten, das sexuelle Bedürfnis der Nymphomanin könne mit dem Nahrungsbedürfnis eines Säuglings gleichgesetzt werden, der immer Hunger habe und nie satt sei. Nymphomaninnen hätten die notwendige Übertragung der sexuellen Erregung von der Klitoris auf die Vagina nicht vollzogen. Dem freudianischen Psychoanalytiker Otto Fenichel zufolge war die Nymphomanin damit in einem frühen, oralen Stadium ihrer psychosexuellen Entwicklung stecken geblieben. Ihre »Vagina ist im Wesentlichen nichts anderes als ein Mund«.[13]

Wie andere psychosexuelle Störungen verfolgten die Freudianer auch die Ursachen der Nymphomanie bis in die Kindheit zurück. Fenichel zum Beispiel analysierte die frühe Kindheit einer Frau, bei der er Nymphomanie diagnostiziert hatte. In seiner Fallskizze, die hier nur stark vereinfacht wiedergegeben werden kann, schrieb er, die Patientin habe in ihrer Kindheit »eine schwere gastrointestinale Erkrankung gehabt, bei der sie großen Hunger gelitten hatte. Die Folge war ein immenses orales Bedürfnis … entsprechend ihrer oralen Fixierung entwickelte die Patientin große Angst vor Liebesverlust und klammerte sich an ihre Mutter. Als sie drei Jahre alt war und die Mutter schwanger wurde, war sie am Boden zerstört.« Als die Mutter unerwartet starb, verlagerte das Kind seine Anhänglichkeit auf den Vater. Die »Liebesbindung« zum Vater wurde unbewusst durch die »Verlagerung der prägenitalen Beziehung zur Mutter auf die genitale Beziehung zum Vater« geprägt. Das Kind wollte »der Penis seines Vaters sein, um an dessen Männlichkeit teilzuhaben. Alle späteren Beziehungen zu Männern folgten diesem frühkindlichen Muster.«[14]

Fenichel zufolge war diese nymphomanische Patientin unablässig auf der Suche nach Geschlechtsverkehr, ohne je befriedigt zu werden. Sie war frigide und hatte nie die orale, anale und phallische Phase durchschritten, um eine normale Frau zu werden, die durch Reizungen sexuell stimuliert wird, die nicht von der Klitoris ausgehen.[15]

Das ungleiche Paar Nymyphomanie und Frigidität in diesen und anderen Fällen spiegelte die neuen psychoanalytischen Theorien über das Wesen der weiblichen Sexualität. Die neuartige Verknüpfung reflektierte weiterhin Ängste gegenüber der Befriedigung weiblicher Sexualität in der Ehe, auf die jetzt der Nachdruck gelegt wurde. Auf der einen Seite propagierten Mediziner die weibliche sexuelle Lust als Geheimnis einer erfolgreichen Ehe. Auf der anderen Seite erkannten sie die potentielle Gefahr der Entfesselung bisher streng kontrollierter Kräfte.

Gynäkologen wie Psychoanalytiker taten sich schwer, zwischen normaler und pathologischer Zunahme der Libido eine Grenze zu ziehen. Viele von ihnen hingen noch der Vorstellung des 19. Jahrhunderts an, Frauen seien von Natur aus scheu und zurückhaltend. »Exzessives« weibliches Sexualverlangen stand nach wie vor im Verdacht des Krankhaften und der Störung. Frauen wurden zwar ermuntert, am ehelichen Sex voll zu partizipieren, sexuell allzu fordernde Ehefrauen aber, so glaubte man, saugten ihren Männern die Lebensenergie aus. Um mit den Worten Bernard S. Talmey, eines der einflussreichsten Gynäkologen jener Zeit, zu sprechen: »Noch die schwächste und zarteste Frau ist in der Lage, den stärksten Mann zu erschöpfen.« Eine wachsende Zahl von Frauen, die beim »normalen« ehelichen Koitus nicht befriedigt wurden, befänden sich, so Talmey, in einem Dauerzustand sexueller Erregung. In einem an Ärzte gerichteten Buch behauptete er, diese Frauen litten an *orgasmus retardatus*, einem Zustand ähnlich wie Nymphomanie, da auch sie sexuell nahezu unersättlich seien.[16]

Frauen am Rande der Nymphomanie waren vielleicht unbefriedigt, weil sie rücksichtslose oder unwissende Ehemänner hatten, doch als eine weitere Ursache galt die Masturbation.[17] Masturbation wurde zwar nicht mehr dänomisiert wie in früheren Zeiten, doch da bei der sexuellen Selbstbefriedigung der Frau die Klitoris erregt wurde, wurde die Lust dieses Organs auf Kosten der Vagina gesteigert. Die Befürworter der Kameradschaftsehe befürchteten, damit werde die sexuelle Befriedigung beim Geschlechtsverkehr gemindert. Dem konservativen Kritiker Walter Gallichan zufolge »werden durch die weibliche Masturbation die feineren Sensibilitäten für den ehelichen Koitus abgestumpft, und die Praktik der Onanie wird oftmals der normalen Befriedigung vorgezogen«.[18]

Der Sexualität der Frau wurde jedes Eigenleben abgesprochen und in erster Linie wurde ihre Bedeutung für die Ehe erörtert. Die weibliche Masturbation habe mit dem Geschlechtsakt sehr viel weniger zu tun als die männliche Masturbation, weil dadurch »häufig Geschlechtsteile erregt« würden, »die beim Koitus nicht das Zentrum der Erregung sind«. »Normaler« heterosexueller Geschlechtsverkehr, so befürchtete man, könne nicht ausreichen, um den weiblichen Orgasmus herbeizuführen. Diese Kritiker, die sich mit wachsender Besorgnis über die sexuelle Rolle der Frau in der Ehe äußerten, rieten den Frauen von Masturbation ab – nicht weil es eine Sünde sei, sondern weil dadurch Frigidität oder Nymphomanie verursacht werden könnte.[19]

In medizinischen Fallstudien wurden solche masturbierenden nymphomanischen und frigiden Frauen vorgestellt. Dadurch wurden zwar verborgene Einzelheiten des weiblichen Sexuallebens ans Tageslicht gebracht, deutlich wurde aber auch, wie stark sich Ärzte bei ihrer Deutung der Symptome von kulturellen Vorstellungen »richtiger« weiblicher Sexualität beeinflussen ließen. In einem, wie er sagte, typischen Fall, bei dem die Masturbation zu »retardiertem Orgasmus« geführt habe, schilderte Dr. Talmey die Geschichte von Mrs. G., einer einundvierzigjährigen, verheirateten Lehrerin, die ihn im Jahr 1908 aufsuchte. In ihrer Geschichte, die er sie aufzuschreiben bat, offenbarte Mrs. G., dass sie mit Beginn der Pubertät angefangen hatte zu masturbieren. Sie hörte damit auf, als sie aufs College ging, weil sie mit ihrem Studium beschäftigt war. Im Alter von dreiundzwanzig Jahren lernte sie ihren späteren Mann kennen, und obwohl sie seine Zärtlichkeiten genoss, ging sie als Jungfrau in die Ehe. Heute, so schrieb sie, »genieße ich den Geschlechtsakt ungemein, ich komme zum Orgasmus, aber nur in der Position mit dem Gesicht nach unten, dem Mann unter mir ... Mein Mann zieht alle anderen Positionen derjenigen vor, bei der ich zum Orgasmus komme, weil sie für ihn lustvoller sind.«[20]

Ein ähnlicher Fall war für Talmey Mrs. H., die ihm sagte, sie genieße den Geschlechtsakt, indem sie ihrem Mann zärtliche Worte zurief und ihn »bat, nicht so schnell zu kommen«. Aber sie sei immer unbefriedigt geblieben, wenn die Reibung aufhörte oder ihr Mann seinen Penis zurückzog.[21]

Talmey diagnostizierte bei beiden Frauen eine »teilweise Impotenz«. Seiner Meinung nach war die Masturbation die Ursache für ihre Frigidität und ihr unablässiges sexuelles Verlangen. Talmey glaubte, dass Frauen wie Mrs. G. und Mrs. H. häufiger als normale Frauen Geschlechtsverkehr suchten, weil ihr sexuelles Begehren selten wirklich gestillt werde. Ohne darauf einzugehen, worin die Unterschiede zwischen beiden Frauen bestanden, erklärte der Gynäkologe, diese teilweise Frigidität dürfe nicht mit Nymphomanie verwechselt werden. Insbesondere sollte sie nicht durch Amputation der Klitoris behandelt werden. Diese Operation würde den Orgasmus noch mehr als bisher verhindern.[22]

Mrs. G. und Mrs. H. standen beispielhaft für zwei Probleme, die durch die gesteigerten Erwartungen an ehelichen Sex geschaffen wurden: Mrs. H. wollte den Geschlechtsakt verlängern, Mrs. G. hatte nur dann einen Orgasmus, wenn sie oben lag. Das sexuelle Begehren dieser beiden Frauen lief den nach wie vor geläufigen Vorstellungen des 19. Jahrhunderts von der weiblichen Natur zuwider. Langsamer, passiver und nur durch die Liebkosung des Liebhabers sexuell erregt, sollten Frauen zwar reagieren, aber nicht fordernd und aggressiv auftreten. Indem Talmey die sexuellen Erfahrungen seiner Patientinnen aus diesem Blickwinkel betrachtete, diagnostizierte er den Orgasmus von Mrs. H. als »retardiert« und nicht die Ejakulation ihres Mannes als »verfrüht«. Für Talmey waren Mrs. H.s Wunsch, den Geschlechtsakt zu verlängern (was der Ehemann ablehnte), ein Hinweis auf ihre sexuelle Störung.

Ähnlich interpretierten zeitgenössische Autoren Mrs. G.s Problem (Orgasmus nur in der oben liegenden Position) als Anmaßung an die Rolle des Mannes. Die Frau, die beim Geschlechtsakt auf dem Mann lag, übernahm die männliche Sexualität: Sie war, so meinte man, für eine Frau zu aktiv und zu fordernd. Frauen, die die »männliche« sexuelle Position für sich beanspruchten, widersetzten sich ihrer natürlichen Rolle als passive Rezeptoren der männlichen Penetration.

Auch hier war sich die Medizin durchaus nicht einig. Van de Veldes Ehehandbuch riet zu der, wie er es nannte, »Reiterstellung« (die Frau sitzt rittlings auf dem Mann), wodurch die sexuelle Lust der Frau gesteigert und damit die Ehe glücklicher werde.[23] Aber die Relikte der puritanisch-strengen Vorstellungen des 19. Jahrhunderts waren noch stark und stifteten so viel Verwirrung, dass manche Frauen für ihre sexuellen »Probleme« ärztlichen Rat suchten.

Hypersexuelle Mädchen aus der Arbeiterschicht

IN DIESER EPOCHE kam das »hypersexuelle Mädchen« den traditionellen Stereotypen von Nymphomanie am nächsten. Dieser Begriff wurde für junge Frauen im Teenageralter und Anfang Zwanzig verwendet,

die die neumodischen Tanzhallen, Eislaufbahnen, Theater und Varie-
tees besuchten, die überall in den amerikanischen Städten entstanden.
Besorgte Beobachter zogen gegen diese »Kokotten« zu Felde, die auf
den Straßen promenierten, sich ungeniert unter Männer mischten und
ihre Unabhängigkeit und Sexualität zur Schau stellten. Auch Reformer
früherer Zeit hatten sich um die jungen Frauen gesorgt, die Männern
leichte Beute werden könnten. Aber jetzt hatte sich das Blatt gewendet. Die sexuelle Unverfrorenheit junger Arbeiterinnen galt als ernstes
soziales Problem und als Anzeichen ihrer angeborenen Unmoral. William Healy, der Gründer der ersten psychopathologischen Anstalt
für Jugendliche, wetterte: »Sie verführen das andere Geschlecht, sie
übertragen Krankheiten und verbreiten das Laster unter anderen
Mädchen.«[24]
Vielen Ärzten aus der Mittelschicht erschien die selbstbewusste
Sexualität unverheirateter Arbeiterinnen als pathologisch. In der Überzeugung, die weibliche Sexualität sei passiv und werde erst durch die
Ehe geweckt, bezeichneten viele Psychiater diese Mädchen als »hypersexuell«. Diese und ähnliche Begriffe wie »sexuelle Delinquenz« und
»sexuell psychopathisch«, die wissenschaftlicher klangen als »nymphomanisch«, bezeichneten Eigenschaften, die man lange Zeit mit
Nymphomanie in Verbindung gebracht hatte. Unbeherrschbares
sexuelles Begehren und aggressives Sexualverhalten blieben zentrale
Elemente der Diagnose. Frauen, die so genanntes hypersexuelles Verhalten zeigten, kamen mit dem Strafrecht in Konflikt, das gemeinsam
mit der Medizin gegen Bedrohungen wie Geschlechtskrankheiten,
uneheliche Geburten und schockierendes unkonventionelles Sexualverhalten vorzugehen versuchte.[25]
Freilich sahen das die jungen Frauen selbst ganz anders. In Chicago,
New York und auch in kleineren Städten überall in den Vereinigten
Staaten erprobten Tausende junger Frauen eine Unabhängigkeit, die
ihre Mütter und Großmütter nie gekannt hatten, experimentierten mit
einem neuen Selbstverständnis als Abenteuerin oder auch als guter
Kumpel. Weder prüde noch bescheiden, wurden diese jungen Arbeiterinnen von Reformern und von der Polizei zuweilen für Prostituierte
gehalten. Todschick gekleidet, mit hochhackigen Schuhen, farbenfro-
hen Hüten und tief ausgeschnittenen Kleidern, stellten diese »knall-
harten Mädels« die simple Zweiteilung in »wohlanständig« und

»lasterhaft« in Frage. Die jungen Frauen hatten ihren eigenen Moralkodex. Wie eine einundzwanzigjährige Kellerin sagte: »Eine neue
Generation von Frauen ist da, und was in Großmutters Zeiten als
falsch galt, ist heute richtig.«[26]

Dieser neue Sittenkodex war aber auch für diese jungen Frauen der
Jahrhundertwende nicht ohne Risiko. Sie lebten getrennt von ihrer
Familie in Untermietszimmern oder in Pensionen und waren der
Gefahr von sexueller Ausbeutung, Geschlechtskrankheiten und unge-
wollter Schwangerschaft ausgesetzt. Die Tatsache, dass sie zum Fami-
lieneinkommen beitrugen, stärkte das Selbstbewusstsein der jungen
Frauen, und auch wenn sie zu Hause lebten, setzten sie sich oft über
die von den Eltern aufgestellten Regeln hinweg und besuchten ohne
Begleitung Tanzhallen, flirteten und waren die ganze Nacht unter-
wegs.[27]

Mitglieder der Sittenpolizei wie der amerikaweit bekannte George
Kneeland aus New York City zeigten sich entsetzt darüber, mit welch
irritierender Offenheit sich diese Mädchen zu ihren sexuellen Wünschen und Vergnügungen bekannten. Er wetterte gegen die »barmher-
zigen Mädchen«, die sich »Fremden anboten, nicht für Geld, sondern
für Geschenke, Aufmerksamkeit und Spaß und, was am wichtigsten
ist, um ihrer sexuellen Lust zu fronen.«[28] Diese Mädchen aus der
Arbeiterschicht brachen mit viktorianischen Vorstellungen weiblicher
Vornehmheit und Zurückhaltung und versetzten Sozialarbeiter in
Angst und Schrecken. So auch die achtzehnjährige Helen Perkins. Sie
schrieb an eine Freundin, sie habe sich in einen Klempner verliebt: »Du
weißt ja, was das heißt. Ich war so verdammt scharf, dass ich nicht
wusste, ob ich nach Hause oder zur Hölle fuhr. Ich nehme an, Fred hat
dir's besorgt. Das hoffe ich zumindest.«[29]

Ärzte und Psychologen bemühten sich um Verständnis – und Kontrolle – des mit allen Konventionen brechenden Sexualverhaltens dieser Heranwachsenden. Nicht alle verurteilten sie. Unter dem Einfluss
neuerer psychoanalytischer Vorstellungen, die sexuelle Gefühle junger
Mädchen als normal betrachteten, plädierten manche Reformer für
eine Abkehr von den restriktiven sexuellen Vorstellungen früherer
Zeit. Die Psychologin Phyllis Blanchard, Leiterin der Erziehungsbera-
tungsstelle in Philadelphia und Verfasserin des Buches *The Adolescent
Girl* (1920) äußerte die Befürchtung, dass allzu restriktive Eltern ihre

Töchter in die Promiskuität treiben. Noch schlimmer, da junge Mädchen sich oft heftig in Freundinnen verliebten, befürchtete sie, überbesorgte Eltern könnten ihre Tochter »Angehörigen des eigenen Geschlechts« in die Arme treiben. Um 1920 arbeiteten Psychologen und Psychiater wie Phyllis Blanchard in Hunderten von Beratungsstellen und Arztpraxen. Ein wichtiges Anliegen war ihnen, »unangepasste«, sexuell frühreife Mädchen vor Konflikten mit der Strafjustiz zu bewahren.[30]

Diese toleranteren, liberaleren Ideen drangen kaum bis in die staatlichen Behörden, Gerichte und Anstalten vor, wo die große Mehrheit der als hypersexuell und kriminell eingestuften Mädchen landete. Um die Jahrhundertwende lag die Rechtsprechung für das Verhalten junger Leute in der Hand der neu gegründeten Jugendgerichte, es entstanden Sozialdienste und Besserungsanstalten.[31] In dem Glauben, »missratene Mädchen« stellten eine Bedrohung der Gesellschaftsordnung dar, wurden junge Frauen allein wegen schlechten Leumunds und weil sie »auf dem Weg des Verderbens« waren, verhaftet und ins Gefängnis gesteckt. »Anrüchiger« Umgang, nächtelanges Ausgehen, der Besuch der berüchtigten Tanzhallen, Erwischtwerden mit einem Mann in einem Hotelzimmer – all das konnte zu Verhaftung, Verurteilung und Einweisung in eine staatliche Anstalt führen.[32]

»Delinquenz« war ein dehnbarer Begriff, der für Jungen anders ausgelegt wurde als für Mädchen. Während die Jugendpolizei weit mehr straffällige Jungen als Mädchen aufgriff – wegen Taschendiebstahl, Schlägerei, Einbruch in leer stehende Häuser –, ließen die Richter sie häufig wieder laufen oder verurteilten sie zu Bewährungsstrafen, da sie als böse Schlingel, letztlich aber als harmlos galten. Sozialarbeiter aber glaubten, junge Mädchen ruinierten mit ihrem Aufbegehren ihr ganzes Leben.[33] Ein Chicagoer Sozialarbeiter meinte, hinter dem Vorwurf, diese Mädchen seien »unverbesserlich« oder verhielten sich »ordnungswidrig«, verberge sich die Tatsache, dass »über 80 Prozent der delinquenten Mädchen vor Gericht kommen, weil ihre Tugend in Gefahr ist oder sie diese schon verloren haben«.

Experten stellten einen Zusammenhang zwischen dem weiblichen Geisteszustand und dem Menstruationszyklus her und erklärten, es könne nicht überraschen, dass die delinquenten Mädchen, die vor Gericht kämen, ein viel ernsteres Problem als die Jungen darstellten. In

The Individual Delinquent behauptete Dr. William Healy, der Menstruationszyklus steigere die sexuellen Impulse, die das Leben hypersexueller Mädchen beherrschten und ihr Verhalten nachhaltiger prägten als der Sexualtrieb den männlichen Delinquenten.[34]

Da viele Reformer davon ausgingen, dass ein normales Mädchen ihre Jungfräulichkeit ausschließlich im Ehebett opfern würde, konnten sie nicht verstehen, warum Kellnerinnen, Hausangestellte und Fabrikarbeiterinnen sexuelle Dienste nur um des reinen Vergnügens willen anboten. Viele der neuen Jugendexperten sahen in diesem »delinquenten« Verhalten nicht nur ein Anzeichen für Rowdytum oder sexuelles Selbstbewusstsein, sondern meinten, es verweise auf eine Geisteskrankheit. Wie Dr. E. E. Southard, Neuropathologe an der Medizinischen Fakultät in Harvard, erklärte: »Wohl mehr als die Hälfte aller Sexualstraftäterinnen … sind auf die eine oder andere Weise psychopathisch.« Dieser relativ neue Sammelbegriff besagte, diese Mädchen seien von einer geistigen Störung befallen, die keine nachweisbare neurologische Grundlage besitzt. Delinquenz als Krankheitssymptom rechtfertigte auch den Anspruch der Psychiater, diese hypersexuellen Mädchen zu behandeln.[35]

Eine von ihnen war Rose Talbot. Sie wurde im Jahr 1915 im Boston Psychopathic Hospital als »emotionale und instabile junge Frau mit einem starken sexuellen Verlangen« diagnostiziert. Der veröffentlichten Fallskizze des Krankenhauses zufolge heiratete sie mit siebzehn einen jungen, an Syphilis erkrankten Mann, der wenig später starb. Rose, die keinen Schulabschluss und keine Berufsausbildung hatte, brachte ein syphilitisches Kind namens Betty zur Welt und heiratete im Alter von zweiundzwanzig Jahren einen »ehrbaren« Mann. Nach einem Streit, bei dem er ihr vorschlug, sie solle bei seiner Mutter leben, verließ sie ihren Mann Hals über Kopf. Sie versuchte, den Lebensunterhalt für sich und ihr Kind als Kellnerin zu verdienen, da sie es aber nicht schaffte, wandte sie sich an »Wohltätigkeitsbehörden« um Hilfe. Jetzt, unter dem wachsamen Auge der Sozialbehörden, wurde Rose wegen Ehebruchs verhaftet, nachdem ein Sozialarbeiter der Polizei einen Wink gegeben hatte. Sie wurde zur Bewährung in ein Heim für »missratene Mädchen« gesteckt, und ihre dortigen Gewaltausbrüche ließen die Sozialarbeiter zu dem Schluss kommen, sie sei ein hoffnungsloser Fall. Es bedurfte nur noch eines »›offenen Akts‹, um sie in eine Strafanstalt einweisen zu können«. Betty, inzwischen dem Säuglingsalter entwachsen, wurde dem Vormundschaftsgericht unterstellt.[36]

Rose wurde zur Untersuchung und Behandlung ihrer Syphilis ins Psychopathic Hospital von Boston eingeliefert und zunächst als »Fall einer hoffnungslos unzuverlässigen, wahrscheinlich unverbesserlich sexbesessenen Frau« eingestuft. Ein Arzt, der nur die klinischen Daten kannte und mit Rose selbst nie gesprochen hatte, meinte, sie sei »schwachsinnig«, was durch die Geschichte ihres promiskuitiven Sexualverhaltens nahegelegt werde. Aber IQ-Tests ergaben, dass Rose hochintelligent war, eine Eigenschaft, die man bei Sexualstraftäterinnen für ausgesprochen selten hielt.[37]

Eine Sozialarbeiterin, die sich auf psychopathologische Fälle spezialisiert hatte, beurteilte Rose Talbots Zukunftsaussichten etwas günstiger. Miss Carroll, der Rose nach Verlassen des Krankenhauses bemerkenswert offene Briefe schrieb, bescheinigte Rose eine außergewöhnliche Intelligenz, eine hoch entwickelte Selbstachtung und ein gutes Urteilsvermögen in den meisten Dingen, außer im »sexuellen Bereich«. Über ein Jahr lang schüttete Rose ihrer Vertrauensperson ihr Herz aus. Mit erstaunlicher Offenheit berichtete sie über ihren Kampf gegen das sexuelle Verlangen: »Ich bemühe mich mit aller Kraft, ein anständiger Mensch zu sein. Natürlich ist es sehr viel einfacher als am Anfang, aber ich habe einen solchen Drang zum Laster.« Sie kämpfte gegen die Versuchung und gegen »Leidenschaften … die so heftig sind wie nie zuvor.« Eine Zeit lang setzte sie ihr Vertrauen in Gott und fragte wehmütig: »Er wird doch dafür sorgen, dass ich anständig bleibe, nicht wahr?« Sie schwor bei Gott, nie wieder Ehebruch zu begehen oder Unzucht zu treiben. »Aber manchmal«, klagte sie, »sehne ich mich so sehr nach dem lasterhaften Leben und habe das Gefühl, wenn ich nur noch ein einziges Mal lasterhaft sein könnte, schrecklich lasterhaft, wäre ich glücklich und zufrieden.«[38]

Wie schwierig es für junge Frauen war, eine neue Sexualmoral zu definieren und sich von »Großmutters Zeiten« zu verabschieden, brachte Rose auf den Punkt: »Es war so verdammt schlimm, dass freie Liebe nicht möglich ist, wenigstens so lange, bis Kinder kommen.« Sie brach die Beziehung zu einem »furchtbar anständigen« jungen Mann ab, weil sie ihn nicht heiraten wollte, obwohl »wir körperlich und geistig perfekt zusammenpassten und sich jeder nach dem anderen Geschlecht sehnte …«[39]

Der Gedanke der freien Liebe, der von radikalen Frauen wie Victoria Woodhull, der ersten amerikanischen Präsidentschaftskandidatin, fünfzig Jahre zuvor propagiert worden war, hatte Anfang des 20. Jahrhunderts in das allgemeine Bewusstsein Eingang gefunden und wurde in Zeitungen, Filmen und Romanen immer wieder erörtert. Sex außerhalb der Ehe wurde zwar von den meisten ehrbaren Bürgern noch immer verurteilt, war aber keineswegs mehr undenkbar oder tabu. Nachdem Rose Talbot Havelock Ellis' *Studies in the Psychology of Sex* und das populärwissenschaftliche Buch *The Truth About Woman* gelesen hatte, erklärte sie, diese Bücher hätten »alle meine guten Vorsätze zunichte gemacht«. Aus der Lektüre dieser Sexologen zog sie den Schluss, dass »es nichts Schlechtes ist, mit anderen Männern als dem eigenen Ehemann Sex zu haben. Es ist einfach nur nicht in Mode.« Sie legte Miss Carroll ihr Dilemma dar: »Sie sagen, man soll anständig sein, und dieses Buch sagt, man soll seinen Impulsen und Leidenschaften nachgeben – was ist denn eigentlich richtig?«[40]

Damit stellte Rose die gängige Unterscheidung zwischen guten und schlechten Mädchen in Frage. Auch hatte sie ein modernes Bewusstsein des eigenen Ich entwickelt. Im Gegensatz zu den allermeisten Frauen des 19. Jahrhunderts betrachtete Rose das sexuelle Begehren als ein zentrales Element ihrer Identität. Trotzdem fühlte sie sich schuldig, wenn sie diesen Leidenschaften nachgab. Der Wunsch, die »eigenen natürlichen Sehnsüchte« zu befriedigen, stand im Konflikt zu der Vorstellung, dass etwas »Schlechtes« in ihr sie dazu brachte, diesen sexuellen Gefühlen nachzugeben.

Roses Betreuerin brachte ihren Zwiespalt gleichfalls zum Ausdruck, allerdings auf andere Art und Weise: War Rose nun eine Sexualdelinquentin oder fehlte es ihr einfach nur an Bildung und Aufklärung? Einerseits glaubte Miss Carroll, Roses moralische Mängel könnten durch ein entsprechendes Training behoben werden, andererseits war sie überzeugt, dass Roses Probleme hauptsächlich durch dieses Übel verursacht waren. Die Verwirrung der Sozialhelferin zeigt, dass die psychopathologische Diagnose mehr von subjektiven und moralistischen als von wissenschaftlichen Kriterien getragen wurde. Es war wohl dennoch die »sozialpsychiatrische Behandlung«, die, wie in der

Fallanalyse eingeräumt wird, schwer zu definieren war, die bei Rose eine spürbare Besserung bewirkte. Zur Zeit des Berichts arbeitete die junge Frau als Telegrafistin und verdiente die damals beachtliche Summe von fünfundsiebzig Dollar im Monat. Sie lebte wieder mit ihrem Exmann zusammen und bezahlte eine Verwandte, die sich um ihr Kind kümmerte. Ihr Leiden – Syphilis – besserte sich.[41]

Die frühere »Sexualstraftäterin« Rose hatte offenbar – zumindest zeitweilig – Erfolg im Leben. Aber wie erging es anderen nymphomanischen Mädchen? Die Sorge um ihr Verhalten äußerte sich auch in einer umfassenderen Debatte über Einwanderung und Assimilation, die Ende des 19. Jahrhunderts geführt wurde. Als zwischen 1900 und dem Ersten Weltkrieg mehr als zwölf Millionen Einwanderer nach Amerika strömten, befürchtete man, die Menschenmassen aus Süd- und Osteuropa würden Geschlechtskrankheiten, Lasterhaftigkeit und vor allem minderwertige Gene in die Städte bringen. Die populäre und pseudowissenschaftliche eugenische Bewegung prangerte die »untüchtigen Rassen« an, die ihre verseuchten Gene (nicht nur körperliche Gebrechen, sondern auch Charaktereigenschaften wie sexuelle Unmoral) von Generation zu Generation weitervererbten. Die Eugeniker machten vor allem jungen Immigrantinnen den Vorwurf, ihren »instinktiv emotionalen« Geschlechtstrieb nicht kontrollieren zu können. Das Schreckgespenst von Scharen nutzloser kindlicher Straftäter, die Amerika überschwemmten, wurde heraufbeschworen. Gefährliche Theorien, die übersteigerte Sexualität mit rassischer Unterlegenheit verknüpften, schürten die Furcht, die angelsächsische »Rasse« sei zum Untergang verurteilt.

Angestachelt durch diese Ängste, versuchten die Verfechter einer »wissenschaftlicheren« Diskussion – wie jener Arzt, der Rose Talbots Zustand beurteilt hatte –, mit dem Begriff des »Schwachsinns« einen Maßstab für diese Unterlegenheit zu finden. Der Begriff tauchte bereits um 1850 auf, erhielt aber mit der Einführung eines Intelligenztests nach 1908 eine neue Dimension. Ärzte und Psychologen glaubten jetzt, eine todsichere Methode zur Bestimmung von Geistesschwäche gefunden zu haben: Schwachsinnig war jeder, der unterhalb seines jeweiligen »Intelligenzalters« abschnitt.[42]

Mit Beginn des 20. Jahrhunderts wurde jahrzehntelang die Messung der Intelligenz – ähnlich wie die Messung der Größe der Klitoris im 19. Jahrhundert zur Feststellung einer sexuellen Störung – als unfehlbare Methode zur Bestimmung weiblicher Sexualdelinquenz propagiert. Viele in Schwierigkeiten geratene jugendliche Einwanderer wurden von Experten als »schwachsinnig« abgestempelt und Zehntausende von der Sittenpolizei aufgespürte junge Leute diesem pseudowissenschaftlichen Test unterzogen. Gängigen Theorien zufolge ging unmoralisches Verhalten bei Mädchen mit Schwachsinn einher. Diese angeblich geistig minderbemittelten Mädchen konnten ihren sexuellen Drang schlichtweg nicht beherrschen. Über die große Zahl von Einwanderermädchen, die »delinquentes« Verhalten zeigten (die ganze Nacht ausgingen oder sich an Matrosen heranmachten) war man so überrascht, dass man unterstellte, sie seien schwachsinnig. Besonders beunruhigend schien, dass es angeblich sehr viel mehr geistig minderbemittelte delinquente Mädchen als Jungen gab.[43]

Schwachsinn, angeborene sexuelle Defizite und Sexualdelinquenz – das nymphomanische oder hypersexuelle Mädchen passte in alle diese Kategorien. Man war der Meinung, sie habe von ihren Vorfahren einen »ungehemmten Makel« geerbt, der »in ihren Adern floss« und den sie an ihre Kinder weitergab. Psychiater rieten daher, diese jungen Frauen in Anstalten für Schwachsinnige zu stecken – zumindest solange sie Kinder gebären konnten. Ernest Hoag, Eugeniker und Psychiater am Jugendgericht in Los Angeles, forderte »die Absonderung oder die Sterilisation oder beides, um die Vererbung von Geistesschwäche zu verhindern, die zum Verbrechen führt«.[44]

Die Leiterin der Texas Training School for Girls, Dr. Carrie Weaver Smith, zeigte mehr Einfühlungsbereitschaft. Sie meinte, delinquente Mädchen unterschieden sich nicht grundlegend von ihren glücklicheren Schwestern, die höhere Schulen besuchen konnten. Wie andere Mitarbeiter sozialer Hilfsdienste erkannte Smith, dass beide Gruppen junger Mädchen das Abenteuer suchten und sich gern von jungen Männern zu Tanz- und Varieteeveranstaltungen ausführen ließen – dass aber nur die Arbeiterin für ihre Eskapaden in eine Anstalt gesteckt wurde. Andere, gönnerhafte Stimmen empfahlen, die jugendliche Delinquentin solle »nicht von der Gesellschaft moralisch gerichtet, sondern beschützt werden, weil sie noch ein Kind ist«. Einige dieser »Kinder«, wie zum Beispiel Rose, waren Anfang zwanzig.[45]

Besorgte Reformer sperrten Mädchen ins Gefängnis oder in Anstalten, um sie vor den Gefahren der Straße zu schützen. Auch Eltern brachten ihre Töchter zu deren eigenem Schutz in Jugendheime. Aber in den Geschichten von hypersexuellen, schwachsinnigen Mädchen geisterte auch die Vorstellung von der bösen Verführerin herum, die Krankheiten übertrug. Man hörte sogar Warnungen vor überentwickelten, mannstollen und geistig minderbemittelten Mädchen, die breite Hüften, große Brüste und gefährliche sexuelle Gefühle hatten und arglosen jungen Männern auflauerten. Aus dem amerikanischen Südwesten kam die Geschichte eines Mädchens in Umlauf, die »alle Desperados von Texas als Liebhaber gehabt hatte«. Aus den großen Städten kam die Kunde von schwachsinnigen Prostituierten, die die Straßen unsicher machten. Aber Schwachsinn war nicht immer leicht zu bestimmen. Eine kalifornische Psychologin stellte mit Erstaunen fest, dass die vermeintlich »minderbemittelten« Straftäterinnen, die sie in Anstalten untersucht hatte, »kaum minderbemittelt wirkten und viele von ihnen sogar einen lebhaften und intelligenten Eindruck machten«.[46]

Weniger der Schwachsinn als vielmehr die Frage der Vererbung spielte im Fall einer intelligenten Immigrantin eine Rolle, die als Sechzehnjährige auf Anordnung des Jugendgerichts am Psychopathic Institute in Chicago untersucht wurde. Körperlich war sie in »erstaunlich guter Verfassung«, stark, mit reifen Gesichtszügen, gut aussehend und selbstbewusst. Den Jugendbehörden war sie überstellt worden, weil sie nicht nach Hause kam, zur Arbeit ging, wann und wo sie Lust hatte, mit körperlicher Gewalt drohte und so genannte »Sexualdelikte« verübte. Das Mädchen selbst empfand sich nicht als schlecht oder willenlos: »Ich tue, was mir gefällt.« Sie weigerte sich, den Intelligenztest zu machen und erklärte, sie werde absichtlich falsche Antworten geben.[47]

Nachdem die Sozialarbeiter die Mutter des Mädchens kennen gelernt hatten, warfen sie die Frage der Vererbung auf, denn Mutter und Tochter »waren aus demselben Holz geschnitzt«. Nach fünfzehn Schwangerschaften und dem Tod ihres Ehemannes war die hart arbeitende Vierzigjährige noch erstaunlich »stark, gesund, temperamentvoll und resolut«. Obwohl die Mutter das Verhalten der Tochter entschieden missbilligte und sie streng bestraft hatte, befürchteten die Sozialarbeiter, sie habe ihre sexuelle Vitalität auf die Tochter übertragen. Dass die Tochter offenbar entschlossen war, so weiterzumachen wie vorher, gab für die Behörden den Ausschlag, sie in eine Anstalt einzuweisen, da die »übliche Behandlung bei dieser Sorte Mensch kaum zum Erfolg führt, wo schon bei der Mutter fünfzehn Schwangerschaften und viel schwere Arbeit diese Energie nicht hatte mindern können«.[48]

Die Fruchtbarkeit von Zuwanderern wie dieser Frau und die sinkende Geburtenrate der einheimischen Bevölkerung schürten die Angst der Eugeniker, der Mangel an sexueller Energie schwäche die »ehrbaren« Klassen. Daraus ergab sich die Forderung nach Einwanderungsbeschränkungen. Im Jahr 1914 bekam Esther Lorenz, eine neunzehnjährige Immigrantin aus Böhmen, diese nativistischen Feindseligkeiten zu spüren.[49]

Wie ihre Freundin Lillian hatte auch sie ihren Job als Kellnerin verloren, als ihr Arbeitgeber sein Geschäft aufgegeben hatte. Zusammen mit Lillian wurde Esther verhaftet, weil sie zwei Paar Strümpfe, einen Gürtel und billige Maniküre gestohlen hatte. Der Fallbeschreibung zufolge, die in einem Ergänzungsheft des *Journal of the American Institute of Criminal Law and Criminology* erschienen war, »war es nur ein geringfügiges und einmaliges Vergehen. Esther hätte mit einer Verwarnung oder, wie beim Jugendgericht üblich, mit einer Bewährungsstrafe davonkommen können. Aber sie war neunzehn und damit für das Jugendgericht zu alt.« Sie und Lillian wurden der Besserungsanstalt für Frauen in Bedford Hills im Staat New York überstellt und nach einer gewissen Einarbeitungszeit als Hausbedienstete entlassen. Esther arbeitete in einem Haushalt außerhalb von New York City und stand in Briefverkehr mit Lillian, die anderswo als Hausangestellte tätig war. Über einen Zeitraum von fünfzehn Monaten hinweg schrieb Esther Briefe an ihre Freundin, die in die Hände ihrer Betreuerin Miss R. gelangten. Offensichtlich las Lillians Arbeitgeber diese Briefe und übersandte sie an Bedford Hills.[50]

Diese Briefe, die intime Details enthielten, schwankten zwischen der Angst ihrer Verfasserin, wieder in die Besserungsanstalt geschickt zu werden, und der Aufregung, mit der Esther von ihren Abenteuern erzählte, ihren Kinobesuchen und ihren Flirts mit hübschen jungen Männern im Zug. »Wenn ich daran denke, dass ich drei Jahre [auf Bewährung] bekommen habe, fange ich an zu weinen, ich weiß nicht,

was ich machen soll. Aber wenn ich an hübsche Männer denke, hüpfe
ich in der Küche umher und fange an zu singen.« Einer dieser »hübschen Männer« war der Eiermann, dessen Lieferungen sie sehnsüchtig
erwartete: »Wir küssen uns …, wenn man einen Kuss von einem Mann
bekommt, ist es schön, nicht? Ich amüsiere mich sehr mit ihm.« Ab
und zu täuschte sie ihren Arbeitgeber, indem sie angab, sie ginge zur
Schule, wo sie doch in Wahrheit tanzen ging: »Ich lasse meinen Rock
und meine Bücher bei meinen Freundinnen und gehe tanzen … Da
sind jede Menge nette Jungs und der Mann, der mir die Eier bringt, und
viele andere nette junge Männer, und ich amüsiere mich großartig.«
Esther beschwerte sich darüber, dass einer dieser jungen Männer ihr
nur zwei Dollar gegeben habe, nachdem sie sich mit ihm amüsiert
hatte: »Dafür habe ich mir Strümpfe gekauft und was ich sonst noch
brauchte, und die zwei Dollar waren weg.« Eher prahlerisch und
scherzhaft behauptete Esther: »Ich bin ein solcher Teufel, du glaubst es
nicht.«[51]

Im Juni 1915 wurde Esther wieder nach Bedford Hills gebracht. In
einem ihrer abgefangenen Briefe an Lillian hatte sie von einem Besuch
bei einem Arzt für Frauenkrankheiten erzählt. In einem anderen Brief
hatte sie berichtet, wie sie vier Dollar aus der Geldbörse ihres Arbeitgebers entwendet und später wieder hineingelegt hatte. »Sie lesen, dass
ich [eine] Krankheit [bekäme], dass ich vier Dollar gestohlen habe und
ein junger Mann mir zwei Dollar gegeben hat, und sie halten mich für
sehr schmutzig …«[52]

Miss R. schrieb an die Aufseherin von Bedford Hills, um Esther
gegen die Vorwürfe zu verteidigen. Sie war nicht der Meinung, dass
Esther ihr Versprechen gebrochen hatte, und meinte, der Hauptvor-
wurf gegen Esther sei geringfügig, da sie sich die vier Dollars aus dem
Portemonnaie ihres Arbeitgebers nur geborgt und die feste Absicht
hatte, das Geld wieder zurückzugeben. Verständnisvoll legte die
Betreuerin den »ungeheuren Druck« dar, unter dem Esther stand, um
die volle Aussetzung ihrer Strafe zu erwirken, und den inneren »Konflikt durch möglicherweise ganz normale und natürliche sexuelle
Interessen«. Sie glaubte, Esther wolle nur damit prahlen, wie schlecht
sie sei.« Wahrscheinlich hatte sie nicht viel mehr getan, als im Zug mit
Männern geflirtet, den Eiermann geküsst und für zwei Dollar mit
einem Mann in Philadelphia eine sexuelle Beziehung gehabt, was

Esther vehement bestritt. Obwohl Miss R. Esthers Beteuerung anzweifelte, hielt sie den Vorwurf, sie sei eine Prostituierte, für falsch. Sie machte auch darauf aufmerksam, dass Esther keine Geschlechtskrankheit hatte, was die Gefängnisbehörden bei ihrer Untersuchung bestätigt hatten.[53]

Angesichts dieser einfühlsamen Beurteilung erscheint Miss R.s Lösungsvorschlag geradezu unfasslich: »Ich glaube, dass das misstrauische Wesen und die Hinterlist der betreffenden Person rassisch bedingt sind und sie sich wohl kaum den amerikanischen Sitten anpassen wird.« Miss R. empfahl, Esther auszuweisen.[54]

Esthers »Hinterlist« wurde auf ihr Geschlecht und auf ihre Rasse zurückgeführt. Als Mitteleuropäerin und Jüdin verkörperte Esther das gängige Stereotyp der schwarzäugigen, dunkelhäutigen Verführerin. Wie andere Immigranten aus Süd- und Osteuropa und wie Afroamerikaner wurde auch sie als Angehörige einer minderwertigen Rasse betrachtet.[55] Pseudowissenschaftliche Theorien jener Zeit behaupteten, im Zuge der Evolution habe die angelsächsische Rasse ihre Überlegenheit bewiesen, und brandmarkten alle anderen Gruppen als primitiv und sinnlich. Esthers Sexualverhalten belegte nach dieser Auffassung eine genetische und rassische Minderwertigkeit.[56]

An Esthers Fall sehen wir, wie zerstörerisch die Theorien waren, in denen sich Vorurteile über Rasse und Sexualität mit neuen Ideen der Psychopathologie verbanden. Wir wissen nicht, ob Esther tatsächlich ausgewiesen wurde, aber Miss R.s Empfehlung dieser Maßnahme beweist, wie stark die Furcht und die Ängste sein mussten, die aus dieser hochexplosiven Mischung emporkochten.[57]

Die Generation der »Neuen Frau«

MISS R. UND MISS CARROLL verband mit Esther Lorenz und Rose Talbot mehr als nur das berufliche Interesse. Beide Sozialarbeiterinnen und beide »hypersexuellen« Mädchen stellten die konventionellen Geschlechterrollen ihrer Zeit in Frage: Esther und Rose durch ihre aktive Suche nach sexuellen Abenteuern; die Sozialarbeiterinnnen durch ihre Berufsausbildung, Karriere und – wie es häufig der Fall war – ein

Leben als alleinstehende Frau. Die Esthers und die Roses wurden als hypersexuell und delinquent eingestuft, aber auch berufstätige Frauen wurden gesellschaftlich gebrandmarkt. Unter dem Einfluss neuer psychologischer Theorien erklärten viele populärwissenschaftliche medizinische Autoren, die Neue Frau sei sexuell aggressiv, maskulin und feindselig.[58]

Die Bestürzung über »hochmütige« Frauen war freilich nichts Neues. Da es Frauen aus der Mittelschicht aber inzwischen tatsächlich möglich war, unabhängig von Ehemännern oder Vätern zu leben, gewannen diese Vorwürfe eine neue Schärfe. Besonders krass formulierte es John F. W. Meagher, ein New Yorker Psychiater und viel gelesener Autor. Er warf lesbische Liebe, Nymphomanie und die Forderung nach Gleichberechtigung der Frau in einen Topf und meinte: Viele »so genannte Nymphomaninnen«, Frauen, »mit dem Ruf leidenschaftlich zu sein, sind nicht wirklich potent in einem erwachsenen, heterosexuellen Sinn«. Hinter ihrem Wunsch, beruflich Karriere zu machen, und der Forderung nach gleichen Rechten steckten, so der Arzt, unbefriedigte homoerotische Impulse: »Verheiratete Frauen mit einer voll befriedigten Libido sind an militanten Bewegungen kaum interessiert.« Den Wunsch der Frauen nach Gleichberechtigung tat er als sexuelle »Perversion« ab und zog die psychische Normalität der Neuen Frau in Zweifel.[59]

Das Klischee der alten Jungfer musste weiterhin herhalten, um unabhängige Frauen zu verspotten, und populäre Schriftsteller wie der bekannte Kritiker und Frauenfeind H. L. Mencken verunglimpfte die »Mehrheit der aufrührerischen Sufragetten« als Frauen, die »alles versucht haben, sich einen Mann zu angeln, es aber nicht geschafft haben«.[60] Diese älteren Schmähungen waren aber weit weniger wirkungsvoll als die neuen pseudowissenschaftlichen Kategorien, die Frauenrechtlerinnen ein abweichendes Sexualverhalten zuschrieben. Ärzte, Psychiater, Psychologen und andere stellten die neuen psychologischen Theorien in den Dienst des Status quo und »pathologisierten« die Frauen, die soziale und politische Veränderungen forderten, sowie karrierebewusste Frauen allgemein.

Kritiker wie William J. Robinson, Herausgeber zweier medizinischer Zeitschriften und zahlreicher Bücher über Sexualität, der in den Augen berufstätiger Frauen einen »charakteristischen sterilen, teils kühnen, teils feindseligen Glanz«, zu erkennen meinte, sprachen der Neuen Frau die Weiblichkeit ab. Aber was war Weiblichkeit zu Beginn des 20. Jahrhunderts? Nicht mehr nur die Biologie wie in früheren Zeiten, auch die Psyche sah man jetzt als Sitz der Weiblichkeit. Aufschlussreich ist, dass solche neuen Vorstellungen von Weiblichkeit den älteren, biologisch determinierten Mustern erstaunlich ähnelten. Havelock Ellis' monumentales siebenbändiges Werk *Studies in the Psychology of Sex* war zwar in vielfacher Hinsicht fortschrittlich, stellte aber beim Geschlechtsakt den aktiven Mann der passiven Frau gegenüber. »Bei sehr vielen Frauen ist der sexuelle Impuls nur latent vorhanden und wird erst durch die Liebkosung des Partners geweckt«, schrieb Ellis. »Der Junge wird auf natürliche Weise zum Mann; das Mädchen muss, wie gesagt, ›zur Frau wach geküsst‹ werden.«[61]

Dieser Unterschied war für Ellis nicht einfach biologisch bedingt. Bei einer Frau war das innerste Selbst – und nicht nur ihr vermeintlich schwächerer, unterwürfigerer Körper, wie ältere Theorien meinten – passiver als beim Mann. Diese Passivität durchdrang, so Ellis und andere, alle Bereiche des weiblichen Lebens. Biologische und psychologische Kräfte formten den weiblichen Charakter und die weibliche Persönlichkeit und Rolle in der Welt. Aufgrund seiner natürlichen Aggressivität, Aktivität und Kreativität beanspruchte der Mann zu Recht Führungspositionen und Autorität. Theorien zu Beginn des 20. Jahrhunderts, die von denen des 19. Jahrhunderts gar nicht so weit entfernt waren, behaupteten, dass Frauen, die ihre angeborene weibliche Psyche nicht akzeptieren wollten (die also nicht bescheiden, mütterlich und passiv sein wollten), sexbesessen, potenziell pathologisch und sexuell abweichend seien.[62]

Ellis und seine Kollegen fanden aber durchaus Widerspruch. Kritikerinnen wie die Feministin Alice Beals Parsons, Verfasserin von *Woman's Dilemma* (1926), griffen Ellis' Theorie der grundlegenden Wesensunterschiede von Mann und Frau als »Alice-im-Wunderland«-Wissenschaft an und zitierten Untersuchungen psychologischer Forscherinnen wie Dr. Leta Hollingworth und Dr. Helen Bradford Thompson, die Ellis' Theorien bestritten.[63] Aber die Stimmen der Gegenseite waren lauter.

Die einflussreichsten neuen Theorien, die bahnbrechenden Arbeiten Freuds und seiner Nachfolger, prägten in den nachfolgenden Jahrzehnten die modernen Vorstellungen über die Beziehung zwischen dem psychosexuellen Ich einer Frau und der ihr zukommenden Rolle in der Welt. Freuds Theorie war einerseits fortschrittlich und befreiend, da sie Frauen als sexuelle Wesen anerkannte, schuf aber andererseits neue Beschränkungen.[64] Der Kern von Freuds Theorie war eine gänzlich neue Vorstellung von Männlichkeit und Weiblichkeit. Freud zufolge mussten Mädchen und Jungen eine Reihe psychosexueller Stufen erfolgreich durchlaufen, um als Erwachsene ein richtig entwickeltes Ich zu besitzen. Die Erfahrungen des heranwachsenden Mädchens waren besonders problematisch, weil es irgendwann erkannte, dass ihm der Freud zufolge wertvollste Teil des männlichen Körpers fehlte, der Penis. Wenn sie nicht in der Lage war, die wichtigste Aufgabe einer Frau zu erfüllen – ihren Penisneid in den Wunsch nach einem Kind umzuwandeln –, konnte sie einen Männlichkeitskomplex bekommen und war sexuell unreif, neurotisch und feindselig gegenüber Männern.

Auf die Neue Frau angewandt, beflügelten Freuds Theorien die bereits seit Jahrzehnten geführten Angriffe gegen die Forderung der Frauen nach höherer Bildung, beruflichen Möglichkeiten und Wahlrecht. Diese Forderungen konnten jetzt als das Aufbegehren einer unreifen Psyche verunglimpft werden. Freuds Schüler und Biograf Ernest Jones zufolge wollte »der bekannte Typ jener Frauen, die sich unablässig über die Ungerechtigkeit des weiblichen Loses« beschwerten und den Männern gleichberechtigt sein wollten, in Wahrheit selbst Männer sein. Unfähig, ihre Minderwertigkeit – ihr »penisloses« Ich – zu akzeptieren, versuchten diese Frauen, in die Rolle des Mannes zu schlüpfen. Manche dieser sexuell abweichenden Frauen ließen sich, so diese These weiter, mit ihren Geschlechtsgenossinnen ein, andere strebten eine berufliche Karriere und eine Aufgabe im öffentlichen Leben an und widmeten sich geistigen Studien. All dies, so Jones, seien Hinweise darauf, dass sie ihre Weiblichkeit ablehnten.[65]

Dadurch ließen sich Frauen freilich nicht abhalten, für sich das Wahlrecht, den Zugang zu höherer Bildung und zu größeren beruflichen Chancen zu fordern und durchzusetzen. Aber auch Frauen lernten die Lektion der Psychologie. Um 1920 befürworteten viele jüngere Feministinnen die Idee, eine Frau finde Erfüllung eher in Liebe und Ehe als in einer beruflichen Tätigkeit. In einem Porträt der »Feministin neuen Stils« in der Zeitschrift *Nation* im Jahr 1927 beschrieb Dorothy

Dunbar Bromley, die spätere Verfasserin des Werks *Youth and Sex: A Study of 1300 College Students* (1938), die Feministin als »gut gekleidet, sportlich und kameradschaftlich«, deren tiefste Befriedigung Ehe und Kinder und nicht die Berufstätigkeit ist. Obwohl die Feministin sich selbst in irgendeiner Tätigkeit »zum Ausdruck bringen« wolle, akzeptiere sie doch die Tatsache, dass sie einen geringeren Beitrag leiste als der Mann.[66] Während eine frühere Generation von Feministinnen auf die Ehe verzichtet hatte, um beruflich Karriere zu machen, bekam diese Generation die Auswirkungen psychologischer Theorien zu spüren, die den Wunsch der Frau nach Selbstbestimmung als männlich und als sexuell abnorm definierten.

Das vernichtendste Urteil über die Neue Frau war der Lesbierin reserviert.[67] Frauen hatten schon immer intime Freundschaft zu anderen Frauen gepflegt, und einige dieser Freundschaften waren vermutlich besonders romantisch und leidenschaftlich. Wie die von Katherine B. Davis durchgeführte bahnbrechende Sexualstudie an mehreren Generationen weiblicher College-Absolventinnen (1929) ergab, wechselten Frauen Ende des 19. Jahrhunderts nicht selten »zwischen homosexuellen und heterosexuellen Beziehungen hin und her, ohne dass sich daraus unbedingt Konsequenzen ergaben«.[68] Um die Jahrhundertwende jedoch, als eine wachsende Zahl von gebildeten Frauen der Mittelschicht sich ihren Lebensunterhalt selbst verdienen konnte, weckten Frauen Argwohn, wenn sie lieber mit anderen Frauen zusammenlebten. In *The Doctor Looks at Love and Life* schrieb Joseph Collins: »Lesbische Liebe entspringt dem Müßiggang, der Langeweile und der Einsamkeit, und die Opfer sind entweder sexuell antriebslos oder sexbesessen.«[69] Das Misstrauen gegenüber lesbischen Beziehungen hielt Frauen zwar nicht davon ab zusammenzuleben, aber diese neuen Vorstellungen abweichenden Verhaltens warfen ihre Schatten auf alleinstehende Frauen, die außerhalb traditioneller Familienverbände lebten.

Die Wahl des Sexualpartners war jedoch durchaus nicht die Hauptsorge der Sexologen. Sie attackierten vielmehr die »maskuline« Lesbierin, weil sie ihre Weiblichkeit ablehnte. Das stereotype Bild der Lesbierin, die die Männer hasste und Männerkleidung trug, stellte lieb gewonnene Vorstellungen von angeborenen Geschlechtsunterschieden in Frage. Um mit Havelock Ellis zu sprechen: »Die abrupten ener-

gischen Bewegungen, die Armhaltung, die direkte Art zu sprechen, der
Tonfall der Stimme, die männliche Unverblümtheit und das Ehrgefühl
sind nicht selten ein Hinweis auf psychische Abnormität.« Die Neue
Frau war gefährlich, weil sie mit ihrer Forderung nach Gleichberechtigung die Gesellschaftsordnung in Frage stellte, und indem man ihr eine
aggressive, gestörte Sexualität zuschrieb, versuchte man, sie zu diskre-
ditieren.[70]

Ärzte und Sexualforscher taten häufig so, als seien sie im Besitz der
Wahrheit. Doch in den ersten Jahrzehnten des 20. Jahrhunderts, als
moderne psychologische Theorien neue Wege zum Verständnis der
weiblichen Sexualität wiesen, herrschte allgemeine Verwirrung und
Unsicherheit. Die Pandorabüchse der weiblichen Sexualität war geöff-
net, und damit erweiterte sich auch das Bedeutungsfeld der Nymphomanie, bis es schließlich ein ganzes Arsenal von gleichermaßen
schwammigen Begriffen über Sexualität umfasste. Sexbesessenheit,
abweichendes Sexualverhalten und Sexualdelinquenz wurden unter
dem Deckmantel der Wissenschaftlichkeit mit Nymphomanie assozi-
iert. Zum traditionellen Bild der sexbesessenen Frau kamen neue Vorstellungen der kastrierenden, frigiden und vermännlichten Frau hinzu.
Das Römische Reich hatte seine Messalina gehabt, die »sexbesessene«
Gemahlin Kaiser Claudius' I. Das 20. Jahrhundert dagegen schuf sich
Typen eines pathologischen weiblichen Jedermann: die frigide, sexuell
unersättliche Hausfrau, die hypersexuelle junge Arbeiterin und die
vermännlichte Neue Frau. In den nachfolgenden Jahrzehnten suchten
Sexexperten nach einem neuen Verständnis weiblicher Sexualität –
durch Messung des Hormonspiegels sowie durch die Erforschung der
Psyche und des Geschlechtslebens von mehr als 6000 amerikanischer
Frauen.

Die Sexexperten

IM ZWEITEN VIERTEL des 20. Jahrhunderts verkündete die Sexualforschung – wie die kurzen Röcke und der Bubikopf der modebewussten jungen Damen – eine kühne Botschaft. Sie zerriss den Schleier der Unwissenheit und Falschmeldungen der Vergangenheit und versprach die »Wahrheit« über die Sexualität. Aber wie ihr Vorläufer in viktorianischer Zeit war auch die moderne Sexualforschung ein Spiegelbild der gesellschaftlichen Ängste der Zeit. Würde die neu gewonnene weibliche Unabhängigkeit die traditionellen Geschlechterrollen erschüttern? Würden sexuell unbefriedigte Frauen die Scheidungsrate noch weiter in die Höhe treiben? Obwohl die Forscher angeblich um wissenschaftliche Objektivität bemüht waren, flossen in ihre Untersuchungen immer auch Werturteile mit ein.

In jener Zeit beschäftigten sich drei Expertengruppen mit weiblicher Sexualität, also auch mit Nymphomanie. Mit ihren unterschiedlichen wissenschaftlichen Methoden untersuchten die einen die Geschlechtshormone im Labor, die anderen erforschten die Psyche im Therapiezimmer, und die dritte Gruppe sammelte durch Interviews Daten über weibliches Sexualverhalten. Aus diesen unterschiedlichen Perspektiven gelangten die Forscher zu bunt gemischten Ergebnissen über Ursprung und Bedeutung der Nymphomanie. Vermittelt durch populäre Zeitschriften und Zeitungen sowie medizinische und wissenschaftliche Publikationen erreichte die Botschaft dieser Sexualexperten Millionen besorgter Menschen, die mehr über Sexualität wissen wollten.

Nymphomanie im Labor

IN DEN ZWANZIGER UND DREIßIGER JAHREN machte die Erkenntnis, dass menschliches Sexualverhalten durch Hormone beeinflusst ist, in wissenschaftlichen Kreisen Furore. Besonders viel versprach man sich von der Entwicklung künstlicher Hormone, vor allem für die Behandlung von Frauenkrankheiten und Störungen der weiblichen Sexualität. Robert Frank, Gynäkologe am Mount Sinai Hospital, sprach von »zahllosen Forschern, die im Rennen um die Isolierung und Synthetisierung der so lang ersehnten Hormone miteinander wetteifern«.[1] In der Hoffnung auf Profit unterstützten Pharmaunternehmen schon in der Anfangszeit der Hormonforschung die Universitätslabors mit großzügigen finanziellen Zuwendungen. Sollte sich herausstellen, dass das Sexualverhalten »eine Sache der Drüsen« war, dann gab es hier einen gigantischen Markt.[2]

Die Hormonforschung war zu einem außerordentlich günstigen Zeitpunkt auf den Plan getreten.[3] Wachsende Bemühungen um Empfängnisverhütung, die Angst vor Geschlechtskrankheiten und die Sorge um die sexuelle Harmonie in der Ehe hatten dazu geführt, dass die Libido nicht länger ein Tabu war. Sozialreformer, die die Fundamente der Ehe ins Wanken geraten sahen, griffen wissenschaftliche Erklärungen des sexuellen Verlangens gern auf. Wenn die Wissenschaft herausfand, wie das geschlechtliche Begehren funktionierte und worauf es beruhte, dann konnte man auch Mittel und Wege finden, es zu kontrollieren: indem man die verlorene Libido der frigiden Frau weckte beziehungsweise die übermäßige Libido der Nymphomanin dämpfte. Robert Greenblatt von der Medizinischen Fakultät der Universität Georgia verkündete optimistisch: »Die psychotischen Tendenzen der Nymphomanin, die Neurosen und das Elend der frigiden Frau sowie die Probleme sexuell nicht harmonierender Paare können durch Hormontherapie behoben werden.«[4]

Um der wachsenden Sorge über sexuelle Probleme zu begegnen, pumpten finanzkräftige Einrichtungen wie der Ausschuss der Rockefeller-Stiftung zur Erforschung von Sexualproblemen Geld in Forschungsprojekte. An diesem lebhaften wissenschaftlichen Wettlauf beteiligten sich Spezialisten aus allen möglichen Fachgebieten, darunter auch ein neuer Bereich zur Untersuchung der hormonellen Absonderungen der endokrinen Drüsen. Es wurden tonnenweise Eierstöcke von Kühen und Tausende Liter menschlichen und tierischen Harns untersucht, um ein »weibliches« Geschlechtshormon zu isolieren. Schließlich fand man »Gold im Harn trächtiger Stuten«, der hohe Konzentrationen relativ leicht zugänglicher Hormone aufwies.[5]

Die Isolierung und Identifizierung des »weiblichen« Geschlechtshormons Östrogen im Jahr 1929 verleitete zu der Hoffnung, nun endlich das lang ersehnte Bindeglied zwischen dem Gehirn und den weiblichen Fortpflanzungsorganen gefunden zu haben. Dieser Theorie zufolge lieferten die von den Eierstöcken produzierten Hormone (wie in vergangenen Zeiten die Gebärmutter und die Eierstöcke selbst) den Schlüssel für das weibliche Sexualverhalten. Die Drüsensekrete, so glaubte man, machten anatomisch und psychologisch die Frau zur Frau und den Mann zum Mann. Es sollte sich herausstellen, dass die Sache keineswegs so einfach war.[6]

Jahrhundertelang hatte die Faszination, die von den Unterschieden zwischen Mann und Frau ausging, das wissenschaftliche wie das nichtwissenschaftliche Denken geprägt. Im Bemühen, diesen mutmaßlichen Unterschied dingfest zu machen, untersuchte man nicht nur die Genitalien, sondern auch das Gehirn, den Körperbau und in den zwanziger Jahren schließlich auch die Hormone. Die Hormonforscher der zwanziger und dreißiger Jahre warfen aber ihre kulturell determinierten Vorstellungen und Befürchtungen keineswegs über Bord, sobald sie ihr Labor betraten. Biochemiker und Gynäkologen suchten vielmehr nach unterschiedlichen »männlichen« und »weiblichen« Geschlechtshormonen. Diese neuen chemischen »Marker« sollten ein für allemal beweisen, dass Männlichkeit und Weiblichkeit biologisch determiniert waren. Im männlichen und weiblichen Sozialverhalten spiegelten sich, so die Auffassung, schlicht die jeweiligen biologischen Vorgaben.

Aber die Forscher stießen auf ein merkwürdiges Paradox: Männer und Frauen hatten sowohl »männliche« als auch »weibliche« Hormone. Einem führenden Endokrinologen zufolge hätte Östrogen auch als »männliches« Geschlechtshormon bezeichnet werden können, wenn man es nur zuerst beim Hengst isoliert hätte, dem Tier, das, wie sich bald herausstellen sollte, die meisten Östrogene produziert. Überrascht und irritiert trugen die Wissenschaftler neue Erklärungen vor:

Weibliche Hormone entstünden aus der Nahrung der Männer und nicht aus den männlichen Geschlechtsdrüsen. Doch viele Forscher sahen die komplexen Fragen, die durch diese neuen wissenschaftlichen Entdeckungen aufgeworfen wurden.[7]

Schließlich gaben die meisten Wissenschaftler die absoluten Kategorien auf und ersetzten sie durch relative: Frauen produzierten *mehr* Östrogen, Männer *mehr* Testosteron. Trotzdem blieb es in der populärwissenschaftlichen wie der wissenschaftlichen Literatur bei der Grundaussage, dass »weibliche« beziehungsweise »männliche« Hormone weibliches beziehungsweise männliches Verhalten stimulierten und dass sich die Frage, »wer die Hosen anhat« oder »sich wie ein Waschlappen benimmt«, biochemisch beantworten lässt.[8]

Diese bahnbrechenden Erkenntnisse der Hormonforschung gaben der Medizin und der Naturwissenschaft neue Impulse. Trotz ihrer Lippenbekenntnisse zur Bedeutung der psychologischen Faktoren behaupteten manche Forscher triumphierend, Sexbesessenheit sei lediglich eine Frage des Gleichgewichts chemischer Substanzen. Robert Greenblatt, der federführende Wissenschaftler in einer immer wieder zitierten Studie, die im *American Journal of Obstetrics and Gynecology* veröffentlicht wurde, erklärte die Libido zu einer »chemischen Reagenzglas-Gleichung«, die durch erhöhte oder verminderte Hormongabe verändert werden könne.[9]

Im Zuge der Forschung zur Linderung von Menstruationsbeschwerden und von Hitzewallungen in den Wechseljahren wurden weitere Fragen über das Sexualverhalten aufgeworfen. In einer bahnbrechenden, im *Journal of the American Medical Association* im Jahr 1938 veröffentlichten Studie über prämenstruelle Beschwerden entdeckte Dr. S. Leon Israel, ein Gynäkologe aus Philadelphia, dass 40 Prozent der normalen Frauen am prämenstruellen Syndrom litten. Insbesondere Nymphomanie sei »ein hochinteressantes Symptom, das tiefstes Mitgefühl« verlange. Eine seiner Patientinnen, in der Studie M. T. C. genannt, eine vierunddreißigjährige, zweimal geschiedene Weiße, verwandelte sich in den Tagen unmittelbar vor der Menstruation von einer »sanftmütigen, fleißigen und umgänglichen Person« in ein »reizbares, unruhiges, jähzorniges und zänkisches Wesen, das an Kopfschmerzen, Schlaflosigkeit und Nymphomanie« litt. Dr. Israel vermutete, dieser Zustand sei durch einen Mangel an Progesteron beziehungsweise ein Übermaß an Östrogen verursacht. Er behandelte sie mit Progesteron, und während dieser Zeit waren die Symptome vollständig verschwunden.[10]

Im Allgemeinen legten diese wissenschaftlichen Studien (an menschlichen und tierischen Objekten) nicht dar, in welchem Sinn sie den Begriff Nymphomanie verstanden.[11] Man ging vielmehr davon aus, dass die Fachwelt wusste, was Nymphomanie war. Aber die Messung des Hormonspiegels bei »übersteigerter« Sexualität stellte die Forscher vor ähnliche Probleme wie in früheren Zeiten. Dem Phänomen der »Sexbesessenheit« entsprach keine bestimmte, messbare Menge von Hormonen – ebenso wenig wie vorher eine vergrößerte Klitoris oder überreizte Nerven.

Auch die Bedeutung anderer »Krankheiten« oder »Störungen« war oftmals unklar oder unsicher, aber die Definition von Nymphomanie war mit so viel Phantasien und Ängsten gekoppelt, dass sie doppelt fragwürdig erschien. In einigen dieser Fallstudien sehen wir, wie sehr kulturell geprägte Vorstellungen auch die Hormonforschung im Labor bestimmten, denn auch in die objektive wissenschaftliche Sprache schlich sich gelegentlich ein prononciert moralischer Ton ein. Etwa im Fall von W. F., einer dreiundzwanzigjährigen, unverheirateten Frau, die Anfang der vierziger Jahre eine Hormonklinik aufsuchte, da sie an starken Menstruationsschmerzen, Nervosität, Ohnmachtsanfällen und übersteigerten sexuellen Impulsen litt. Durch Implantation eines Progesteronkügelchens verschwanden die Beschwerden, unter anderem »verringerte sich das sexuelle Verlangen in einem Maße, dass sie nicht mehr den Drang hatte, ›sich herumzutreiben‹«. Der tadelnde Unterton zeigt, dass die Ärzte schlussfolgerten, die Frau hätte nunmehr »das Böse ihres Verhaltens« eingesehen, sie sei häuslicher geworden und eher bereit, ihre Pflichten in der Familie zu erfüllen.[12]

Die Hormonforschung steckte noch in den Kinderschuhen, und über die Folgen einer Hormonbehandlung von Frauen mit übersteigerter Sexualität waren sich die Wissenschaftler keineswegs einig.[13] Testosteron beeinflusste tatsächlich die Libido auf scheinbar gegensätzliche Art und Weise: »Männliche« Geschlechtshormone, so glaubten manche, neutralisierten die Wirkung »weiblicher« Geschlechtshormone und schwächten die Libido insbesondere bei Hypersexualität ab. Andere dagegen waren überzeugt, dass dieselben Hormone bei manchen Frauen die Empfindlichkeit der Klitoris und damit die sexuelle Lust steigerten. Interessant ist der Fall einer fünfundzwanzigjährigen Frau mit »mäßiger« Libido, die ein- bis zweimal wöchentlich mit ihrem Ehemann Geschlechtsverkehr hatte, nach der Implantation von Testosteronkügelchen aber ein- bis zweimal pro Nacht mit ihm schlief. Bei ihr sprachen die Ärzte von einer »guten Libido«. Andere Studien dagegen bezeichneten diese sexuelle Aktivität als Nymphomanie.[14] Hier wie in vielen anderen Beispielen war Nymphomanie ein Phänomen, das erst im Blick des Betrachters entstand.

Neurologen am George Washington Hospital in Washington, D.C., verwiesen auf klinische Experimente, bei denen niedrige Dosen Testosteron die Libido des normalen Mannes stimulierten, hohe Dosen dagegen sein sexuelles Verlangen dämpften, und untersuchten die Auswirkung von großen Mengen Testosteron bei »krankhaft hypersexuellen Frauen«. An diesem Experiment nahmen fünf weiße Frauen teil, die über intensives sexuelles Verlangen, Beklemmung, Depression und Rastlosigkeit klagten. Das sexuelle Begehren der Frauen war »hyperintensiv«, aber »normal ausgerichtet«, also heterosexuell. Lesbierinnen oder Frauen mit »perversen sexuellen Wünschen« hatten die Forscher ausgeschlossen.[15]

Nach der Behandlung mit Testosteron war »das Gefühl der Leidenschaft verschwunden«, und bei vier der fünf Frauen »verschwand auch die sexuelle Spannung vollständig«. Die Patientinnen wurden jetzt als »ruhig« und »zufrieden« beschrieben. Eine Frau, C. N., meinte, sie sei dankbar, von ihrer ausgeprägten sexuellen Erregung befreit zu sein, die Probleme in der Ehe verursacht hatte. Eine andere, P. L., war froh darüber, dass ihr durch die Behandlung das Gefühl genommen wurde, »allmählich verrückt zu werden«. C. N.s Ehemann, der vor der Behandlung »nicht in der Lage gewesen war, die gesteigerten Forderungen« seiner zweiunddreißigjährigen Ehefrau in der Woche vor Beginn ihrer Menstruation »zu erfüllen«, war von den Veränderungen begeistert. P. L.s »häufig von Müdigkeit befallener« Mann brachte seine Dankbarkeit darüber zum Ausdruck, dass seine zweiundvierzigjährige Frau vor der Menstruation jetzt nicht mehr sexuell »unersättlich« war. Ehemänner, Ehefrauen und Wissenschaftler waren sich einig, dass diese »erfreulichen Ergebnisse« zur Stabilität und zum ehelichen Glück der Patientinnen erheblich beitrugen.[16]

Eine unverheiratete fünfundzwanzigjährige Patientin, die gleichfalls an der Studie teilgenommen hatte, griff die Ärzte und die Behandlung heftig an. Genau wie Catherine, das Mädchen aus der Arbeiterschicht, behauptete diese »intelligente«, »verdrossene« Frau, die Ärzte hätten sie »ihrer Sexualität beraubt«. Die Ärzte beschrieben sie als eine »psychopathische Nymphomanin«. In ihrer Fallgeschichte wurde auch ihr Selbstmordversuch nach ihrem Verweis von einer Universität im Süden der Vereinigten Staaten wegen unmoralischen Verhaltens erwähnt. Dass sie eine Beziehung mit dem Mann gehabt habe, dessen »Gerede« zu ihrer Entlassung aus dem College führte, bestritt sie vehement. Aber nach Meinung der Wissenschaftler sammelte sie »Männer wie andere Briefmarken oder Autogramme ... Während der Fußballsaison reiste sie auch einmal in eine entfernte Stadt und schlief am Abend vor dem Spiel mit mindestens zehn Teammitgliedern.« (Die Verfasser der Fallnotizen versäumten nicht hinzuzufügen, dass die Mannschaft das Spiel am nächsten Tag verlor.) Nach ihrer Entlassung aus der Klinik »nahm sie ihr früheres psychopathisches Verhalten wieder auf, kleidete sich übertrieben auffällig und ging auf Männersuche, wann immer sie dem wachsamen Auge ihres Bruders entkommen konnte.«[17]

Auch hier ist die Bedeutung des Begriffs Nymphomanie schwer auf den Punkt zu bringen. In anderen Studien wird »Nymphomanie« häufig gleichbedeutend mit »krankhaft hypersexuell« verwendet, doch diese Studie versucht, wenn auch unscharf, zwischen beidem zu differenzieren. Während diese Frau offenbar aufgrund der Vielzahl ihrer Geschlechtspartner und ihres undifferenzierten Sexualverhaltens als »psychopathische Nymphomanin« galt, hatte mindestens eine weitere Patientin dieser Studie, L. N., häufig »verbotene Beziehungen«, wurde aber dennoch nicht als Nymphomanin eingestuft. Sie hatte »nach jeder Ausschweifung ein schlechtes Gewissen, aber ihr Verlangen war so stark, dass sie ›einfach nachgeben musste‹«.[18] Vielleicht waren L. N.s Schuldgefühle der Grund dafür, dass die Forscher ihre sexuelle Begierde nicht als Nymphomanie deuteten.

Die Ergebnisse ihrer Untersuchungen waren manchmal auch für die Wissenschaftler selbst überraschend. Ein in der angesehenen Zeitschrift *Endocrinology* veröffentlichter Artikel berichtete von einem Experiment, bei dem Menstruationsschmerzen mit Testosteron behandelt wurden. Da sich einige Frauen weigerten, sich Testosteron in

Form von Spritzen oder Implantaten verabreichen zu lassen, löste Dr.
A.B. Abarbanel vom Sinai Hospital in Baltimore das Hormon in
Sesamöl auf und wies die zehn Patientinnen im Alter zwischen siebzehn und dreißig Jahren an, es sich zu bestimmten Zeiten während
ihres Menstruationszyklus unter die Achselhöhlen zu reiben. Der
Gynäkologe vermutete, dass das Testosteron die übermäßige Kontraktion der Gebärmutter verhindere, die, wie man glaubte, die Menstruationsbeschwerden verursachte.[19]

Abarbanel hob insbesondere den Fall einer dreiundzwanzigjährigen,
geschiedenen, weißen Patientin hervor. Ihr auffälligstes Symptom
war eine beträchtliche Steigerung der Libido in der Woche vor ihrer
Menstruation, »praktisch wie bei einer Nymphomanin«. Über einen
Zeitraum von achtzehn Monaten hinweg testete er ihre Reaktion auf
Testosteron im Hinblick auf folgende Symptome: prämenstruelle
Spannungen in den Brüsten, psychische Instabilität, nymphomanische
Tendenzen und Dysmenorrhöe (schmerzhafte Menstruation). Was
genau er unter Nymphomanie verstand, ist unklar, aber Dr. Abarbanel
hatte gewiss seine Vorstellungen. Er kam zu dem Schluss, dass Testos-
teron alle Symptome »sehr ausgeprägter« Nymphomanie zum Verschwinden bringe oder auf »ein normales Maß« abschwäche.[20]

Nach dem Siegestaumel erster Erfolge gestanden die Forscher allmählich ein, dass die Libido sehr viel komplizierter war, als ursprünglich angenommen, wurde sie doch nicht nur von hormonellen, sondern
auch von psychologischen Faktoren beeinflusst. Um jene eines Besseren zu belehren, die glaubten, die Libido im Reagenzglas isolieren zu
können, berichtete der Endokrinologe Dr. William Perloff vom General Hospital in Philadelphia von einer vierundzwanzigjährigen Japane-
rin, die aufgrund von Amenorrhöe (ausbleibender Menstruation) in
die Klinik kam. Obwohl die Frau ohne Eierstöcke zur Welt gekommen
war, fühlte sie sich, wie er fand, krankhaft übersteigert zu Männern
hingezogen. Dazu brauchte sie keinen körperlichen Kontakt. Schon
die Nähe eines Mannes wirkte auf sie erotisierend. Aber sie schämte
sich ihrer unterentwickelten Brüste, Vagina und Gebärmutter und
lebte daher diese Gefühle nicht aus, sondern masturbierte bis zum
Orgasmus. Dr. Perloff zufolge belegte dieser Fall, dass »die so genannten Geschlechtshormone« für den sexuellen Antrieb keineswegs aus-
schlaggebend seien.[21]

Ende der vierziger und Anfang der fünfziger Jahre, als Untersuchungen ergaben, dass Testosteron paradoxerweise sowohl die weibliche Libido steigerte als auch übersteigerte Libido dämpfte, mangelte es Biochemikern noch immer an einer einfachen, im Labor ermittelten Erklärung für sexuelles Verhalten. Forscher und Chemieunternehmen hinderte dies aber keineswegs, weiter nach einem Zaubermittel zu suchen, um übersteigertes oder fehlendes sexuelles Verlangen zu bekämpfen.[22]

Hormonpräparate als Massenartikel gab es erst viel später. Vorerst boten Pharmaunternehmen andere Arzneimittel an, beispielsweise Beruhigungsmittel zur Behandlung der Folgeerscheinungen hormoneller Störungen, die, wie sie glaubten, Nymphomanie verursachten. In einer 1951 erschienenen Schrift mit dem Titel *The Over-Sexed Woman* behauptete das Pharmaunternehmen Dios Chemical Company aus St. Louis, ihr Produkt Neurosine, ein bromhaltiges Beruhigungsmittel, lindere und behebe diese Störungen. Der namentlich nicht genannte Arzt, der diese Schrift verfasste, meinte, er und andere Ärzte behandelten »nicht selten Nymphomaninnen« mit Neurosine.[23]

Auch wenn der Verfasser medizinisch argumentierte, war *The Over-Sexed Woman* eine Werbebroschüre und kein wissenschaftlicher Artikel. Die Dios Chemical Company wollte die Ärzte dafür gewinnen, Neurosine zu verschreiben, um die »übersteigerte Unruhe« und die »pathologische Erregbarkeit« von Nymphomaninnen zu dämpfen. Das Pamphlet zählte die unterschiedlichsten Typen von Nymphomaninnen auf, denen Neurosine Besserung versprach: schüchterne, verträumte und masturbierende Heranwachsende, Frauen in »doppelter Abhängigkeit von Alkohol und Sex«, potentielle Lesbierinnen und Frauen, deren ältere Ehemänner ihnen keine sexuelle Befriedigung verschafften. Unter Hinweis auf den populären Ratgeber *The Doctor and His Patients* empfahl der Verfasser auch Beruhigungsmittel für ältere Frauen, »die in einem beängstigenden und nicht steuerbaren Rausch der Sexualität befangen sind ... bis schließlich die Drüsen atrophiert sind«. In einer kühnen Marketingstrategie versuchte die Dios Chemical Company, mit ihrer Broschüre Frauen jeden Alters und aus allen Schichten als Käuferinnen zu gewinnen.[24]

Bezeichnenderweise empfahl der Verfasser der Broschüre Neurosine für die Nymphomanin »im Anfangsstadium«, die durch ihr soziales Verhalten auffällt. Wer konnte damit gemeint sein? Der Arzt behauptete, latente Nymphomaninnen in allen sozialen Gruppen kennengelernt zu haben. Im Unterschied zu den leichteren Fällen von Satyriasis, die unbemerkt blieben, werde »in unserer Gesellschaft von einer unverheirateten Frau erwartet, ihr sexuelles Begehren zu unterdrücken«. Neurosine versprach »geistige Ruhe, Zurückhaltung und Gleichmut«, und verhieß damit diesen heimlichen Nymphomaninnen Linderung.

Diese lange Liste potentieller Nymphomaninnen erinnert stark an Dr. Bienvilles Untersuchung aus dem 18. Jahrhundert. Der Verfasser von *The Over-Sexed Woman* verweist tatsächlich auf den französischen Arzt, der »den Weg für die Beherrschung der Nymphomanin, bevor sie zur Gewohnheit wird, geebnet« habe. Fast zweihundert Jahre nach Bienville und trotz des tief greifenden sozialen Wandels, den das 20. Jahrhundert für die Frauen gebracht hatte, blieb also das übermächtige Bild der Nymphomanin vergangener Zeiten prägend. Die Hormonforschung stand noch ganz am Anfang, aber die Wissenschaftler waren überzeugt, im Lauf der Zeit und mit den nötigen finanziellen Mitteln in ihren Laborversuchen die Antwort auf die Frage nach den Ursachen übersteigerten sexuellen Begehrens finden zu können.

Nymphomanie in der Psyche

WÄHREND BIOCHEMIKER nach dem Zauberelixir der Sexualität im Reagenzglas forschten, suchten andere Experten nach Antworten in der Psyche des Menschen. In den vierziger und fünfziger Jahren hatten nicht nur biologische, sondern auch psychologische Theorien der Hypersexualität in Medizin und Psychotherapie ihren Niederschlag gefunden. Jetzt erfuhr ein breiteres Publikum die, wie man behauptete, endgültige Wahrheit über die Ursachen übersteigerten sexuellen Verlangens in tief liegenden psychologischen Bedürfnissen. Nicht das Bedürfnis nach Sex an sich, sondern eine verwirrende Vielzahl bewusster und unbewusster Gründe sei der Auslöser von Nymphomanie. Dem Psychiater Harold Ellis zufolge war »Sex für den Messalina-Typ nicht das eigentliche Vergnügen. Es ist nur ein Versuch, aus tiefer liegendem Unglücklichsein erlöst zu werden. Man könnte es als Flucht in den Sex bezeichnen.«[25]

Experten boten alle möglichen psychologischen Begründungen für diese »Flucht in den Sex«: Angst, Machtgier, Feindseligkeit, inzestuöse Begierden, latente Homosexualität, Narzissmus, Bedürfnis nach Zuwendung, Aufbegehren, Selbsthass, eine sexuell unterdrückte Kindheit und anderes mehr. Den Fachleuten erschien es nicht einleuchtend, weshalb ein Mensch ausgerechnet Sex wollte, um seinem Unglück zu entfliehen, statt sich mit Essen, Trinken, Sport oder Arbeit zu trösten. Folglich sahen sie es als ihre Aufgabe, den inneren Konflikt aufzudecken, der den übersteigerten sexuellen Sehnsüchten und Verhaltensweisen eines Individuums zugrunde lag.[26]

Aber psychologische Theorien sahen sich in derselben Erklärungsnot wie biologische Deutungsmuster: Wie viel Sex war zu viel Sex? Diese kulturell überfrachtete Frage war alles andere als leicht zu beantworten. Niemand gab vor zu wissen, wie viel die richtige Menge Sex war. Zentral für die Nymphomanie, so behaupteten viele Sexexperten, sei die Zwanghaftigkeit des sexuellen Handelns beziehungsweise die Wahllosigkeit und Willkür bei der Suche nach dem Sexualpartner. Dieses Verständnis von Nymphomanie, das in späteren Jahren noch stärker in den Mittelpunkt rückte, wird in Kapitel 5 näher erläutert. In den vierziger und fünfziger Jahren wurde unter dem Einfluss von Freud die Ablehnung der eigenen Weiblichkeit als der entscheidende Punkt betrachtet. Wie wir aber noch sehen werden, barg diese schwer nachweisbare Hypothese neue Unwägbarkeiten.

Psychologische Erklärungen veränderten die Vorstellungen von Sexualität, aber wie bei der Hormonforschung verbargen sich auch hinter diesen wissenschaftlichen Theorien ältere stereotype Vorstellungen. In früheren Jahrhunderten war die Medizin überzeugt, dass die Eierstöcke oder die Gebärmutter das vermeintlich passive und mütterliche Wesen der Frau determinierten. Jetzt war es die Psyche mit den ihr zugeschriebenen natürlichen Normen, die die weibliche Sexualität in ähnlicher Weise prägte. Man ging davon aus, dass das sexuelle Verlangen der Frau diffuser sei, schwerer zu entfachen als beim Mann, und dass es letztlich nur in der Mutterschaft Erfüllung finde. Frauen, die nicht in dieses Schema passten, waren suspekt.

Noch mehr als in den zwanziger Jahren und trotz der Zerwürfnisse unter Freuds Nachfolgern übten freudianische Ideen auf die amerikanischen Vorstellungen von Sexualität einen enormen Einfluss aus. Mit der Flucht einer ganzen Generation von Freuds Schülern aus Nazideutschland nach England und in die Vereinigten Staaten fanden Freuds Theorien noch größere Verbreitung. Sie boten eine umfassende Erklärung der Sexualität in einer wissenschaftlichen Sprache und damit auch Antworten auf die schwierige Frage nach den Beweggründen menschlichen Handelns.[27]

Familienzeitschriften wie *Coronet, Reader's Digest* und *Ladies' Home Journal* trugen ihren Teil dazu bei, diese Theorien in Millionen von Familien zu verbreiten. Sie veröffentlichten psychoanalytisch ausgerichtete Artikel über aktuelle Fragen zur Sexualität in der Ehe. Im Jahr 1943 mutmaßte ein Artikel in *Reader's Digest* mit dem Titel »A Woman's Responsability in Sex Relations« (»Die Verantwortung der Frau in sexuellen Beziehungen«), dass die Scheidungsrate (mit einer Scheidung pro fünf bis sechs Ehen) in unmittelbarem Zusammenhang mit dem »gescheiterten Versuch« stehe, »schon zu Beginn des Ehelebens eine befriedigende Sexualbeziehung aufzubauen«. Unter Hinweis auf die »lähmende Prüderie und die sinnlosen Tabus«, mit denen viele Frauen die Ehe eingingen, erörterte die Verfasserin die Schriften verschiedener Sexexperten, unter anderem des freudianischen Psychoanalytikers Wilhelm Stekel, die in Fragen der Sexualität Orientierungshilfe geben sollten.[28]

Diese Zeitschriften trugen zwar zu einer offeneren Diskussion des Themas Sexualität bei, popularisierten aber auch Theorien wie »Männlichkeitskomplex« oder »Penisneid«. Simplifizierende Erklärungen beriefen sich nach dem Zufallsprinzip auf diese oder jene Theorie, auf diese oder jene Autorität, ohne sich die Mühe zu machen, diese komplexen Fragen wissenschaftlich zu analysieren.[29] Um den Lesern entgegenzukommen, die griffige Antworten erwarteten, nahmen Journalisten und Ärzte diese esoterischen freudianischen Konzepte aus dem Kontext heraus und präsentierten sie als Dogmen, als einfache Lösungen für komplizierte Probleme. Man bediente sich freudianischer Ideen wie aus einem Gemischtwarenladen und vereinfachte und verallgemeinerte die Psychoanalyse, was beispielsweise der Satz zeigt: »Mädchen mit Wildfangverhalten werden später die Männer hassen.«

Artikel wie »›Masculine‹ Women Are Cheating at Love« (»›Maskuline‹ Frauen täuschen bei der Liebe«) der Zeitschrift *Coronet* behaupteten, die kostspielige und zeitaufwendige Prozedur einer psychoanalytischen Behandlung sei in Wirklichkeit gar nicht notwendig.[30] Populäre Zeitschriften verwiesen ihre Leser an andere Experten wie Eheberater, Psychologen, praktische Ärzte und an die Spezialisten für weibliche Sexualität, die Gynäkologen.

Die Frauenärzte ergriffen ihre Chance und erklärten sich jetzt nicht mehr nur für physiologische, sondern auch für psychologische Problemfälle zuständig. Die Verfasser von *The Gynecological Patient* beispielsweise erklärten, während einstmals der Priester, Pastor oder Hausarzt »Freund, Beschützer und Lehrer« der Frauen war, seien »heute im medizinischen Bereich Ärzte für Geburtshilfe und Gynäkologie wohl am besten geeignet, diese Aufgabe zu erfüllen«.[31] Nicht nur traditionelle gynäkologische Probleme, so die Verfasser weiter, erforderten ihren fachkundigen Rat, sondern auch das psychische und sexuelle Leben der Frau. Da sehr viel mehr Frauen den Gynäkologen aufsuchten als den Psychiater oder den Psychologen, wurde das Sprechzimmer des Frauenarztes nunmehr auch zur psychologischen Beratungsstelle.

Auch gynäkologische Lehrbücher griffen freudianisches oder pseudofreudianisches Gedankengut auf, besonders wenn es um Fragen sexuell »abweichenden« oder »abnormen« Verhaltens ging.[32] Der Gynäkologe William Kroger und der Endokrinologe Charles Freed verfassten im Jahr 1951 gemeinsam ein Lehrbuch, das in der medizinischen und nichtmedizinischen Presse große Resonanz fand. Darin untersuchten sie auch das Phänomen der Nymphomanie, weil »Menschen, die an dieser Krankheit litten, häufig einen Gynäkologen oder Endokrinologen aufsuchen«.[33]

Als ein Beispiel für Nymphomanie stellten sie den Fall der sechsundvierzigjährigen Mrs. A. R. vor, die Dr. Kroger wegen Juckreiz der Vagina, starker Menstruationsblutung und »heftiger hypersexueller Anwandlungen« aufgesucht hatte. Letzteres Symptom scheint eher Dr. Krogers Diagnose gewesen zu sein als ein Anliegen der Patientin. Wie die folgende Schilderung dieses Falls zeigt, hatte Mrs. A. R. den Arzt keineswegs aufgesucht, weil sie befürchtete, sexbesessen zu sein.

Ihrer Schilderung zufolge hatten sie und ihr Ehemann, mit dem sie seit vierzehn Jahren in zweiter Ehe verheiratet war, ihre sexuelle Aktivitäten auf nunmehr fünfunddreißig Geschlechtsakte pro Woche gesteigert. Der Grund dafür, so erklärte sie dem Gynäkologen, sei »die Angst, mit Beginn der Wechseljahre meine Attraktivität zu verlieren. Daher möchte ich so viel Sex haben wie möglich.« Was sie aber am meisten befürchtete, war, dass bei ihrem Mann das Interesse erlöschen würde, »wenn ich meine körperlichen Reize verliere«.[34]

Dr. Kroger diagnostizierte Mrs. A. R.s Verhalten als »wochenweise Nymphomanie«. Auf ihre Ängste vor möglichen Auswirkungen der Wechseljahre auf die Sexualität ging er gar nicht weiter ein, sondern deutete ihre sexuelle Aktivität streng freudianisch: Die Patientin, so seine Schlussfolgerung, leide an Penisneid und dem Wunsch, ihren Mann zu kastrieren. Sie habe nie ihre Weiblichkeit akzeptiert und sei sexuell aggressiv und ihrem Mann gegenüber feindselig eingestellt.

Mrs. A. R.s Bekenntnis, sie habe in diesen Wochen sexueller Aktivität Orgasmen gehabt, widersprach jedoch der Theorie in Krogers und Freeds eigenem Lehrbuch, wo es hieß: »Nymphomaninnen sind im Allgemeinen frigide und erleben nur selten einen ›vaginalen Orgasmus‹«.[35] Wie andere Hobby-Freudianer hatten sich die Verfasser nur jene Elemente aus dem umfangreichen Korpus von Freuds theoretischen Schriften herausgepickt, die ihnen in den Kram passten. Trotz dieses offensichtlichen Widerspruchs korrigierten sie aber keineswegs ihre Diagnose, sondern taten den Orgasmus der Frau als »merkwürdig« ab. Wie es für die meisten medizinischen Fallbeschreibungen typisch ist, wird über Mrs. A. R. nichts weiter gesagt, als dass sich ihr sexueller Elan nach einer psychotherapeutischen Behandlung abschwächte.

Auch wenn der durchschnittliche Gynäkologe oder praktische Arzt diese medizinischen Bücher nicht las, kannten er und seine Patienten Freud doch aus den populären Medien.[36] Im Jahr 1950 widmete das *Time Magazine* Dr. Krogers und Dr. Freeds Interpretation von Freuds Theorien breiten Raum. »Unbewusste Ressentiments und Hassgefühle, beispielsweise der Wunsch, sich an den Männern zu rächen«, zitierte *Time* Kroger und Freed, seien typisch für »aggressive alte Jungfern, aufrührerische ›Kämpferinnen‹, die sich nur mit Männern messen wollen, für narzisstische Frauen und militante Verfechterinnen der

Jungfräulichkeit«. Weiterhin kam in dem Artikel der in Ungarn gebo-
rene Psychoanalytiker und Direktor des New York Psychoanalytic
Institute Sandor Rado zu Wort, der frigide Frauen in Heiratslustige,
die nur hinter dem Geld her sind, Prostituierte und Nymphomaninnen
einteilte. Rados Denken spiegelt typische Vorstellungen der fünfziger Jahre, wenn er empfiehlt, sich vor solchen Frauen zu hüten, weil
sie ihre Ehemänner vernachlässigten und ihren eigenen Interessen
nachgingen, indem sie allein verreisten und eine berufliche Karriere
anstrebten.[37]

Die Bekanntschaft eines breiten Lesepublikums mit diesen Ideen
führte zu einer wechselseitigen Befruchtung von Medizin und Massenkultur. Ärzte fanden diese Vorstellungen nicht nur in medizinischen
Fachtexten, sondern auch in der populären Presse wieder und behandelten ihre Patientinnen auf der Basis vager, von Freud beeinflusster
Vermutungen über Frauen. Während widersprüchliche Botschaften
um die Aufmerksamkeit der Frauen wetteiferten, wurde in den Illustrierten bei der Erörterung sexueller Fragen häufig auch auf Frigidität
und auf die Rolle der Frau Bezug genommen – stets beeinflusst von
freudianischem Gedankengut. Und unter Umständen wurden die
Frauen auch noch im Sprechzimmer des Gynäkologen mit derartigen
Vorstellungen konfrontiert.

In den vierziger und fünfziger Jahren, als die traditionellen
Geschlechterrollen grundsätzlich in Frage gestellt wurden, mussten
psychologische Theorien von einer natürlichen weiblichen Identität
herhalten, um den Frauen widersprüchliche Botschaften schmackhaft
zu machen. Im Zweiten Weltkrieg arbeiteten Millionen von Frauen
beim Bau von Kriegsschiffen mit, fuhren Lastwagen, bedienten
Maschinen, arbeiteten als Flugzeugpilotinnen und in Bereichen, die bis
dahin allein den Männern vorbehalten waren. In staatlich finanzier-
ten Kampagnen wurde die Tätigkeit in der Kriegsproduktion als
ein patriotischer Akt selbstaufopfernder Weiblichkeit dargestellt. Auf
Postern wurde »die Löterin Rosie« als stark, aber ausgesprochen
attraktiv und feminin porträtiert. Zeitungen und Zeitschriften sugge-
rierten, dass die Frauen trotz langer Schichten und Akkord ihre Arbeit
in der Kriegsindustrie mit Stolz und Befriedigung verrichteten.

Dann wendete sich das Blatt. Nach dem Krieg bemühte man sich,
die traditionellen Geschlechterrollen gesellschaftlich neu zu veran-

kern. Frauen in »Männerberufen« sollten ihren Arbeitsplatz für die heimkehrenden Kriegsveteranen frei machen. Manche Frauen waren gewiss erleichtert darüber, andere folgten nur widerstrebend oder mussten mit schlechter bezahlten, traditionelleren Positionen vorlieb nehmen. Frauen waren jetzt nicht mehr Löterinnen und Schweißerinnen, sie kehrten in »weiblichere« Berufe wie Kellnerin oder Sekretärin zurück.[38]

In den Jahren nach dem Zweiten Weltkrieg propagierten Ärzte, Geistliche und die Massenpresse eine alte Botschaft: Eine echte Frau habe ihre Rolle als Gehilfin des Mannes und als Mutter ihrer Kinder zu erfüllen. Überraschenderweise wurden aber die Verdienste von Frauen im öffentlichen Leben nicht geschmälert. Im Gegenteil: Die Massenpresse verklärte das häusliche Ideal, würdigte aber auch die Leistungen berufstätiger Frauen: die Hausfrau, die sich im Elternbeirat der Schule engagierte, ebenso wie die Frau, die Beruf und Familie erfolgreich miteinander verband.[39] Dennoch war die Propagierung von familiärer Stabilität und häuslicher Gemeinschaft und damit konventioneller Vorstellungen von Weiblichkeit auch hier das zentrale Anliegen. Nach wie vor war der Mann Ernährer und Haushaltsvorstand.

Dass manche Frauen ihre Weiblichkeit »ablehnten«, wurde in der medizinischen Fachliteratur wie in der Massenpresse als Problem formuliert. Dem medizinischen Lehrbuch *Office Gynecology* von Dr. J. P. Greenhill zufolge, das zu jener Zeit mehrfach überarbeitet und neu aufgelegt wurde, lautete die wichtigste Frage, die ein Arzt bezüglich einer Patientin zu beantworten hatte: »Akzeptiert sie sich als Frau?« Ein anderes Lehrbuch jener Zeit, *Psychosomatic Gynecology*, das von einem Gynäkologen und einem Psychiater gemeinsam verfasst wurde, behauptete, »das tiefe Ressentiment gegenüber der weiblichen Rolle« verursache bei der Frau physische und psychische Probleme.[40]

Die Nymphomanin war für die medizinische Fachwelt wie für die breite Öffentlichkeit ein überraschendes Beispiel für die Ablehnung der Weiblichkeit. Ihre scheinbare Lüsternheit war in Wirklichkeit der verzweifelte Versuch, eine unreife Psyche zu verbergen. Die attraktive junge Frau mit dem aufreizenden Blick erschien nicht länger als Verwirklichung männlicher Phantasien, sondern vielmehr als zutiefst verstörtes weibliches Wesen, unfähig oder nicht bereit, ihre angestammte Rolle als Frau zu akzeptieren. Die Nymphomanin bedrohte die Stabilität der Ehe, weil sie so grundlegend weibliche Eigenschaften wie Passivität, Hingabe, Opferbereitschaft und Liebe ablehnte. Der normale Ehemann, so die medizinische Literatur, sei nicht in der Lage, das verzweifelte Streben der Nymphomanin nach sexueller Befriedigung zu erfüllen. Scheidung, ja Prostitution seien die Folge.

Das Bild der Nymphomanin überschnitt sich mit dem Bild der Lesbierin, die in der Nachkriegszeit als sexuell abweichend »wieder entdeckt« wurde.[41] Der Psychiater Frank Caprio schrieb in seinem als Standardwerk über die lesbische Liebe geltenden Buch *Die Homosexualität der Frau* von 1954: »Übersteigerte Heterosexualität (Zügellosigkeit), die auch unter der Bezeichnung ›Messalina-Komplex‹ bekannt ist, kann auf latente Homosexualität hinweisen.«[42] Ein Beispiel für dieses latente Potential sei die Stellung, bei der »die Frau oben liegt und die aktive Rolle übernimmt«.[43] Freudianische Psychoanalytiker wie Caprio, die glaubten, die Homosexualität sei in jedem Menschen latent vorhanden, äußerten ihre Sorge um die Gefährdung der Ehe.

Dr. Victor Eisenstein, leitender Psychiater am Lenox Hill Hospital in New York, brachte diese Befürchtungen in seinem Buch *Neurotic Interactions in Marriage* (1956) zum Ausdruck. Unter Verweis auf die sexuellen Probleme verheirateter Paare schrieb er, ein ungelöster Männlichkeitskomplex führe häufig zu nymphomanischem Verhalten. Diese Frauen lebten in »einem Zustand dauernder sexueller Erregung«, weil sie frigide seien. Als Beispiel für eine »maskuline« und »dominierende« Frau beschrieb Dr. Eisenstein den Fall einer Ehefrau, deren Mann ihre Klitoris bis zur Klimax masturbieren musste, bevor sie ihm erlaubte, in sie einzudringen. Dadurch, so der Autor, kastriere sie symbolisch ihren Mann und erkläre ihre Unabhängigkeit vom männlichen Geschlechtsorgan. Ironischerweise empfahlen spätere Sexexperten genau diese Technik, um den Orgasmus der Frau herbeizuführen. Aber aufgrund seiner Vorstellung von passiver weiblicher Sexualität betrachtete Dr. Eisenstein die sexuellen Wünsche seiner Patientin als aggressiven Akt, als Ablehnung ihrer natürlichen Weiblichkeit und als ein Anzeichen für Nymphomanie.[44]

Jahrelang hatten Freudianer Nymphomanie und Frigidität in einen Zusammenhang gestellt. Jetzt drang diese Vorstellung auch in die Massenkultur und sogar in Männermagazine ein. Im Jahr 1954 erschien in

Esquire ein Artikel mit dem Titel »Nymphos Have No Fun« (»Nymphomaninnen macht es keinen Spaß«). Das sexhungrige männerfressende Weibsbild, so *Esquire*, gebe es nur in Männerwitzen und Männerphantasien. Zum Beleg zitierten die Verfasser die freudianische Analytikerin Helene Deutsch: »Die urtümliche Frau, die glücklich und unbeschwert ihren sexuellen Sehnsüchten frönt, ist mir ebenso unbekannt wie der urtümliche Mann. Ich habe sie in der Fiktion kennen gelernt, nirgends sonst.« In gespielt wehleidigem Ton beklagte *Esquire*, dass »die Wissenschaft das Bild der herzerfrischenden, im sinnlichen Liebesglück schwelgenden Nymphomanin aus Lied und Geschichte wohl zerstört hat«.[45]

War die »herzerfrischende, im sinnlichen Liebesglück schwelgende Nymphomanin« letztlich vielleicht doch zu unheimlich? Es überrascht nicht, dass Männermagazine sich bemühten, das Selbstbewusstsein ihrer (männlichen) Leser zu stärken. Die Vorstellung, dass sexbesessene Frauen in Wahrheit frigide seien, war paradoxerweise eine Erleichterung für die Männer. Dass die Nymphomanin in Wirklichkeit sexuell antriebslos sei, beschwichtigte die Ängste der Männer, die befürchteten, von sexhungrigen Frauen zur Strecke gebracht zu werden. Der Unwille oder die Unfähigkeit eines Mannes, die Wünsche einer Frau nach einem längeren Vorspiel, ausgiebigerem Geschlechtsverkehr, Stimulierung der Klitoris oder Küssen zu erfüllen, warf nun keinen Schatten mehr auf seine Männlichkeit. Nicht er war sexuell minderbemittelt, sondern sie!

Der *Esquire*-Artikel zählte beinah vollständig alle möglichen Ursachen der Nymphomanie auf: Narzissmus, Masochismus, unerfüllte Mutterinstinkte, unterdrückte Kindheit, inzestuöse Neigungen zum Vater, latente Homosexualität. Aber es war die Frigidität, die den letzten Kick zu sexueller Hemmunglosigkeit gab. Nicht laszive Wünsche oder Heißblütigkeit, sondern mangelnde sexuelle Befriedigung war die Hauptursache der Nymphomanie. Die Verfasser verwiesen auf die altbekannte Geschichte von Messalina, der Gemahlin des römischen Kaisers Claudius I., eine Männer verschlingende blonde Schönheit, die sich die Prätorianergarde sexuell hörig machte. *Esquire* zufolge steckte hinter Messalinas sexueller Begierde (ähnlich wie bei den anderen legendären Nymphomaninnen Kleopatra und Katharina der Großen) das Bild einer ruhelosen, gequälten Frau. Es war nicht der Sex, es war der Mangel an sexueller Befriedigung, der sie zu diesen legendären sexuellen Kraftakten trieb.[46]

Die nach außen hin nymphomanische, in Wirklichkeit aber sexuell antriebslose Frau wurde in anderen, weniger edlen Männerzeitschriften wie dem zweimonatlich erscheinenden Girlie-Magazin *MR* ein geläufiger Typus.[47] In »My Bride Was a Nymphomaniac« (»Meine Braut war eine Nymphomanin«) von 1956 erzählt ein anonymer Verfasser die für Männermagazine typische prickelnde Geschichte über sexuelle Ausschweifungen, die auf eine moralistische Warnung vor sexbesessenen Frauen hinauslief. Sogar eine pseudomedizinische Diagnose wird mitgeliefert, derzufolge die sexuellen Höchstleistungen einer Frau nur belegten, dass »sie im Kopf nicht richtig« sei.

Der anonyme Verfasser schildert seine »unglaublich seltsame Ehe mit einer der schönsten Frauen der Welt« und erklärte, er wolle damit andere nur davor warnen, denselben Fehler zu begehen. Er hätte wissen können, dass etwas mit ihr nicht stimmte, weil ihn Diane schon beim ersten Rendezvouz mit erschreckender Leidenschaft geküsst und sich »wie eine Ertrinkende« an ihn geklammert habe. Sein männliches Ego war zu sehr geschmeichelt, als dass er hätte widerstehen können, auch als sie die sexuelle Initiative übernahm. Ihr kühnes Auftreten hätte ihn warnen sollen.

Obwohl ihn seine Freunde darauf aufmerksam machten, dass die »bohemienhafte« Art Dianes nicht in seine konventionelle Welt passte, heiratete er sie, überzeugt, dass sie sich ändern würde. Aber die Freunde sollten Recht behalten. Diane war nicht in der Lage, die stereotype Rolle als Ehefrau dieses aufstrebenden jungen Angestellten zu spielen. Sie widmete sich vielmehr der Bildhauerei und lud eine nur aus Männern bestehende Künstlerclique in das gemeinsame Haus in einem Vorort ein, wo zu jeder Tages- und Nachtzeit über »linke philosophische Ideen schwadroniert« wurde. In Gestalt von Diane drangen die beiden Racheengel der fünfziger Jahre – die radikale Politik und aggressive weibliche Sexualität – in sein häusliches Paradies ein.

Nach einem Autounfall, bei dem Diane und ihr Liebhaber ums Leben kamen, fand der Ehemann Dianes Tagebuch, das ihre mehrfache Untreue enthüllte. Der Verfasser kam zu dem Schluss, dass Diane eine Nymphomanin gewesen war. Durchdrungen von populärwissenschaftlichen Kenntnissen über Freudianismus, erklärte er weiter, unbewusst habe Diane, wie alle Nymphomaninnen, die Männer gehasst. Hinter ihrer »Unersättlichkeit« habe sich der Wunsch versteckt, ihn und ihre anderen Liebhaber zu verschleißen und symbolisch zu kastrieren. Wie die Sexexperten, die in *Esquire* zitiert werden, erklärte der Verfasser, Diane sei nicht sexbesessen, sondern sexuell antriebslos gewesen und habe ihre Frigidität durch nymphomanische Ausschweifung getarnt. Schließlich rief er allen männlichen Lesern zu, die davon träumten, eine sexbesessene Frau zu heiraten: »Ich möchte nicht noch einmal eine Nymphomanin zur Frau. Eine war mehr als genug.«

Wie die traditionelle »gefallene« Frau, so musste auch Diane ihre Sünden mit dem Leben bezahlen. In anderen Fällen jedoch wurde die Frau dadurch gerettet, dass sie ihren Irrtum einsah und durch die Liebe eines starken Mannes erlöst wurde. Ein Artikel in *Coronet* mit dem Titel »Promiscuous Women Can Be Cured« (»Heilung für promiskuitive Frauen«) von 1955 schilderte den Fall von Joan K., die sich als Heranwachsende nichts aus mädchenhaften Beschäftigungen machte. Um ihrem Vater zu gefallen, der ihre beiden älteren Brüder bevorzugte, lernte sie Baseball und Football spielen und wurde in diesen »männlichen« Sportarten ebenso tüchtig wie ihre Brüder. Sie suchte sich ein gemischtes College aus und pflegte auch weiterhin maskulines Verhalten, wie es im Artikel hieß: Sie trank viel und lud ihre Kommilitonen zu Rendezvous ein, statt zu warten, bis sie selbst angesprochen wurde.

Joan betrachtete ihre männlichen Kommilitonen als im Grunde genommen promiskuitiv und verhielt sich ebenso. Aber sie fand keinen Gefallen am Sex und wandte sich deshalb an eine Beraterin am College. Mit deren Hilfe sah Joan schließlich ein, dass »sie zuerst aufhören musste, ihre Weiblichkeit zu hassen; erst dann konnte sie Spaß am Sex haben«. Schließlich »bezwang Joan ihre männlichen Bestrebungen« dadurch, dass sie sich in einen starken und dominanten Mann verliebte, den Assistenten des Footballtrainers am College. Befreit vom Zwang, ihrem Vater beweisen zu müssen, dass sie ihren Brüdern ebenbürtig war, konnte Joan jetzt ihre Promiskuität aufgeben und sich selbst als Frau akzeptieren. Die Geschichte endete mit dem Hinweis: »Joan ist jetzt die Mutter von zwei Mädchen und hat ein erfülltes Geschlechtsleben.«[48]

Und die Moral der Geschichte? Nicht nur das Eheglück, auch die sexuelle Erfüllung einer Frau hing davon ab, ob es ihr gelang, das Konkurrenzgefühl zu sublimieren und die weibliche Rolle zu übernehmen. Wenn Frauen die traditionelle Aufgabe als Ehefrau und Mutter ablehnten, dann auf eigene Gefahr. Die »bohemienhafte« Diane und die »nach Männlichkeit strebende« Joan symbolisierten die Gefahren sexueller Nonkonformität. *Coronet* betonte, Joan habe Glück gehabt, weil »die neuen wissenschaftlichen Erkenntnisse« – dass Nymphomanie eine heilbare, psychische Erkrankung ist – sie zur Vernunft gebracht hatte. Und natürlich war es die Liebe eines starken, maskulinen Mannes, die ihr das wahre Glück beschert hatte.

Die Sexualwissenschaft versprach, Frauen mit ähnlichen Problemen wie Joan vor einem Schicksal wie Scheidung, Promiskuität oder Prostitution zu bewahren. Seit Ende des 19. Jahrhunderts hatten Wissenschaft und Medizin die verschiedensten Antworten auf diese sozialen Probleme geliefert. Die einen suchten in den Labors der Hormonforschung und in der weiblichen Psyche nach Heilungsmöglichkeiten für Nymphomanie. Andere Wissenschaftler hofften jetzt, noch weitere Geheimnisse der Sexualität zu entschlüsseln.

Der *Kinsey-Report*

UM DEM RÄTSEL DER SEXUALITÄT auf die Spur zu kommen, erforschte der Doyen der Sexualwissenschaft Alfred Kinsey Mitte des 20. Jahrhunderts über Jahre hinweg die Geschehnisse in amerikanischen Schlafzimmern. Als Professor für Biologie an der Universität von Indiana musste Kinsey feststellen, wie dürftig die wissenschaftliche Grundlage war, auf der er einen Einführungskurs über die Sexualität des Menschen an der Universität halten musste, und begann daraufhin im Jahr 1938 sein groß angelegtes Forschungsprojekt.

1941 wandte sich Kinsey an den Ausschuss der Rockefeller-Stiftung zur Erforschung von Sexualproblemen und bat um finanzielle Unterstützung. 1947 erhielt sein Institute for Sex Research die Hälfte des Gesamtbudgets dieses Ausschusses. Die wissenschaftlichen Erkenntnisse des Biologen Kinsey über die Gallwespe, von denen er über vier Millionen Exemplare gesammelt hatte, bestimmten seine Vorgehensweise bei der Erforschung der menschlichen Sexualität. Er befragte

mehr als 12 000 Männer und Frauen der weißen Bevölkerung über ihr
Sexualverhalten, vertraute also auf die Analyse einer beispiellosen
Menge von statistischen Daten zur Sexualität. Diese Interviews bilde-
ten die Grundlage für ein bahnbrechendes, zweibändiges Werk zur
Sexualität, das unter dem Namen *Kinsey-Report* bekannt wurde.[49]

Beide Publikationen – *Das sexuelle Verhalten des Mannes* (1948)
und *Das sexuelle Verhalten der Frau* (1953) – schlugen ein wie eine
Bombe.[50] Der erste Band schockierte die Leser insbesondere durch die
Feststellung, dass überraschend viele Männer vor- und außerehelichen
Geschlechtsverkehr hatten und dass 37 Prozent der erwachsenen Männer mindestens einmal einen aus homosexuellem Geschlechtsverkehr
hervorgehenden Orgasmus erlebt hatten. Fünf Jahre später, während
die zeitweilig äußerst hitzige Kontroverse über dieses Werk noch
andauerte, brachte das Kinsey-Institut den ergänzenden zweiten Band
über die Sexualität der Frau heraus.

In der Nachkriegszeit, als man sich um die Wiederherstellung der
traditionellen Geschlechterrollen bemühte, erregte der zweite *Kinsey-
Report* noch größeres Aufsehen als der erste. *Das sexuelle Verhalten
der Frau* war seinerzeit die heißeste Story in der Geschichte der
Medien, und im August 1953, am so genannten K-Day, wurde gleichzeitig in *Time*, *Life*, *Newsweek*, *Colliers* und *Women's Home Compa-
nion* sowie in dreißig weiteren Illustrierten darüber berichtet. Überall
erschienen Schlagzeilen und Leitartikel, und sogar in dem populären
Comicstrip »Abbie and Slats« tauchte die Figur eines »Dr. Pinsey« auf.
Dem *Time Magazine* zufolge trug der *Kinsey-Report* mehr zu einer
offenen Diskussion über Sex bei als jedes andere Ereignis der menschlichen Geschichte. Doch der Artikel im *Time Magazine* zeigte sich
weniger erfreut über den »Zusammenbruch religiöser Grundsätze auf
breiter Front«, zu der die von Kinsey geschilderte »Revolution des
Sexualverhaltens« beigetragen habe.[51]

In einer bewusst nüchternen wissenschaftlichen Sprache, mit zahlreichen Tabellen, Grafiken und ausführlichen Fußnoten enthüllte der
Kinsey-Report, dass sehr viel mehr Sex praktiziert wurde, als die
Gesellschaft zugab, und schockierte und ermutigte damit seine Leser
gleichermaßen. *Das sexuelle Verhalten der Frau* enthüllte, dass 26 Prozent der 5940 befragten weißen, nicht strafgefangenen Frauen[52] mindestens einmal eine außereheliche Affäre gehabt hatten; 50 Prozent hatten

einmal oder mehrmals vorehelichen Geschlechtsverkehr; 14 Prozent hatten regelmäßig multiplen Orgasmus; 97 Prozent hatten vor der Ehe erotische Erregungszustände; und in den vierziger Jahren des 20. Jahrhunderts erlebte ein höherer Prozentsatz von Frauen den Orgasmus als um 1900.[53] Was die herrschende Moralauffassung weiterhin verstörte, war die Feststellung, dass »sich die Aussichten für die geschlechtliche Anpassung der Frau in der Ehe wesentlich verbessern, wenn sie vorher den Orgasmus erlebt hat«.[54] Der Mormonenprediger Billy Graham ereiferte sich: »Der Schaden, den dieses Buch für die bereits angeschlagene Moral Amerikas anrichtet, ist unermesslich.«[55]

Doch Kinsey und seine Mitarbeiter verfolgten grundsätzlich keine anderen Ziele als Reverend Graham. Auch sie hofften, die Institution Ehe zu stärken und die Promiskuität einzudämmen. In der Einleitung zu *Das sexuelle Verhalten der Frau* betonten sie den gesellschaftlichen Nutzen einer wissenschaftlichen Behandlung des Problems der Sexualität. In fast allen Gesellschaften der gesamten Welt gelte die Ehe als das Fundament der sozialen Organisation. Die Bedeutung einer harmonischen sexuellen Beziehung in der Ehe sei daher evident: »Wo die sexuellen Beziehungen nicht gleich befriedigend für beide Ehepartner sind, können Unstimmigkeiten und zornige Auflehnung nicht nur im Ehebett, sondern in allen anderen Bereichen der Ehe auftreten«.[56]

Der *Kinsey-Report* brachte zwei alte, von Medizin und Allgemeinheit vertretene Grundauffassungen ins Wanken: die Vorstellung einer langsameren sexuellen Reaktion der Frau und die Vorstellung grundlegender Unterschiede zwischen männlichem und weiblichem Orgasmus. Das wissenschaftlich gesammelte Material, so die Studie, belege, dass diese Auffassungen falsch seien. Die Forscher glaubten, dass die Erweiterung des Wissens über die menschliche Sexualität zu mehr Harmonie in der Ehe beitragen könnte. Auf der Grundlage dieser Erkenntnisse müssten auch in Ehehandbüchern andere Sexualtechniken empfohlen werden. Ungeachtet aller wissenschaftlichen Objektivität verfolgten Kinsey und seine Kollegen auch ein gesellschaftliches Anliegen: In der Welt und insbesondere im Ehebett sollte Sex einen höheren Stellenwert bekommen.

Im Gegensatz zu Sexualforschern des 19. Jahrhunderts wie Richard von Krafft-Ebing und Havelock Ellis fanden die Autoren des *Kinsey-Reports* in ihrem wissenschaftlichen Vokabular keinen Raum für

Begriffe wie »normal« und »abnorm«, »natürlich« und »widernatürlich«. Mit der Erklärung des Kinsey-Teams, Wissenschaftler, die das Sexualverhalten untersuchten, sollten derartige moralische Werturteile vermeiden, wurde praktisch die gesamte bisherige sexologische Forschung in Frage gestellt. Menschliches Sexualverhalten sollte vielmehr im Kontext des Säugetierverhaltens betrachtet werden, weil sich der Mensch wie das Säugetier verhalte, das er ja ist. Wenn die Öffentlichkeit diesen Ansatz erst einmal verstanden hätte, würden Begriffe wie sexuelle Perversion und abweichendes Sexualverhalten ihre Bedeutung verlieren. Wie konnte die weibliche Masturbation als abnorm und unnatürlich betrachtet werden, wenn es 62 Prozent aller befragten Frauen taten – ebenso wie Ratten, Chinchillas, Kaninchen, Stachelschweine und viele andere weibliche Säugetiere? Und Biologen und Psychologen, die homosexuelle Aktivitäten als »Perversionen der normalen Instinkte« betrachteten, ignorierten die Tatsache, dass sexuelle Kontakte zwischen Säugetieren desselben Geschlechts von Antilopen bis zu Spitzmäusen bei praktisch jeder untersuchten Spezies vorkommen.[57]

Als Wissenschaftlergruppe, die die Sexualität menschlicher Säugetiere untersuchte, strebte das Kinsey-Team Unvoreingenommenheit und Objektivität an. Zu diesem Zweck untersuchten sie die Häufigkeit der sexuellen Triebbefriedigung in unterschiedlichen Bereichen sexueller Aktivität. Kinsey und seine Mitarbeiter erkannten zwar, dass mit diesem Schwerpunkt die Bedeutsamkeit des Orgasmus überbetont wurde, rechtfertigten aber dieses Vorgehen: Um bei einer so groß angelegten Untersuchung präzise Ergebnisse zu erzielen, sei es notwendig, ein klar feststellbares sexuelles Phänomen zu messen, eben den Orgasmus. Durch Messung der Häufigkeit von Orgasmen in sechs Bereichen – heterosexueller Geschlechtsverkehr, Masturbation, nächtliche Träume, Petting, homosexueller Geschlechtsverkehr und Kontakte mit Tieren – wollten sie über das Sexualverhalten der amerikanischen Bevölkerung Aufschluss geben. Das Kinsey-Team betrachtete allerdings nicht nur den Koitus verheirateter Paare als legitimen Sex. Kategorisiert man die unterschiedlichen Quellen sexueller Befriedigung des Menschen, so muss der heterosexuelle Geschlechtsverkehr seine privilegierte Stellung als der Geschlechtsakt par excellence aufgeben. Mit der Untersuchung eines so breiten Spektrums des menschlichen

Sexualverhaltens verlagerte sich auch der Schwerpunkt weg von den Sexualpathologien, die Psychologen und Psychiater in klinischen Fallstudien untersuchten.[59]

Durch Untersuchung der sechs Hauptquellen des sexuellen Orgasmus stellte der *Kinsey-Report* die Auffassung in Frage, es gebe »zu viel« oder »falschen« Sex. Vielmehr, so die Studie, sei das Sexualverhalten ein Kontinuum, und »kein Individuum unterscheidet sich in der Häufigkeit seiner Sexualkontakte von den nächsten in der Kurve um mehr als einen geringen Grad«.[60] Daher bestand auch kein großer Unterschied zwischen Messalina und dem Mädchen von nebenan. Die Forscher warnten denn auch vor nichtwissenschaftlicher Etikettierung:

Solche Bezeichnungen wie infantil, frigide, sexuell unterentwickelt, unteraktiv, übermäßig aktiv, überentwickelt, übersexualisiert, hypersexuell oder sexuell überaktiv und die Versuche, solche Zustände als Nymphomanie, Satyriasis, als gesonderte Erscheinungen aufzufassen, können bei objektiver Analyse nicht mehr bedeuten als *Positionen innerhalb einer kontinuierlichen Kurve.*[61] (Hervorhebung nicht im Original)

Für die Verfasser der Studie bestätigte die empirische Untersuchung, dass die Triebbefriedigung der sozial erfolgreichsten und persönlich am besten angepassten Personen ihrer Studie ebenso hoch ist »wie die irgendeines Falles, der in der Literatur als Nymphomanie oder Satyriasis angeprangert oder in der ärztlichen Praxis als solche diagnostiziert wurde«.[62] Die Einstufung als sexuell ausschweifend oder sexuell unterentwickelt markiere lediglich die Position dessen im Kurvenverlauf, der diese Bewertung vornimmt. Kinsey selbst drückte diesen Standpunkt einmal prägnant aus. Auf die Frage »Was ist eine Nymphomanin?« gab er die berühmt gewordene Antwort: »Jemand, der mehr Sex hat als man selbst.«[63]

Das sexuelle Verhalten der Frau wandte sich besonders gegen jene Psychoanalytiker und Kliniker, die den Standpunkt vertraten, eine sexuell reife Frau müsse die sexuellen Empfindungen von der Klitoris auf die Vagina übertragen. Sie betrachteten diese Theorien als unhaltbar, da »Hunderte von Frauen unserer Auslese und viele Tausend von Patientinnen gewisser Ärzte … durch ihre Unfähigkeit, diese biologische Unmöglichkeit zu verwirklichen, tief beunruhigt waren«. Der *Kinsey-Report* erklärte denn auch entschieden, ein vaginaler Orgasmus sei eine physische und physiologische Unmöglichkeit. Gynäkologische Tests hätten ganz klar ergeben, dass das Innere der Vagina keine Nervenenden habe und daher reizunempfindlich sei. Dennoch räumte das Kinsey-Team ein, dass die Penetration aus psychologischen Gründen oder weil die Klitoris periphär gereizt würde, Befriedigung verschaffe.[64]

Es mag nicht überraschen, dass die Befürworter der Theorie des vaginalen Orgasmus zum Gegenangriff übergingen. Die von Kinsey befragten Personen, so ihr Einwand, seien unfähig zu einem vaginalen Orgasmus, weil sie frigide oder nymphomanisch oder beides seien. Die in den fünfziger Jahren in Fachzeitschriften ausgetragene Kontroverse zwischen Anhängern und Gegnern der Theorie des vaginalen Orgasmus gelangte jedoch nicht in den Mittelpunkt der öffentlichen Aufmerksamkeit. Dies geschah erst, als im Jahr 1966 die nächste größere Sexualstudie, *Die sexuelle Reaktion* von Masters und Johnson die Theorie des vaginalen Orgasmus grundsätzlich widerlegte.[65]

Kinseys Zeitgenossen sowie spätere Sozialwissenschaftler stellten die Repräsentativität des befragten Personenkreises in Frage und bemängelten die Zuverlässigkeit der Antworten in den Interviews, zumal es um Fragen zur Sexualität ging. Trotz dieser Kritik war der *Kinsey-Report* von ungeheurem Einfluss und ist bis heute die umfassendste empirische Studie zum Sexualverhalten der Amerikaner. Seine vielleicht bedeutendste Leistung bestand darin, dass die Öffentlichkeit auf die Vielfalt sexueller Betätigungen des ganz normalen Durchschnittsmenschen aufmerksam gemacht wurde. Zum ersten Mal hatte eine faszinierte Öffentlichkeit den Beweis, dass der vorgebliche Moralkodex, der unter anderem vorehelichen Sex, Masturbation und Ehebruch verbot, ständig gebrochen wurde.[66]

Aber Kinsey schuf andere Probleme, weil er die emotionale und soziale Bedeutung von Sex ignorierte und sich ausschließlich auf den biologischen Aspekt konzentrierte. Indem er die Häufigkeit von Orgasmus in verschiedenen Bereichen zum Maßstab der Sexualität machte, ließ er die Tatsache außer Acht, dass nicht alle Orgasmen vergleichbar waren. Die Quantifizierung (Wie oft? Mit wem? In welchem Alter?) entmystifizierte zwar den Geschlechtsakt, beantwortete aber

nicht die Fragen: Warum tut man es und wie fühlt man sich dabei? Kinseys Biologisierung der Sexualität war zwar angeblich wertfrei, entwickelte aber wiederum eigene Vorstellungen von Normalität: Wenn es die Säugetiere taten, dann war es natürlich und damit gut.[66]
Die Aufzählung von Hauptquellen sexueller Befriedigung suggerierte, dass es über Zeit, Raum und Spezies hinweg einen universellen Orgasmus gebe. Um die menschliche Sexualität in den Kontext der Säugetiere stellen zu können, tat Kinsey so, als sei Sex von Alter, Erziehung und Partner unabhängig. Als ob sexuelles Verhalten im Jahr 1950 dasselbe bedeutete wie im Jahr 1890. Kinseys Ansatz tat so, als gebe es losgelöst von den Fesseln von Religion, Moral und Kultur eine ungetrübte, natürliche Sexualität.

In den Augen dieser Forscher existierte Nymphomanie nicht. »Zu viele« Orgasmen – das war ein moralisches und kein wissenschaftliches Urteil. Aber indem das Kinsey-Team der Nymphomanie den Todesstoß versetzte, schuf es ein anderes Konstrukt. Bei dieser Betrachtung von Sexualität wurde nur das Verhalten gemessen und nicht das Empfinden der Beteiligten. In den nachfolgenden Jahrzehnten stellten Sexualforscher und ihre populärwissenschaftlichen Interpreten den biologischen Standpunkt in den Mittelpunkt. Doch bald schon musste ein Korrektiv geschaffen werden, ähnlich wie es Kinsey getan hatte, indem er die frühere pathologische Perspektive korrigierte.

Alle diese Sexexperten – die Wissenschaftler, die die Sexualhormone untersuchten, die von Freud beeinflussten Ärzte und populärwissenschaftlichen Autoren, aber auch Kinsey und seine Kollegen – sahen sich als sexuelle Aufklärer. Sie griffen die Ängste der Gesellschaft angesichts der sich verändernden Geschlechterrollen auf und suchten nach Wegen zu einem besseren Verständnis der weiblichen Sexualität und damit zur Festigung der Institution Ehe. Sie kritisierten die Scheuklappen ihrer puritanischen Großeltern und erhoben den Anspruch, durch ihre Perspektive – die Hormonforschung, die psychologische Theorie oder quantitative Messmethoden – die sexuellen Probleme ihrer Zeit zu lösen. Die Wahrheit, so glaubten sie, lag in der Chemie des Körpers, in den Tiefen der Psyche oder eben in der Ähnlichkeit zwischen Mensch und Säugetier.

Diese Expertengruppen um 1950 betrachteten die Nymphomanie entweder unter dem Aspekt der Biologie oder der Psychologie – oder aber sie erklärten Nymphomanie als inexistent. Angefangen mit früheren Vorstellungen von entzündeten Genitalien über hormonelle und psychologische Theorien bis hin zu Kinseys Versuch, das Phänomen an sich für nicht existent zu erklären – das Phänomen der »Hypersexualität« entzog sich immer wieder neu. Aber die Rat suchende Öffentlichkeit verlangte von Wissenschaftlern, Ärzten, Psychologen und Sexualforschern eine Definition der Hypersexualität. Wie wir im folgenden Kapitel sehen werden, machte sich der Einfluss dieser Autoritäten auch in einem anderen Bereich bemerkbar: als nämlich die Idee der Nymphomanie in den Gerichtssaal Eingang fand.

Nymphomanie vor Gericht

IM FEBRUAR 1948 machten zwei Bäckergehilfen aus Hancock, Michigan, ein fünfzehnjähriges Mädchen und ihr Kollege Roger Bastian, nach Feierabend eine Spritztour mit dem firmeneigenen Lieferwagen. Nach Aussage des Mädchens fuhr Bastian in einen unbewohnten Teil der Stadt und zwang sie zum Geschlechtsverkehr. Bastian bestritt dies und behauptete statt dessen, die junge Frau habe sich an ihn herangemacht. Ihr Verhalten habe ihn gekränkt, er habe sie abgewiesen, worauf sie wütend geworden sei.[1]

In diesem Vergewaltigungsprozess stand Aussage gegen Aussage. War seine oder ihre Version glaubhafter? Nach den Gesetzen des Staates Michigan war eine Fünfzehnjährige noch nicht alt genug, um ihre Einwilligung zum Geschlechtsverkehr geben zu können. Selbst wenn Bastian beweisen konnte, dass die Klägerin tatsächlich Sex hatte haben wollen, würde ihn dies nicht vom Vorwurf der Vergewaltigung entlasten. Er musste nachweisen, dass es nicht zum Geschlechtsverkehr gekommen war.

Bastians Anwälte versuchten nachzuweisen, dass die Klägerin (im Englischen »prosecutrix«) eine Nymphomanin sei, die sich die Vergewaltigung nur in ihrer Fantasie ausgemalt hatte. (Der Begriff »prosecutrix«, der ausschließlich bei Vergewaltigungsprozessen verwendet wurde, stammt aus dem frühen englischen Recht und betont, dass nicht der Staat, sondern eine rachsüchtige Klägerin die Anklage vorbringt.)[2] Die Verteidigung behauptete, die Klägerin habe sich aufgrund ihrer Geisteskrankheit – Nymphomanie – lediglich eingebildet, sexuell angegriffen worden zu sein, während in Wirklichkeit gar kein Geschlechtsverkehr stattgefunden habe. Der Richter in Michigan ließ Nymphomanie als Beweismittel nicht zu und sprach Bastian schuldig.

Damit war die Sache aber keineswegs beigelegt. Im Jahr 1951 gab der Oberste Gerichtshof von Michigan Bastians Berufung statt und entschied, der Angeklagte habe »das Recht, Beweise vorzulegen, dass die Klägerin eine Nymphomanin sei«. Als Präzedenzfall für seine Entscheidung führte das Gericht den Fall Cowles aus dem Jahr 1929 in Michigan an, wo es um die Vergewaltigung einer Minderjährigen gegangen und der Begriff »Nymphomanin« zum »gängigen medizinischen Sprachgebrauch« erklärt worden war.[3] 1951 entschied das Berufungsgericht in Michigan, die in dem früheren Fall aufgeworfene Frage sei immer noch aktuell: ob nämlich »der Geisteszustand des Mädchens durch sexuelle Wünsche und Begierden derart irregeleitet worden sei, dass es seine Fantasie als Realität ausgibt und sich eine Vergewaltigung zusammenfantasiert«.[4]

Rechtstheorie und Nymphomanie

DIE VORSTELLUNG, DASS WOLLUST einem fünfzehnjährigen Mädchen den Kopf derart verdrehen konnte, dass es sich eine Vergewaltigung einbildet, beschränkt sich keineswegs auf diese beiden Fälle in Michigan. Mitte des 20. Jahrhunderts fand diese pseudowissenschaftliche Theorie vor Gericht breiten Anklang. Artikel in hoch angesehenen juristischen Fachzeitschriften legitimierten ein Bild weiblicher Sexualität, das in den beiden oben erwähnten Fällen der Urteilsfindung als wissenschaftlich fundiert zugrunde gelegt worden war. Unter Hinweis auf die »wachsende Überzeugung, dass zahlreiche Zeuginnen, die als Klägerinnen [bei Sexualdeliktsprozessen] auftreten, emotional unausgeglichen sind«, veröffentlichten die einflussreichen *American Law Reports* im Jahr 1968 einen ausführlichen Kommentar, in dem die Zulassung von Sachverständigen als Gutachter in Fällen geistiger Störung wie Nymphomanie erörtert wurde.[5] In der *Stanford Law Review* (1966) stellte der Juraprofessor Roger B. Dworkin unmissverständlich fest: »Wenn durch ein aktuelles psychologisches Gutachten die Unzuverlässigkeit der Frau bei der Schilderung des Vorfalls angezeigt ist, sollte der Aussage des vermeintlichen Opfers, das unter dem Verdacht der Unzurechnungsfähigkeit steht, keine Geltung eingeräumt werden.«[6] Und in einem Artikel in der *Columbia Law Review*, dessen Autor behauptete, »Geschichten von Vergewaltigung sind häufig Lügen oder Hirngespinste«, heißt es noch dezidierter: »Der einfachste und vielleicht wichtigste Grund, eine Verurteilung wegen Vergewaltigung aufgrund nicht erhärteter Aussage der Klägerin nicht zuzulassen, liegt gewiss darin, dass diese Aussage sehr oft falsch ist.«[7]

In den fünfziger und sechziger Jahren fanden Anwälte in medizinisch-juristischen Lehrbüchern ähnliche aus der Luft gegriffene Behauptungen. Dem *Attorney's Textbook of Medicine* zufolge neigten Frauen häufig zu einem Geisteszustand, in dem sich Lügen und Phantasie mischten – »nicht selten ... die Basis von Vergewaltigungsklagen«.[8] Selbst Absurditäten wie die Theorie des »Befreiungsmechanismus«, derzufolge Frauen eine Vergewaltigung unbewusst geradezu herausforderten, um sich von der Angst zu befreien, vergewaltigt zu werden, wurden in juristischen Fachzeitschriften für bare Münze genommen, als handle es sich um eine wissenschaftliche Erkenntnis.[9]

Alle diese um die Mitte des 20. Jahrhunderts entstandenen Rechtstheorien beriefen sich auf die Autorität von John Henry Wigmore, 1901 – 1929 Dekan der Juristischen Fakultät der Northwestern University und Verfasser des wohl berühmtesten modernen Werks zur juristischen Beweisaufnahme. Sein zehn Bände umfassendes Hauptwerk *Evidence in Trials at Common Law* erschien erstmals im Jahr 1940, wurde im Jahr 1970 überarbeitet und ist noch heute in Gebrauch.[10] Generationen von Jurastudenten vertieften sich in dieses Werk, das bei Entscheidungen von Berufungsgerichten hundertfach zitiert und von unzähligen Rechtswissenschaftlern ehrfurchtsvoll genannt wurde. Wigmores Werk legte die Grundregeln der Beweisaufnahme im US-amerikanischen Rechtssystem fest.[11]

In einem häufig zitierten Abschnitt zum Thema Vergewaltigung fixierte Wigmore unter dem Anschein von Objektivität das Bild der lügnerischen, von Hirngespinsten besessenen Klägerin. Wigmore zufolge sind »die psychischen Komplexe [von Frauen] mannigfaltig ... Eine Form ist die Erfindung von Vorwürfen sexueller Angriffe.«[12] In medizinische Begriffe wie »Nymphomanie« gekleidet und gestützt auf ausführliche Zitate juristischer und medizinischer Sachverständiger, gab Wigmore den uralten Vorurteilen gegen Frauen, die »behaupteten, vergewaltigt worden zu sein«, einen wissenschaftlichen Anstrich und machte sie damit legitim. *Evidence in Trials at Common Law* enthielt sogar einen eigenen Abschnitt mit dem Titel »Abnormal mentality of women complainants: nymphomania« (»Abnormer Geisteszustand von Klägerinnen: Nymphomanie«). Trotz späterer Überarbeitungen anderer Teile dieses Standardwerks und trotz regelmäßiger Aktualisierungen sind die Abschnitte über Nymphomanie bis heute unverändert.[13]

Wigmore trat leidenschaftlich für den unschuldigen Mann ein, dem Unrecht getan wird, weil eine Frau mit sexuell pervertierten Wünschen falsche Anschuldigungen gegen ihn vorbringt. Wigmore zufolge besaßen Frauen, die als Klägerinnen bei Vergewaltigungsprozessen auftraten, eine »unkeusche Gesinnung«.[14] Diese bis ins 20. Jahrhundert fortwirkende Unterstellung beruhte auf der traditionellen Überzeugung (die im Übrigen in den meisten juristischen Abhandlungen noch bis vor Kurzem zu finden war), dass ein übel beleumundetes Vergewaltigungsopfer dem Geschlechtsakt mit großer Wahrscheinlichkeit zugestimmt habe. Wenn also ihr Körper nicht keusch war, dann war der Vergewaltigungsvorwurf mit hoher Wahrscheinlichkeit falsch.

Wigmore erweiterte diese Vorstellung auf die weibliche Psyche allgemein. Fest überzeugt von der angeborenen Falschheit des Weibes, forderte der berühmte Rechtsgelehrte die Gerichte auf, »aufzuwachen und die Gefahr der Ungerechtigkeit zu erkennen, die lauert, wenn man einer solchen Zeugin ohne eine sorgfältige psychiatrische Begutachtung« Glauben schenkt. Davon ausgehend, dass sich die Waagschale der Justiz ungerechterweise auf die Seite der Klägerin neigt, schrieb er: »Kein Richter sollte eine Anklage wegen Sexualdelikten an die Geschworenen zur Entscheidung weitergeben, bevor nicht der Lebenswandel und der Geisteszustand der Klägerin geprüft und von einem qualifizierten Arzt begutachtet wurde«.[15] Wigmores Überzeugung nach ist Vergewaltigung ein Sonderfall unter den Verbrechen, da es im Allgemeinen keine Zeugen gibt. Es ist für ihn das einzige Verbrechen, bei dem eine zwangsweise psychiatrische Untersuchung der Beschwerde führenden Zeugin notwendig ist. Auch wenn diese Forderung niemals gesetzlich verankert wurde, war Wigmores Beurteilung von Frauen, die Männer arglistig der Vergewaltigung bezichtigen, von großem Einfluss auf die Strafrechtstheorie.

Ironischerweise sah sich Wigmore selbst als Modernisierer, als objektiver Wissenschaftler, der veraltete Verfahrensweisen erneuerte. Überzeugt, dass die moderne Psychiatrie den Schlüssel für falsche Anschuldigungen von Vergewaltigungsopfern liefere, zitierte er zur Untermauerung seiner Theorien Experten der gestörten weiblichen Psyche. Der Psychiater Karl Menninger beispielsweise, Begründer der Menninger Clinic, schrieb 1933 an Wigmore, seiner Ansicht nach seien psychiatrische Gutachten bei Vergewaltigungsklägerinnen dringend erforderlich, weil »bei Frauen Vergewaltigungsfantasien extrem häufig, ja wahrscheinlich universell sind«.[16]

Dr. W. F. Lorenz, Leiter des Psychiatrischen Instituts der Universität Wisconsin, war derselben Ansicht. Gestützt auf seine Arbeit mit Geisteskranken hielt er die psychiatrische Untersuchung »in den Fällen für unbedingt erforderlich, in denen es um den Vorwurf sexueller Aggression geht«. Und dies gelte für alle Frauen, nicht nur für diejenigen, die vermutlich geisteskrank sind. Denn »häufig ist der Vorwurf der sexuellen Aggression auf nichts weiter gegründet als auf ein unerfülltes Verlangen oder eine unbewusste, im Innersten unterdrückte sexuelle Begierde oder deren Enttäuschung.«[17] In diesem erstaunlichen Bild der Frau verbinden sich Jahrzehnte alte medizinische Theorien mit Jahrtausende alten kulturellen Vorstellungen.

Die Idee, dass das sexuelle Begehren die Frau dazu verleite, sich eine Vergewaltigung zusammenzufantasieren, verband sich mit dem althergebrachten Stereotyp der lügnerischen, rachsüchtigen Frau, die einen unschuldigen Mann zu Unrecht vor Gericht bringt. Schon im 17. Jahrhundert hatte Matthew Hale, Lordoberrichter von England, erklärt: »Eine Anklage wegen Vergewaltigung ist leicht vorzubringen, aber schwer zu beweisen und noch schwerer zu widerlegen, wie unschuldig der Angeklagte auch immer sein mag.«[18] Noch in den achtziger Jahren des 20. Jahrhunderts wurden die Richter vieler US-amerikanischer Einzelstaaten aufgefordert, die Geschworenen in diesem Sinne aufzuklären. Bei keiner anderen Straftat erhielten die Geschworenen eine vergleichbare Warnung.[19]

Beim Thema Sexualverbrechen hat sich das Strafrecht durch volkstümliche Überlieferung, Mythologie und biblische Erzählungen leiten

lassen, etwa die Geschichte von Potiphars Weib, die Joseph, den Skla-
ven ihres Mannes, der Vergewaltigung beschuldigt, nachdem er ihre
Avancen abgelehnt hat. Darin wird ein Bild der Frau gezeichnet, deren
Handeln durch Gier, Rachsucht, Schuld oder Erpressung bestimmt ist.
Wigmore und andere fügten dem eine nicht weniger gefährliche
Nuance hinzu: das Bild der Nymphomanin, die sich einbildet, verge-
waltigt worden zu sein, obwohl in Wahrheit gar nichts geschehen ist.
Diese Vorstellung liegt im 19. Jahrhundert begründet, als man glaubte,
»Hysterikerinnen«, »Nymphomaninnen« und »Erotomaninnen« in
Irrenanstalten beschuldigten das medizinische Personal zu Unrecht
der sexuellen Aggression.[20] Jetzt verschmolzen kulturelle Anschauungen mit der medizinischen Lehrmeinung zu einem einzigartigen Bild
der weiblichen Sexualität, das unterstellte, das irrationale Denken und
der schwache Wille der Frauen könne der sexuellen Begierde nicht
standhalten, so dass Frauen falsche Anschuldigungen wegen angeblicher sexueller Übergriffe vorbrachten.

Dieses Bild der Nymphomanin reicht zwar mindestens bis ins
19. Jahrhundert zurück, aber unter dem Einfluss des Freudianismus
auf die amerikanische Rechtstheorie behauptete es sich auch im
20. Jahrhundert.[21] Hatte im 19. Jahrhundert der Arzt in der Biologie
nach einer Begründung für den vermeintlichen Hang der Frauen zu
falschen Vergewaltigungsvorwürfen gesucht, so nutzte man jetzt neue
Theorien von tief in der weiblichen Psyche verankerten sexuellen
Sehnsüchten, um dieses Stereotyp zu bestätigen.[22] Die Wiener Psycho-
analytikerin Helene Deutsch erklärte in ihrem Werk *Psychologie der
Frau*, das masochistische Grundprinzip des weiblichen Sexuallebens
führe zu der Annahme, Frauen hätten zu erzwungenem Sex ein ambi-
valentes Verhältnis, stellten sich in ihrer Fantasie eine Vergewaltigung
vor, ja sehnten diese unbewusst herbei. Deutsch zufolge »tragen Vergewaltigungsfantasien oft so sehr den Stempel der Wahrheit, dass bei
Gerichtsverhandlungen, in denen hysterische Frauen unschuldige
Männer der Vergewaltigung anklagen, auch die erfahrensten Richter
irregeführt werden«.[23]

Mit diesen Theorien gewappnet, konnte ein so cleverer Verteidiger
wie im Fall Bastian seine Strategie auf das Konzept der Nymphomanie
aufbauen und durch den Vorwurf angeblicher unbewusster Vergewaltigungsfantasien die Zeugenaussage des Opfers in Frage stellen. In

Fortführung des altbekannten Versuchs, die Klägerin als willige Teilnehmerin hinzustellen, konnten Verteidiger die Klägerin über ihre angeblichen »unstillbaren Sehnsüchte« und ihre »unbeherrschbare sexuelle Schwäche« ins Kreuzverhör nehmen, nicht um sie als unkeusch hinzustellen, sondern um zu beweisen, dass die Vergewaltigung nur in ihrer Fantasie stattgefunden hat. Diese Taktik wurde durch die Tatsache erleichtert, dass bis in die siebziger Jahre hinein die Beweissicherung bei Vergewaltigungsdelikten noch völlig unzureichend war und es zudem keine Beratungsstellen gab, an die sich Frauen unmittelbar nach der Vergewaltigung wenden konnten. Daher fehlte es vielen Frauen oft an handfesten Beweisen für die Vergewaltigung.

Es steht außer Frage, dass es geistig gestörte Frauen (und Männer) gibt, die an Halluzinationen und Einbildungen leiden, auch an sexuellen Wahnvorstellungen. Doch von dieser Gruppe auf alle weiblichen Vergewaltigungsopfer zu schließen, widerspricht jeder wissenschaftlichen Objektivität. Die »Wigmorianer« schlossen »Wunsch« und »Tat« kurz und schlugen den Bogen von angeblichen Vergewaltigungsfantasien der Frau zu deren Mitwirkung am sexuellen Akt beziehungsweise der Einbildung, vergewaltigt worden zu sein, wo doch in Wirklichkeit gar kein Geschlechtsverkehr stattgefunden habe. Aber sie konnten keine Beweise dafür vorlegen, dass den »Vergewaltigungsfantasien« einer Frau der Wunsch entspricht, tatsächlich vergewaltigt zu werden. Einen solchen Beweis kann es auch gar nicht geben.[24]

Auch blieben sie den Nachweis schuldig, dass die weibliche Psyche eine besondere Neigung hat, Hirngespinste sexueller Gewalt zu produzieren. Die Frage ist nicht, ob jede Frau, die einen Mann wegen Vergewaltigung anzeigt, die Wahrheit sagt. Es geht vielmehr darum, dass sich die kulturelle und juristisch-strafrechtliche Bildmetaphorik gegen die Klägerin richtet. Befangen in einer sehr viel älteren Vorstellung von der hysterischen, verlogenen Frau und unter dem Einfluss neofreudianischer Vorstellungen eines typisch weiblichen Masochismus nahmen Richter, Anwälte und Gesetzgeber diese Konzeptionen in das Rechtssystem auf.

Am Fall Bastian sehen wir, was es für eine junge Frau bedeutete, wenn dem bereits verurteilten Vergewaltiger auf der Grundlage dieses Verständnisses der weiblichen Sexualität ein neues Verfahren gewährt wird. Dem Berufungsgericht in Michigan zufolge war es ein Fehler gewesen, dass der Richter der Verteidigung nicht gestattet hatte, »die Klägerin bezüglich gewisser vorgeblicher Verhaltensweisen im Kreuzverhör zu befragen, die hätten zeigen können, dass sie sexuell psychopathisch war« und damit eine Lügnerin oder Fantastin.[25] In der nicht zugelassenen Zeugenaussage hatte die Klägerin zugegeben, *nach* ihrem Erlebnis im Lieferwagen der Bäckerei (aber in den Monaten vor dem Prozess) mit elf weiteren Männern sexuelle Beziehungen gehabt zu haben, aber darauf bestanden, dass Ralph Bastian der Erste gewesen sei und er sie zum Geschlechtsverkehr gezwungen habe.

Sagte sie die Wahrheit oder war sie eine Nymphomanin, deren Zeugnis unglaubwürdig war? Allein auf der Grundlage seiner Beobachtung im Gerichtssaal hatte der von der Verteidigung bestellte Gutachter erklärt, die Klägerin sei »sexuell psychopathisch« und ihre Glaubwürdigkeit damit »sehr gering«. Das Berufungsgericht erklärte, die Annahme des Arztes, »die Klägerin sei eine Nymphomanin«, wäre bestätigt worden, wenn er die bei dem Verfahren nicht zugelassene Aussage gekannt hätte: dass nämlich das Mädchen später mehrere sexuelle Beziehungen hatte. Diese Umstände hatten wohl letztlich die Geschworenen bewogen, den Angeklagten freizusprechen. In diesem Fall führte die medizinisch-strafrechtliche Theorie, derzufolge promiskuitives Sexualverhalten der Klägerin nach der Vergewaltigung der Beweis für eine geistige Störung ist, die Geschworenen zu der Annahme, dass sie womöglich nicht die Wahrheit sagte. Aus diesen Gründen hoben sie den Schuldspruch auf und gewährten ein neues Verfahren.

Nymphomanie, Fantasie und Inzest

DIE VORSTELLUNG VON EINER HIRNGESPINSTE ausbrütenden Klägerin spielte nicht nur in Vergewaltigungsfällen eine Rolle, sondern auch bei Inzest. Für die meisten Menschen der damaligen Zeit war die Vorstellung, dass ein Vater oder ein enger Verwandter eine Tochter oder Nichte sexuell missbrauchen könnte, so undenkbar, dass der Sachverhalt oft grundsätzlich bestritten wurde. Andere gaben dem Opfer die Schuld. Da in die meisten strafrechtlich verfolgten Inzestfälle arme Familien der Arbeiterschicht verwickelt waren, gingen die Behörden im Allgemeinen davon aus, dass die beengten Wohnverhältnisse und die vermeintliche Unmoral ärmerer Bevölkerungsschichten der Grund für den Bruch dieses »Schweigetabus« sei. Wie Vergewaltigung, so war auch Inzest etwas, was anständigen Mädchen einfach nicht passierte: Nur selten wurden Väter oder Brüder aus der Mittelschicht wegen Inzest vor Gericht gestellt.

Die tiefe Überzeugung von der Unschuld und der Asexualität von Kindern der Mittelschicht prägte den Umgang mit dem Inzest. Spezialisten wie auch die breite Öffentlichkeit waren fest überzeugt, dass sexuelles Verlangen und sexuelles Verhalten vor der Pubertät ein Anzeichen für Abnormität sei. Wenn Verwandte Töchter oder Nichten sexuell missbrauchten, waren entweder die Mädchen selbst daran schuld oder sie hatten die Geschichte nur erfunden. Amtliche Berichte Mitte des 20. Jahrhunderts spiegelten diese Auffassung wider, wenn von dem »ungewöhnlich reizenden und attraktiven« missbrauchten Kind die Rede war, das eher »die Verführerin als die unschuldig Verführte« sei.[26] Es gab auch gegenteilige Auffassungen, doch das *Comprehensive Textbook of Psychiatry-II* aus dem Jahr 1975 fasste das herrschende Verständnis zusammen: »Die Töchter sind insgeheim mit der inzestuösen Beziehung einverstanden und spielen bei deren Etablierung eine aktive, wenn nicht sogar die auslösende Rolle.«[27]

Auch Forscher waren offenbar von der moralischen Verderbtheit der Opfer überzeugt, wenn sie Fälle wie Pat L. schilderten, die »im Alter von vier Jahren eine sexuelle Beziehung mit einem vierundfünfzigjährigen Mann [ihrem Stiefvater] begann, die bis zu ihrem elften Lebensjahr andauerte«.[28] Derartige Vorstellungen lassen sich auf das 19. Jahrhundert zurückführen, als viele glaubten, Kleinkinder, die sich mit ihren Genitalien beschäftigen, seien »frühreif und moralisch verderbt und damit entwicklungsgeschichtlich auf eine primitive Stufe zurückgefallen.

Sigmund Freud freilich räumte mit der Vorstellung der Asexualität von Kindern gründlich auf. Nur ein altes Vorurteil, so behauptete er, könne leugnen, dass das Sexualleben gleich nach der Geburt beginne. Freud schockierte seine Zeitgenossen weiterhin damit, dass er behauptete, Kinder richteten ihr erstes sexuelles Begehren auf die Eltern. Die psychischen Konflikte, die sich aus der gesellschaftlichen Forderung nach Unterdrückung dieser Begierden ergäben, führten, so Freud, zu den hysterischen Behauptungen seiner erwachsenen Patientinnen, sie seien sexuell belästigt worden. Freud hatte diese Geschichten von Verführung und Vergewaltigung in der Kindheit zunächst für wahr gehalten. Später änderte er seine Meinung und vollzog damit eine Kehrtwende, die nicht nur auf die Psychoanalyse, sondern auch auf die Rechtsprechung enorme Auswirkungen hatte.[29]

Mitte des 20. Jahrhunderts verband sich Freuds Theorie mit Vorstellungen von »frühreifer Verderbtheit« zu einer explosiven Mischung. Viele Psychiater und andere Angehörige medizinischer Berufe betrachteten Inzest entweder als Hirngespinst oder als die Tat »sexualisierter« Mädchen wie Pat L. Diese Sexexperten übten, wie wir gesehen haben, nach dem Zweiten Weltkrieg wachsenden Einfluss aus. Psychiater und Psychologen, zu Tausenden angeheuert, um in den Streitkräften sexuell abweichendes Verhalten und andere Abnormitäten aufzuspüren, bemühten sich in der Nachkriegszeit, ihren Beruf auf eine solidere Grundlage zu stellen. Ihre gerichtliche Gutachtertätigkeit reflektierte ihren Anspruch, in Fragen der Sexualität ein fachkundiges Urteil abzugeben, und legitimierte ihn zugleich. Fortschrittliche Rechtsgelehrte in der Nachfolge Wigmores unterstützten diesen Anspruch und forderten forensische Aufklärung durch die breite Mitwirkung von Gutachtern bei Sexualverbrechen.[30]

Zwar waren nicht alle Richter von der Richtigkeit dieses Vorgehens überzeugt. Obwohl die meisten Einzelstaaten der USA den Richtern das Recht zubilligten, psychiatrische Gutachten als Beweismittel zuzulassen, entschieden sich viele von ihnen dagegen.[31] Doch auf dem nach wie vor umstrittenen Terrain der Sexualdelikte stellte das psychiatrische Gutachten womöglich ein entscheidendes Argument dar.

Die angeblich durch Nymphomanie bedingte Entstellung der Wahrheit sowie die Zulassung psychiatrischer Gutachter als Zeugen beherrschten einen Inzestprozess Mitte der sechziger Jahre, den Fall Russel. Die vierzehnjährige Roxanne Russel sagte aus, im April 1965 habe sie ihr Vater »in sein Schlafzimmer gerufen und dann mit ihr Geschlechtsverkehr gehabt; danach hatte er zehn Monate lang etwa einmal pro Woche mit ihr Geschlechtsverkehr gehabt«.[32] Um nachzuweisen, dass Roxanne eine Lügnerin war, dass »ihr Geistes- und Gefühlszustand ihre Wahrhaftigkeit beeinträchtigte«[33] (sie also eine Nymphomanin war, die sich den Inzest nur in ihrer Fantasie ausgemalt hatte), verlangte die Verteidigung die Zulassung einer psychiatrischen

Untersuchung. Obwohl der Richter dem Antrag auf eine psychiatrische Untersuchung Roxannes stattgegeben hatte, ließ er das Gutachten als Beweismittel aber dann doch nicht zu – mit der Begründung, nicht Experten, sondern die Geschworenen hätten über die Glaubwürdigkeit des Mädchens zu entscheiden.

Wegen Inzest verurteilt, legte der Vater Thomas Russel beim Obersten Gerichtshof in Kalifornien Berufung ein mit der Begründung, den Geschworenen hätte das Sachverständigengutachten vorgelegt werden müssen, da sie als Laien nicht in der Lage seien, Roxannes nymphomanischen Zustand zu erkennen. Russels Anwalt zufolge war es Roxannes irregeleitete Phantasie, die die schmutzige Geschichte wiederholten sexuellen Missbrauchs hervorgebracht hatte. Das umstrittene psychiatrische Gutachten bestätigte diese Argumentation: »Während die Patientin keine Anzeichen einer Psychose zeigt ... keine Anzeichen von Halluzination oder Wahnvorstellungen ... hat sie offenbar ein ernstes emotionales Problem, gekennzeichnet durch impulsives und unvorhersehbares Verhalten sowie die Tendenz, den Kontakt zur Wirklichkeit zu verlieren und diese zu verzerren.«[34]

David R. Rubin, Psychiater aus Kalifornien, fasste seine zwanzigminütige Untersuchung von Roxanne in einem Gutachten zusammen, in dem es hieß, sie lüge absichtlich, »wenn es ihr gelegen kommt«.[35] Zur Erhärtung seiner Behauptung, sie sei eine Lügnerin, und zur Dementierung der gesamten Inzestgeschichte verwies der Berufungskläger auf Unstimmigkeiten in ihrer Zeugenaussage. Im Zeugenstand hatte Roxanne nämlich zunächst ausgesagt, ihr Vater habe etwa vier Mal, aber keinesfalls mehr als zehn Mal mit ihr Geschlechtsverkehr gehabt. Bei nochmaliger Vernehmung hatte sie ausgesagt, sie habe gelogen, weil es »ihr peinlich gewesen war zuzugeben, wie oft es tatsächlich geschehen war«. Russels Anwalt zufolge und mit Dr. Rubins Worten belege diese abgeänderte Aussage Roxannes Unfähigkeit, »zwischen dem wirklichen Geschehen und den Ausgeburten ihrer Fantasie zu unterscheiden«.[36]

Der Oberste Gerichtshof von Kalifornien entschied auf Zulassung des psychiatrischen Gutachtens, insbesondere im Fall eines Sexualdelikts, wo »das richterliche Ermessen zugunsten des Angeklagten frei ausgeübt werden sollte«. Unter Hinweis auf Wigmore betonte das Gericht die Notwendigkeit psychiatrischer Gutachten bei Sexualde-

likten wie dem vorliegenden, weil der Geisteszustand der Klage
führenden Zeugin eine so große Rolle spiele. Das Berufungsgericht
hob den Schuldspruch der Geschworenen auf.[37]
    In diesem und anderen Inzestfällen wie auch in den Vergewalti-
gungsfällen der damaligen Zeit war die Entscheidung der Richter von
einem ganz bestimmten Bild der weiblichen Sexualität geprägt.[38] Erst
in den späten siebziger und frühen achtziger Jahren des 20. Jahrhunderts änderte sich allmählich die Einstellung gegenüber Inzest. Bis
dahin nahm man an, Frauen und Mädchen seien durch ihre psychische
Konstitution anfällig für unterdrückte sexuelle Sehnsüchte, die sich in
Sexualfantasien niederschlügen. Aufgrund dieser kulturell geprägten
Vorstellungen konnte man so weit gehen, einzig und allein den Über-
fall eines Fremden auf einer dunklen Straße als »tatsächlichen« sexuellen Übergriff aufzufassen – sofern es erkennbare Anzeichen von
Kampf gab und sofort Anzeige erstattet wurde.[39] Geschlechtsverkehr
mit einem Bekannten oder Verwandten passte nicht in dieses Modell.
Folgerichtig fiel der Verdacht nicht auf den Täter, sondern auf die
Roxannes dieser Welt und ihre nymphomanischen Fantasien.
    Psychiatrische Gutachten und die Verwendung pseudomedizini-
scher Begriffe wie »Nymphomanie« tauchte diese kulturell bedingten
Vorstellungen in ein wissenschaftliches Licht. Die Rechtsreformer
benutzten freudianische Begriffe und forderten die Zulassung von
psychiatrischen Gutachtern, die den seelischen und geistigen Zustand
des Opfers bei Vergewaltigungsklagen prüfen sollten. Gewöhnliche
Geschworene, so die Ansicht, waren gar nicht in der Lage, die Untie-
fen dieser weiblichen Neigungen auszuloten, und waren daher auf die
Hilfe von Sachverständigen angewiesen. Aber auch hier waren kulturelle und nicht wissenschaftliche Kräfte am Werk.

Nymphomanie und der Oberste Gerichtshof

SELBST DER OBERSTE GERICHTSHOF der Vereinigten Staaten befand, diese
pseudowissenschaftlichen Vorstellungen über nymphomanische Frauen
seien plausibel. Im Jahr 1966 kam der Fall *Giles v. Maryland* vor den
U. S. Supreme Court,[40] in dem Joyce Roberts die beiden Brüder James

und John Giles sowie Joseph Johnson beschuldigte, sie vergewaltigt zu haben. Roberts sagte aus, am 20. Juli 1961 sei sie um Mitternacht mit ihrem Freund und zwei anderen jungen Männern an einer abgelegenen Stelle am Patuxent River schwimmen gegangen. Beim Aufbruch hätten sie festgestellt, dass der Benzintank leer war; zwei der Freunde seien losgegangen, um eine Tankstelle zu suchen. Plötzlich seien »drei junge Neger« – die Giles-Brüder und Johnson – aufgetaucht, hätten sie bedroht und das Auto mit Steinen beworfen. Ms. Roberts sei in den Wald geflüchtet. Später sagte sie aus, sie sei von den drei Männern aufgespürt und vergewaltigt worden. Die Angeklagten behaupteten hingegen, Roberts sei eine Nymphomanin und habe dem Geschlechtsverkehr zugestimmt. Die Geschworenen der Montgomery County, Maryland, befanden die Giles-Brüder für schuldig, die sechzehnjährige Joyce Roberts vergewaltigt zu haben, und verurteilten sie zum Tode. (Der Prozess gegen Johnson war von dem der beiden anderen Angeklagten getrennt worden.) Gegen dieses Urteil legten die Brüder Berufung ein.

Dieser Fall muss vor dem Hintergrund der tragischen Geschichte der Lynchjustiz und Hinrichtung Hunderter von Schwarzen durch den Staat gesehen werden, die zu Unrecht der Vergewaltigung weißer Frauen angeklagt worden waren. Die unverhältnismäßig hohe Zahl von Todesstrafen gegen schwarze Vergewaltiger, der institutionalisierte Rassismus in Montgomery County, die ethnische Zusammensetzung der Geschworenen und eine inadäquate Verteidigung mittelloser Schwarzer, die wegen Kapitalverbrechen vor Gericht standen, beherrschten die weitere Diskussion des Falles Giles.[41] Doch einem anderen Problem, das dieser Fall ebenfalls aufwarf, wurde wenig Aufmerksamkeit zuteil: Wie verstand und interpretierte der Oberste Gerichtshof unter Vorsitz des liberalen und fortschrittlichen Richters Earl Warren den Begriff »Nymphomanie«?[42]

Bevor der Oberste Gerichtshof den Fall neu aufrollte, hatte die Verteidigung bei untergeordneten Gerichten mehrfach Berufung eingelegt und unter anderem argumentiert, der Staat habe Beweise für Joyce Roberts' Nymphomanie nicht zugelassen. Dabei habe das Gericht Nymphomanie als »eine Geisteskrankheit« bezeichnet, die die Glaubwürdigkeit der Zeugin beeinträchtige.[43] Der Anwalt der Giles-Brüder, Joseph Forer, erklärte in einer mündlichen Verhandlung nach der Verurteilung: »Und da Vergewaltigung per definitionem Geschlechtsverkehr gegen den Willen der Frau ist, ist es praktisch unmöglich, eine Nymphomanin zu vergewaltigen.« Worauf der Vorsitzende Richter einwandte: »Niemand hat das Recht, eine Nymphomanin zu vergewaltigen.«[44] Selbstverständlich, so Forer, dürften Nymphomaninnen wie auch Prostituierte für Vergewaltiger kein Freiwild sein. Aber Nymphomanie bedeute eben, dass die Glaubwürdigkeit von Jocye Roberts extrem fragwürdig sei. Der Richter pflichtete dem bei, verwies den Fall zur erneuten Verhandlung an die untere Instanz, und der Staat legte Berufung ein.

Nach weiteren juristischen Manövern befasste sich schließlich im Jahr 1966 der Oberste Gerichtshof mit dem Fall – Giles gegen Maryland. Hier ging es um die klassische Frage bei Vergewaltigungsdelikten: Geschah die Tat mit dem Einverständnis des Opfers? Um nachzuweisen, dass Roberts freiwillig mitgewirkt hat, legten die Anwälte der Giles-Brüder beim Obersten Gerichtshof Beschwerde dagegen ein, dass das erstinstanzliche Gericht das Gutachten über den Geisteszustand des Opfers und dessen schlechten Leumund nicht als Beweismittel zugelassen hatte. Dieses Beweismittel hätte »eine Verteidigung gestützt, die nachzuweisen suchte, dass Roberts an einer unbeherrschbaren Schwäche [Nymphomanie] litt, die die Giles-Brüder zu Recht als Zustimmung hätten missdeuten können«.[45]

In diesem Fall argumentierte die Verteidigung (anders als in Fällen von Vergewaltigung Minderjähriger), das Mädchen habe dem Geschlechtsakt zugestimmt und ihn nicht frei erfunden. Nach Ansicht der Verteidigung hätten Sachverständigengutachten zugelassen werden sollen, die die lasziven Wünsche des Mädchens bestätigten, denn solche Beweismittel hätten die Geschworenen davon überzeugen können, dass Joyce Roberts dem Geschlechtsakt zugestimmt habe. Über diesen, wie Richter Abe Fortas meinte, »höchst beunruhigenden Fall« entschied das Gericht mit einem Abstimmungsverhältnis von fünf zu vier Stimmen. Richter William Brennan, der Vorsitzende Richter und Richter William O. Douglas verkündeten das Urteil des Gerichts: Der Nachweis von Joyce Roberts' Nymphomanie sei tatsächlich zu Unrecht nicht zugelassen worden. Brennan führte aus: Mehrere Monate nach der Vergewaltigung, aber noch vor dem Prozess, hatte

Joyce Roberts bei einer Party sexuelle Beziehungen mit zwei Jungen gehabt, eine Überdosis Tabletten geschluckt, war in eine psychiatrische Klinik eingeliefert worden und hatte einer Freundin erzählt, sie sei von den beiden Männern vergewaltigt worden. Joyce Roberts' Vater reichte vor Gericht Klage wegen Vergewaltigung ein, die die Tochter nicht unterstützte, obwohl sie dem Polizeibeamten bei der Vernehmung gesagt hatte, sie habe »sexuelle Beziehungen mit zahlreichen Jungen und Männern gehabt, von denen sie einige nicht gekannt hatte«.[46]

Unter Verweis auf den Fall Bastian war Richter Byron White ebenfalls der Ansicht, dass Nymphomanie als Beweismittel zugelassen werden müsse. Allerdings fand er in den Prozessakten zum vorliegenden Fall keine Anhaltspunkte dafür, dass die Klägerin an dieser Krankheit litt. Offensichtlich interpretierte Richter White Joyce Roberts' mutmaßliches Sexualverhalten und ihre Einweisung in eine psychiatrische Klinik nicht als Hinweis auf Nymphomanie. Er vertrat weiterhin die Ansicht, ihr Zeugnis sei nicht automatisch wertlos, selbst wenn sie Nymphomanin sei.

Richter White schloss sich der Argumentation des Richters eines untergeordneten Gerichts an, Joyce Roberts sei möglicherweise eine Nymphomanin und sage trotzdem die Wahrheit, wenn sie behaupte, dem Geschlechtsakt nicht zugestimmt zu haben. Dennoch schlossen sich er und Richter Fortas der Mehrheitsmeinung an, weil sie der Ansicht waren, das untergeordnete Gericht sollte das nicht zugelassene Beweismittel stärker berücksichtigen. Die vier Richter, die ein abweichendes Votum abgaben, erklärten dagegen, man könne »sich nur schwer Vorwürfe vorstellen, die überzeugender sind als die gegen die drei jungen Männer erhobenen Vergewaltigungsvorwürfe des Teenagers.«[47] Durch die Mehrheitsentscheidung des Obersten Gerichtshofes wurde der Fall an das Berufungsgericht von Maryland zur weiteren Verhandlung verwiesen.

Bei der Vorbereitung einer neuen Verhandlung erfuhren die Staatsanwälte, dass Joyce Roberts nicht bereit war, in einem neuen Verfahren auszusagen. Fünf Jahre nach der angeblichen Vergewaltigung war sie im achten Monat schwanger und darauf bedacht, sich in Florida als Ehefrau und Mutter von zwei Kindern ein neues Leben aufzubauen. Der Staat Florida lehnte es ab, ihr Erscheinen anzuordnen.

Nach zwei Jahren in der Todeszelle und vier Jahren im Gefängnis von
Maryland wurden John und James Giles in allen Anklagepunkten frei-
gesprochen.⁴⁸

Neben den grundlegenden Problemen der Rassenjustiz warf der Fall
Giles weitere Fragen auf: War Joyce Roberts eine »Nymphomanin«?
Was bedeutete sexuelle Ausschweifung bei einem Teenager und war es
gleichbedeutend mit geistiger oder seelischer Krankheit? Und schließlich: Welche Auswirkungen hatte all das auf die Glaubwürdigkeit der
Zeugin in der Frage, ob sie zugestimmt hatte oder nicht? Die Richter
des Obersten Gerichtshofes gaben auf diese Fragen zwar keine Antworten, aber sie erteilten der Auffassung, Nymphomanie sei eine
echte, diagnostizierbare Krankheit oder Störung von strafrechtlicher
Relevanz, höchstrichterliche Anerkennung.

Nymphomanie in der einzelstaatlichen Gesetzgebung

DAS SCHWAMMIGE UND SCHWER FASSBARE BILD der sexbesessenen, phan-
tasierenden Vergewaltigungsklägerin gewann auch für die Gesetzgebung der amerikanischen Bundesstaaten Realitätscharakter. Mindestens ein Bundesstaat nahm Nymphomanie in seine Gesetzgebung auf –
und trug damit den medizinischen Kategorien der sexuellen Abweichung Rechnung, die Mitte des 20. Jahrhunderts im Schwange waren.
In einem Gesetzestext des Staates Georgia heißt es:

> Sachverständigengutachten zur Bezeugung der Glaubwürdigkeit
> einer Zeugin sind generell zulässig, wenn es sich um eine organi-
> sche oder geistige Krankheit handelt. Hierzu zählen Gutachten
> über Irrsinn und andere Formen geistiger Störung wie Hysterie,
> Wahnvorstellungen, Halluzinationen, Nymphomanie, sexuelle
> Psychopathie und Gedächtnisschwund.⁴⁹

Die Berufungsgerichte mehrerer Bundesstaaten, darunter Iowa,
Nebraska und Wisconsin, die Nymphomanie nicht gesetzlich verankert hatten, beriefen sich auf die Gesetzgebung des Staates Georgia,
um die Zulassung von Sachverständigengutachten zu rechtfertigen,
die feststellen sollten, ob das Sexualverhalten der Klägerin deren

Glaubwürdigkeit beeinträchtige.[50] Der Passus wurde auch bei der jüngsten Überarbeitung des Strafgesetzbuches des Staates Georgia nicht gestrichen.[51]

Die Cable-Car-Nymphomanin

AUCH WENN ES SELTSAM ANMUTET, haben Frauen selbst oder die sie vertretenden Anwälte gelegentlich vor Gericht in Prozessen, bei denen es nicht um Vergewaltigung ging, für Nymphomanie »plädiert«. In einem Fall aus dem Jahr 1970 verklagte eine neunundzwanzigjährige Frau aus San Francisco die Municipal Railway auf Schadenersatz in Höhe von 500000 Dollar, nachdem die Kabine des Cable Cars, in dem sie gesessen hatte, rückwärts den Hyde-Street-Hügel hinuntergesaust war. In ihrer Klage hieß es, durch den Aufprall habe sie körperlichen Schaden erlitten und sei seither von einem »teuflischen sexuellen Drang« besessen.[52] In diesem Fall beleuchteten Recht, Medizin und die populäre Kultur einen relativ neuen Aspekt von Nymphomanie. Aus Zeitungsberichten erfuhr die Öffentlichkeit, dass immerhin einige psychiatrische Experten, die zu ihren Gunsten aussagten, der Meinung waren, das übersteigerte sexuelle Verlangen kaschiere nur ihr Bedürfnis nach Zärtlichkeit und liebevoller Zuwendung. Der Frau gehe es nicht um Sex, sondern darum, seelischen Trost zu finden.

Die Nymphomanin mit der »Endstation Sehnsucht«, von den Zeitungen einmal als »dralle Blondine«, ein andermal als »mäßig attraktiv« beschrieben, wurde rasch zu einer cause célèbre. Die frühere Tanzlehrerin, die zweieinhalb Tage im Zeugenstand war, sagte aus, sie habe in den fünf Jahren seit dem Unfall über hundert Liebhaber gehabt. Sechs von ihnen bezeugten vor Gericht, es sei »leicht gewesen, an sie heranzukommen«. Als sie ihr Anwalt fragte, warum sie so viele Männer brauche, antwortete sie munter: »Das ist, wie wenn man eine Maus fragt, warum sie Käse frisst.«[53]

Der Anwalt hatte seine Mandantin ursprünglich als »unproblematisch und karrierebezogen« darstellen wollen, bevor der Unfall ihr psychisches Gleichgewicht ins Wanken gebracht hatte. Er hatte sogar einen Privatdetektiv angeheuert, der die Männer aufspüren sollte,

»mit denen sie vor dem Unfall zu tun gehabt hatte und die NICHT mit ihr ins Bett gegangen waren«. Damit wollte er »zeigen, dass das Mädchen [damals] ruhig und nett« gewesen war.[54] Doch die Klägerin selbst hatte im Zeugenstand ausgesagt, dass sie während ihres Studiums an der Universität von Michigan in den sechziger Jahren »zwei Herzensaffären« gehabt und auch ein Tagebuch geführt habe, in dem sie bekannte, »geil« zu sein. Ein fasziniertes Gerichtssaalpublikum hörte die Frau zur Erklärung dieses Tagebucheintrags sagen: »Wenn man einem Mann sagt, dass man Zuneigung braucht, versteht er das nicht, aber wenn man ihm sagt, dass man geil ist, gibt er einem Zärtlichkeit.«[55]

In diesem Prozess standen sich zwei kontroverse Auffassungen über den Zusammenhang zwischen dem Sexualverhalten und emotionalen Bedürfnissen gegenüber. Die vier Psychiater, die zugunsten der Klägerin auftraten, wollten nachweisen, dass der Unfall die Klägerin zu einer Nymphomanin gemacht hatte. Sie behaupteten, diese Erfahrung des nahen Todes habe ihre seelische Sicherheit erschüttert und ein obsessives sexuelles Verlangen hervorgerufen. Der daraus folgende psychische Schaden habe sie in die Arme immer neuer Liebhaber getrieben. Der Psychiater Dr. Andrew Watson, der ebenfalls zu ihren Gunsten auftrat, zog eine wissenschaftliche Studie heran, derzufolge depressive Menschen sehr viel Zärtlichkeit brauchten, was wiederum zu übermäßigem Geschlechtsverkehr führe.[56]

Die Stadt San Francisco benannte den Psychiater Dr. Knox Finley als Zeugen, der bei Klägern gegen die Stadt Routineuntersuchungen durchführte und eine andere Theorie der Nymphomanie vortrug. Im Einklang mit anderen Experten der damaligen Zeit behauptete Dr. Finley, Nymphomanie sei ausschließlich eine Folge von Hirnschädigungen: »Ich bin der Auffassung, dass das übersteigerte Sexualverlangen keinesfalls auf den Cable-Car-Unfall zurückgeführt werden kann, weil es keinen Hinweis darauf gibt, dass das Gehirn geschädigt wurde.« Der Unfall könne höchstens eine »vorübergehende emotionale Verwirrung und eine – wenn man so will – gutartige Neurose verursacht haben.«[57]

Weiterhin argumentierte Finley, die junge Frau habe »diese emotionalen Probleme bis zu einem gewissen Grad schon immer gehabt«.[58] Die Verteidigung stellte den Fall unter zwei Aspekten dar: Die Klägerin sei keine Nymphomanin, weil keine Hirnverletzung vorliege; und selbst wenn sie eine Nymphomanin sei, habe nicht erst der Cable-Car-Unfall diesen Zustand herbeigeführt, weil sie schon immer neurotisch und sexuell hyperaktiv gewesen sei.[59]

Der Prozess ging nach zehn Tagen im Rampenlicht der Öffentlichkeit zu Ende. Das Geschworenengremium, bestehend aus acht Frauen und vier Männern, zog sich zur Beratung zurück – mit folgender Vorgabe des Richters: Sie sollten herausfinden, zu welcher Schädigung der Klägerin die Fahrlässigkeit der Stadt geführt hatte; es musste nicht unbedingt Nymphomanie sein. Die Entscheidung fiel mit neun zu drei Stimmen. Ohne die Art der Schädigung genauer zu spezifizieren, sprach man ihr eine Entschädigung von 50 000 Dollar zu. Dies war zwar nur ein Zehntel der geforderten Summe, aber im Jahr 1970 immer noch ein beträchtlicher Batzen.[60]

Beide Seiten fühlten sich als Sieger. Der Anwalt der jungen Frau meinte, die Geschworenen hätten anerkannt, dass eine seelische Beeinträchtigung entschädigungspflichtig sei. Der Stadt zufolge verwies die gegenüber der ursprünglich geforderten Entschädigung vergleichsweise niedrige Summe auf die Überzeugung der Geschworenen, dass der Unfall für ihre späteren Probleme nur eine geringe Rolle gespielt habe.

Nach den tagelangen kitzligen Schlagzeilen und der ausführlichen Darlegung sexueller Einzelheiten blieb im Bewusstsein der Öffentlichkeit das Bild der »drallen blonden Cable-Car-Nymphomanin« haften. Dieser Rechtsstreit, der vor den Augen einer breiten Öffentlichkeit übersteigertes sexuelles Verhalten verhandelt hatte, zeigte, wie groß die Unsicherheiten im Zusammenhang mit Nymphomanie waren. Auch wenn psychiatrische Theorien den Eindruck vermittelten, Nymphomanie sei ein erklärbares Phänomen, so hatte doch dieser Rechtsstreit mehr versprochen, als er halten konnte. Die Definition der Nymphomanie blieb auch weiterhin mehrdeutig. Nach einem kurzen Augenblick des Ruhms verschwand die Frau, die im Mittelpunkt der Aufmerksamkeit gestanden hatte, aus den Schlagzeilen.

Die Reform des Sexualstrafrechts und die »Verteidigung auf der Grundlage der Nymphomanie«

STRATEGIEN VOR GERICHT und Artikel in juristischen Fachzeitschriften prägten die Definition von Nymphomanie in der Zeit nach dem Zweiten Weltkrieg. Sensationsprozesse wie der Cable-Car-Fall in San Francisco untermauerten Vorstellungen von weiblichen Sexualexzessen, wie sie in Illustrierten dargestellt wurden. Vergewaltigungsprozesse stellten einen Aspekt der Nymphomanie in den Vordergrund: den vermeintlichen Zusammenhang zwischen der Sexualität einer Frau und ihrer Fähigkeit, die Wahrheit zu sagen.

Mit Beginn der sechziger Jahre stellten tief greifende soziale Veränderungen diese Klischees in Frage. Faire und gleiche Behandlung vor dem Gesetz wurde zum Schlachtruf einer erstarkten Frauenbewegung. Insbesondere die Doppelmoral in Fragen der Sexualität, die in Vergewaltigungsprozessen so eklatant deutlich wurden, geriet unter Beschuss.

Anfang der siebziger Jahre taten sich Feministinnen und Konservative mit dem Ruf »Kampf dem Verbrechen« zu einer Reform des Sexualstrafrechts zusammen. Die Feministinnen kritisierten die Vorurteile gegen Frauen, die in den Gesetzen zum Ausdruck kamen. Die Konservativen forderten die Verhaftung und Verurteilung von Vergewaltigern, deren Quote das FBI als die niedrigste Rate aller Gewaltverbrechen angab. In einer erbitterten Kampagne zur Gesetzgebung der Einzelstaaten – in juristischen Fachzeitschriften und in den Massenmedien – wandte sich dieses Bündnis gegen das Sexualstrafrecht, das vor zweihundert Jahren in Kraft getreten und seitdem nicht revidiert worden war.[61]

Schließlich verabschiedeten Anfang der achtziger Jahre fünfundvierzig Einzelstaaten der USA ein neues Sexualstrafrecht. Vergewaltigung wurde jetzt nicht mehr als Sexualdelikt, sondern als Gewaltverbrechen definiert, die Forderung nach Erhärtung des Vorwurfs wurde fallen gelassen und Schutzgesetze gegen Vergewaltigung wurden verabschiedet, die das als Zeugin auftretende Opfer vor der demütigenden Offenlegung seines früheren Sexuallebens schützen sollten. Im Jahr 1986 ratifizierte auch der Kongress ähnlich lautende Reformgesetze. Die sexuelle Vergangenheit der Frau wurde damit als für den Prozess irrelevant und als Beweismittel unzulässig erklärt.[62]

Doch die Reformer überschätzten die Bedeutung dieser Erfolge. Jüngste Untersuchungen zur Reform des Sexualstrafrechts ergaben, dass manche Aspekte des Gesetzes, vor allem im Hinblick auf die Behandlung des Opfers, zwar durchaus Verbesserungen enthalten, die Ergebnisse aber alles andere als befriedigend sind. Die Reform führt nicht automatisch zur Abschaffung der kulturellen Stereotypen in der Strafgesetzgebung. Richter, Anwälte und Polizeibeamte haben nach wie vor einen enormen Ermessensspielraum bei der Behandlung von Frauen, die einen Mann wegen Vergewaltigung anzeigen.[63]

Der Schutz von Vergewaltigungsopfern vor Fragen zu ihrem Geschlechtsleben ist nach wie vor lückenhaft.[64] Man betrachte beispielsweise das Schlupfloch, das ich »Verteidigung auf der Grundlage von Nymphomanie« nennen möchte. Die Rechtsprofessoren Charles Alan Wright und Kenneth Graham, Verfasser eines einflussreichen, mehrbändigen Werks über die bundesstaatlichen Beweisrechtsregelungen, skizzierten das folgende Szenario. Angenommen, ein Psychiater, der als Sachverständiger in einem Prozess auftritt, möchte die Ansicht vortragen, dass die Klägerin der Vergewaltigung zugestimmt hat. »Seine Bewertung ihrer jetzigen Zustimmung gründet sich auf ihr vergangenes Sexualleben; zum Beispiel das psychiatrische Gutachten, das beweisen soll, dass das Opfer eine ›Nymphomanin‹ ist.« Ob dieses Beweismittel zugelassen wird, hängt von der Interpretation der Beweisaufnahmeregelungen des jeweiligen Einzelstaates durch den Richter ab. Wenn es aber zugelassen würde, müsste der Staatsanwalt genau das tun, was das neue Sexualstrafrecht eigentlich verhindern sollte: Um die Behauptung des Sachverständigen zu widerlegen, müsste er das bisherige Sexualleben des Opfers offen legen.[65]

Wright und Graham zufolge würde »eine solche Interpretation« darüber hinaus »Tür und Tor dafür öffnen, die sexuelle Vergangenheit des Opfers unter dem Aspekt der Glaubwürdigkeit zu beurteilen, da man ›Nymphomanie‹ gewöhnlich nicht nur mit promiskuitivem Verhalten, sondern auch mit Verdrehung der Fakten gleichsetzt«.[66] Erneut würde das Ziel der Reform des Sexualstrafrechts (das sexuelle Verhalten der Frau von der Frage ihrer Glaubwürdigkeit als Zeugin abzukoppeln) zunichte gemacht. Abgesehen von der mangelnden wissenschaftlichen Strenge bei der Diagnose von Nymphomanie würde auch das Sexualleben der Klägerin im Zeugenstand untersucht werden.

Während die Gerichte über die Zulässigkeit solcher Beweismittel in unterschiedlicher Weise befanden, forderten Bürgerrechtler, dass gemäß den Rechten des Angeklagten im Sechsten Amendment, einem Zusatzartikel zur Verfassung, alle relevanten Beweismittel zugelassen werden müssen.[67]

In einem Prozess des Staates Missouri gegen Jones aus dem Jahr 1986 zeigte sich, welche Sprengkraft in diesem Ansatz liegt. Richter J. Blackmar, später Vorsitzender Richter am Obersten Gerichtshof von Missouri, stellte in einer abweichenden Ansicht die hypothetische Frage: »Angenommen, ein Angeklagter behauptet, die Klägerin sei eine Nymphomanin, habe sich ihm an den Hals geworfen und ihn angezeigt, weil es später zum Zerwürfnis kam oder weil er ihren Avancen nicht nachgegeben hatte. Sollte er nicht seine Behauptung durch den Nachweis erhärten dürfen, dass sie Männern regelmäßig Avancen mache?«[68] Blackmar meinte, ein der Vergewaltigung Angeklagter habe ein verfassungsmäßiges Recht darauf, derartige Beweismittel geltend zu machen.

Richter Blackmar gab keine Definition von Nymphomanie, und er sagte auch nicht, wie der Nachweis zu führen sei, dass die Klägerin eine Nymphomanin ist. Das taten auch die Rechtsgelehrten nicht, die seine Ansicht teilten.[69] Blackmars Stellungnahme über eine Klägerin, die »Männern regelmäßig Avancen« macht, ist hoffnungslos unpräzis. Wie regelmäßig? Wie vielen Männern? Schließlich machte der Richter auch keinen Versuch, den Zusammenhang zwischen diesen »Avancen« und der Glaubwürdigkeit der Klägerin beziehungsweise ihrer Zustimmung zu einem *ganz bestimmten* Geschlechtsakt zu untermauern.[70] Bezeichnenderweise berief er sich auf die *Genesis* und die biblische Geschichte von Potiphars Weib. In Richter Blackmars Rechtsansicht lebte das Jahrhunderte alte Bild der lügnerischen, verführerischen Frau und des zu Unrecht beschuldigten Mannes weiter.[71]

Ein bizarres Beispiel für die Hartnäckigkeit dieses Stereotyps ist der Fall Chew gegen Texas aus dem Jahr 1991.[72] Bei diesem Prozess ging es um die Anklage, Felipe Chew und andere hätten eine einundzwanzigjährige Frau spät nachts in ein Auto gezerrt, als sie auf dem Heimweg von einer Familienfeier gewesen sei. Die junge Frau sei zu einer Ranch gebracht worden, wo sie, wie sie später aussagte, von mindestens fünfzehn Männern vergewaltigt worden sei.

Chews Verteidigung erklärte, die Frau sei eine Nymphomanin und habe dem Geschlechtsverkehr zugestimmt. Um diese Behauptung vor Gericht zu stützen, fragte der Anwalt der Verteidigung die Klägerin, ob sie in jener Nacht »ein unbeherrschbares« Verlangen gespürt habe.[73] Als sie verneinte, berief er Dr. Lawrence Taylor, einen »qualifizierten Psychiater mit Erfahrung bei sexuellen Störungen«, der herausfinden sollte, ob die Vergewaltigungsklägerin einen »unstillbaren« sexuellen Drang hatte. In typischer Gerichtssaalmanier konfrontierte der Anwalt der Verteidigung Taylor mit einer hypothetischen Frage, die auf den Ereignissen der in Frage stehenden Nacht beruhten. Er fragte, ob eine Person, die Sex mit mehreren Partnern zustimmt, in enger Nähe zu anderen Personen die typischen Merkmale der Nymphomanie zeige. Dr. Taylor bestätigte dies und beschrieb sodann die Krankheit Nymphomanie als einen Zustand, der »gelegentlich bei Frauen auftritt. Es ist ein unkontrollierbares sexuelles Verlangen, das sich in einer dramatischen Häufigkeit von Sexualkontakten mit einem Partner *ebenso wie mit Gruppen* äußert« (Hervorhebung nicht im Original).[74] Es überrascht nicht, dass diese verblüffende Konstruktion der Beweisaufnahme der Verteidigung zustatten kam.

Dem Sachverständigen wurden in Abwesenheit der Geschworenen noch weitere hypothetische Fragen gestellt. Der Richter hatte bereits das Ansinnen der Verteidigung abgelehnt, Männer als Zeugen zuzulassen, die mehrfache sexuelle Kontakte mit der Klägerin *nach* der Vergewaltigung bezeugten. Im Richterzimmer jedoch bat die Verteidigung Taylor um eine Erläuterung, worauf diese Art des »sexuellen Fehlverhaltens« denn hindeuten könne. Der Psychiater erwiderte, die Fakten »stehen mit der Diagnose Nymphomanie in Einklang«. »Wenn Frauen diese Krankheit haben oder von ihr bedroht sind, haben sie die Neigung, sie ›zu vertuschen‹«. Und abschließend sagte er: »Eine Frau mit dieser Krankheit könnte zwar auch vergewaltigt werden, aber das ist nicht sehr wahrscheinlich.« Aufgrund der Schutzgesetze gegen Vergewaltigung bekamen die Geschworenen diese Aussage zwar nicht zu hören, aber nachdem Chew verurteilt worden war, bildete sie die Basis seiner Berufung.[75]

Chew legte mit der Begründung Berufung ein, dass das texanische Strafrecht einen Zeugen nicht zuließ, der dem Opfer spätere Geschlechtskontakte zum Vorwurf machte (ein Verhalten, das zu einer an

Nymphomanie leidenden Person passe). Damit aber werde aber sein im Sechsten Amendment verankertes Recht verletzt, seine Klägerin ins Kreuzverhör zu nehmen. In einer gequälten Juristensprache gab ihm das Berufungsgericht von Texas Recht: »Die mutmaßliche Krankheit der Klägerin, die der Berufungskläger mit der nicht zugelassenen Zeugenaussage nachweisen wollte, führte mit Sicherheit dazu, dass eine in dieser Weise Kranke nicht nur sexuellen Kontakten mit Gruppen zustimmte, sondern sie sogar herbeiführte.« Darüber hinaus erhielt Chew das Recht zugesprochen, die Klägerin ins Kreuzverhör zu nehmen, um nachzuweisen, dass sie ein Motiv für ihren falschen Vergewaltigungsvorwurf hatte, das heißt, dass sie »ihr sexuelles Leiden vor der Öffentlichkeit wie auch vor ihrem eifersüchtigen Ehemann hatte verheimlichen wollen«.[76] Hätten, so der Anwalt in seiner Berufung, die Geschworenen dieses Beweismittel gekannt, so hätten sie Chew Glauben geschenkt, der behauptet hatte, dass die Klägerin dem sexuellen Akt zugestimmt habe, für den er wegen Vergewaltigung verurteilt worden war. Das texanische Berufungsgericht zitierte den Obersten Gerichtshof, der »im Sechsten Amendment das Recht auf ein Kreuzverhör der Klägerin« garantierte, »zu dem auch die Darlegung der Motive einer Zeugin gehörten«. Das Urteil wurde aufgehoben, und Chew erhielt ein neues Verfahren.[77]

In einer von der Mehrheitsmeinung abweichenden Stellungnahme bezeichnete einer der Berufungsrichter das Verbrechen als »Gruppenvergewaltigung«. Das Beweismittel der Nymphomanie, das die Verteidigung präsentieren wolle, beziehe sich auf Sexualverhalten *nach* der Vergewaltigung und könne daher nichts über den Charakter der Klägerin und ihre Aufrichtigkeit zur Zeit des Verbrechens aussagen. Wenn aber »der Berufungskläger Belege für den Leumund der Klägerin, Nymphomanin zu sein, im März 1988 vorgelegt hätte [also zu der Zeit, als die sexuelle Aggression stattfand], läge die Sache anderes« (Hervorhebung im Original).[78] Auf diese Weise stimmten alle – die Verteidigung, der Staat, die Mehrheit, ja sogar der eine abweichende Meinung vertretende Berufungsrichter darin überein, dass Nymphomanie existiere und dass es eine klar definierbare Krankheit mit Symptomen und bestimmten Eigenschaften sei, die als Beweismittel bei einem Prozess ernsthaft diskutiert werden könne. Sechzehn Jahre nach Verabschiedung der texanischen Schutzgesetze bei Vergewaltigung macht der Fall

Chew v. Texas deutlich, dass zumindest in Texas die Glaubwürdigkeit eines Vergewaltigungsopfers nach wie vor angezweifelt werden konnte, wenn man das Sexualverhalten der Klägerin unter dem Deckmantel der Diagnose »Nymphomanie« heranzog.[79]

Das Bild der hypersexuellen, wild fantasierenden Frau lebt weiter

ES GIBT KEINE STATISTIK darüber, wie oft in Strafprozessen – wie im Fall Chew gegen Texas – Nymphomanie von der Verteidigung als Beweismittel herangezogen wird. Es gibt bislang noch keine systematische und ausführliche Publikation über die Verfahrensweise an niederen Gerichten. Da nur Berufungsgerichte und höhere Gerichte regelmäßig ihre Urteile veröffentlichen, wissen wir nicht, bei wie vielen Verfahren Nymphomanie oder eine vergleichbare Diagnose zur Umgehung der Schutzgesetze bei Vergewaltigung herangezogen werden.[80] Fälle, bei denen die Verteidigung auf angeblicher Nymphomanie der Klägerin aufgebaut ist und die mit Freispruch enden, gelangen nie vor ein Berufungsgericht, weil die Staatsanwaltschaft gegen den Freispruch durch ein Geschworenengericht keine Berufung einlegen kann.[81] Ebenso wenig wissen wir, wie viele Fälle nie zur Verhandlung kommen, weil der zuständige Staatsanwalt oder die Vergewaltigungsklägerin glaubt, bei einer solchen Strategie der Verteidigung sei der Prozess nicht zu gewinnen.

Aber letztlich geht es nicht um Zahlen. Aufschlussreich ist vielmehr, dass dieses antiquierte Bild der hypersexuellen, fantasierenden Frau immer noch herumgeistert.[82] Zwanzig Jahre nach der Reform des Sexualstrafrechts und nach einem einschneidenden Wandel der Einstellung zur Sexualität und des sexuellen Verhaltens spielt der Begriff »Nymphomanie« bei der Strafverfolgung weiterhin eine Rolle.

Wie lässt sich dies erklären? Zum Teil ist das konservative Rechtssystem selbst ein Grund für die Hartnäckigkeit des Nymphomaniekonzepts. Präzedenzfälle und Revisionen haben auf aktuelle Gerichtsentscheidungen nach wie vor großen Einfluss. Zwar kommt der langsame Wandel im Rechtssystem der Gesellschaft insgesamt zugute, aber gerade diese Langsamkeit ist verantwortlich dafür, dass sich veraltete Vorstellungen wie Nymphomanie so hartnäckig halten.

In unserem kontradiktorischen Rechtssystem schöpfen Anwälte zudem alle Möglichkeiten aus, um den Fall zu gewinnen. Wie andere weit hergeholte Argumente ist auch die »Verteidigung auf der Grundlage von Nymphomanie« in einer Vielzahl von Fällen eine willkommene Strategie. Freilich führen diese Strategien nicht immer zum Erfolg, aber auch gelegentliche Triumphe ermutigen Strafverteidiger, ähnliche Strategien auch in Zukunft zu verfolgen.

Wie wir im folgenden Kapitel sehen werden, haben sich die medizinischen und psychologischen Definitionen, dank derer die Nymphomanie in Strafprozessen Eingang fand, in den letzten fünfundzwanzig Jahren des 20. Jahrhunderts grundlegend gewandelt. Nymphomanie ist aus dem Handbuch der Krankheiten der American Psychiatric Association verschwunden. Dennoch ist die beinahe magische Kraft der Stereotypen weiblicher Sexualität in der Kultur – und folglich auch im Rechtssystem – nach wie vor präsent und fasziniert Geschworene, Polizeibeamte, Richter, Gesetzgeber und Anwälte.

Die sexuelle Revolution

Die neuen Sexexperten

IN DEN SECHZIGER JAHREN brachte die Wissenschaft Überraschendes ans Licht: Frauen haben eine schier unbegrenzte Fähigkeit zum sexuellen Genuss. Nach zehnjähriger Forschung erklärten William Master und Virginia Johnson in ihrem Bestseller *Die sexuelle Reaktion*, Frauen seien für sexuelle Reize wesentlich ansprechbarer als bisher angenommen. Besonders wenn die Klitoris gereizt werde, könnten viele Frauen innerhalb von Minuten regelmäßig fünf bis sechs Orgasmen haben. Ausgehend von den Erfahrungen Freiwilliger, deren Orgasmen Masters und Johnson gemessen und aufgezeichnet hatten, stellten die Autoren fest: »Wenn weibliche Versuchspersonen im Laboratorium nach multiorgasmischen Erlebnissen befragt werden, beschreiben sie meist den zweiten oder dritten Orgasmus als mehr befriedigend oder mit mehr Lustgefühl verbunden als den ersten Orgasmus.«[1]

Dieses Modell, mit dem »nymphomanisches«, grenzenloses weibliches Verlangen für normal erklärt wurde, signalisierte eine dramatische Wende und den Abschied von dem Mythos, jede Frau brauche wie Dornröschen den Märchenprinzen, der ihre Sexualität erweckt. Durch die Erkenntnisse von Masters und Johnson wurde die gängige Ansicht der Medizin in Frage gestellt, Frauen mit vielen Orgasmen seien »abnorm«. Wie die Autoren festhalten, »ist die Frau *von Natur aus* zu vielen Orgasmen fähig«. Auch Kinsey hatte festgestellt, dass 14 Prozent der von ihm befragten Frauen multiplen Orgasmus hatten, damit aber wenig Aufsehen erregt. Jetzt, in den orgasmuszentrierten sechziger Jahren, wie Masters und Johnson sagten, rückte die Fähigkeit der

Frau zum multiplen Orgasmus in den Mittelpunkt der Aufmerksamkeit, und damit wurden die althergebrachten Stereotypen von der sexbessenen Frau über den Haufen geworfen. Wenn schon jede normale Frau viele Orgasmen haben konnte, was sollte dann noch als sexuelle Ausschweifung gelten?[2]

In einem *Playboy*-Interview erklärten Masters und Johnson zur Frage der Nymphomanie: »Viele falsche Vorstellungen über Nymphomanie rühren daher, dass man nicht begreift, dass Frauen mehrfach Orgasmen erleben können.« Ein unaufgeklärter Mann, der mit einer Frau zu tun hatte, die mehr als einen Orgasmus wollte, mochte seine Panik kaschieren, indem er seine fordernde Partnerin als »Nymphomanin« bezeichnete. Wieder hatte ein neuer Blickwinkel – diesmal die Erkenntnis, dass Frauen zu mehreren Orgasmen fähig sind – die Einstellung zur Nymphomanie verändert.[3]

Die Psychiaterin Mary Jane Sherfey kam zu der Überzeugung, die Untersuchungen von Masters und Johnson bewiesen, dass so genannte sexbesessene Frauen sich völlig natürlich verhielten. In *The Nature and Evolution of Female Sexuality*, zunächst in einer Fachzeitschrift erschienen und dann vielfach nachgedruckt, verglich Sherfey den Sexualtrieb von Frauen mit dem von paarungswilligen Primaten. Unter Verweis auf die Freiwilligen, die im Labor von Masters und Johnson mehr als fünfzig Orgasmen innerhalb einer Stunde erlebt hatten, behauptete Sherfey, alle Frauen hätten die Fähigkeit zum Endlosorgasmus. Am Beginn der modernen Zivilisation sei es erforderlich gewesen, die maßlosen sexuellen Begierden der Frauen »rücksichtslos zu unterdrücken«. Sesshafte, grundbesitzende Gesellschaften, bei denen die Vaterschaft nachprüfbar sein musste, verlangten eine nachhaltige Unterdrückung der weiblichen Sexualität.[4]

Die Forschungen von Masters und Johnson hatten jedoch erwiesen, dass das Verlangen nach gesteigerter sexueller Befriedigung keineswegs das Anzeichen einer Krankheit oder Störung darstellte, wie Psychiater, Ärzte und Moralisten behauptet hatten. Vielmehr, so Sherfey, hätten Masters und Johnson gezeigt, dass solche sexuelle Leistungsfähigkeit »ein universeller und physisch normaler Zustand« sei und auf der »Unfähigkeit von Frauen beruht, vollständige sexuelle Befriedigung zu finden«. Auch wenn eine Frau nach drei bis fünf Orgasmen befriedigt sei, hätte sie theoretisch unzählige weitere Höhepunkte haben können, bis die Erschöpfung der körperlichen Lust ein Ende setzte.[5]

Neben diesen verblüffenden Feststellungen über die sexuellen Möglichkeiten der Frau präsentierten Masters und Johnson außerdem Ergebnisse, die hartnäckige Vorstellungen des 19. Jahrhunderts in Frage stellten – zum Beispiel Frauen seien sexuell weniger begierig, weniger empfänglich und weniger orgasmusfähig als Männer. Mit diesen altmodischen Unterstellungen aufzuräumen war von vornherein das Anliegen von Masters und Johnson gewesen. Wie viele Sexualwissenschaftler des 20. Jahrhunderts glaubten auch sie, die traditionelle Vorstellung, Frauen hätten geringeres Interesse an Sex, sei für viele unglückliche Ehen verantwortlich. Um diesem Vorurteil zu begegnen, legten die Forscher den Schwerpunkt auf die sexuelle Befriedigung der Frauen und überließen sogar eine Führungsposition im Team einer Frau, was noch nie da gewesen war. Folglich zeigten ihre Ergebnisse die gewünschte befreiende Wirkung auf die Frau als sexuelles Wesen.

Ein Dreh- und Angelpunkt ihrer Forschungen war die These, alle Menschen erlebten einen Reaktionszyklus, der praktisch identisch ablief. Damit war gemeint, dass Frauen und Männer auf sexuelle Reize identisch reagieren, und zwar in vier Stufen: Erregungsphase, Plateauphase, Orgasmusphase und Rückbildungsphase. Beruhend auf Messungen von über zehntausend Orgasmen bei Männern und Frauen, stellte dieser Vier-Phasen-Zyklus viele althergebrachte Einsichten über Sexualität in Frage.[6] In bester wissenschaftlicher Tradition präsentierten sie diese Ergebnisse als objektive, wertfreie Messung der Reaktionen, die bei sexueller Stimulation in jedem menschlichen Körper angesichts sexueller Reize ablaufen. Spätere Forschungen brachten jedoch ans Licht, dass die Beobachtung von Ähnlichkeiten im sexuellen Reaktionszyklus stärker durch die Ideologie als durch die Wirklichkeit geprägt waren, denn das methodische Vorgehen von Masters und Johnson warf einige Fragen auf. So hatten sie nur auf weibliche Freiwillige zurückgegriffen, die erklärten, sie seien leicht zum Orgasmus zu bringen. Die Versuchspersonen bestätigten also von vornherein die Hypothese, die Masters und Johnson überprüfen wollten. Auch handelte es sich nicht gerade um eine repräsentative Auswahl, denn die bezahlten Freiwilligen stammten fast ausschließlich aus der weißen Mittelschicht. Verallgemeinernde Aussagen über weibliche Sexualität waren angesichts dieser einseitigen Auswahl fragwürdig.

Die Annahme der Sexualforscher, Frauen kämen unter gleichen Voraussetzungen ebenso leicht zum Orgasmus wie Männer, war ebenso anfechtbar. Denn selbstverständlich sind niemals die gleichen Voraussetzungen gegeben. Parallelen beim Herzschlag, bei den Muskelkontraktionen und den Sekreten bei Männern und Frauen sind zwar im Niemandsland des Labors durchaus feststellbar, im gewöhnlichen Schlafzimmer aber prägen kulturelle Erwartungen und Machtverhältnisse die sexuelle Beziehung. Und die physiologischen Experimente, die Masters und Johnson und ihr Team an Paaren beim Geschlechtsverkehr durchführten – das Kernstück ihrer Forschungen –, ließen völlig unberücksichtigt, welchen Einfluss Liebe, Zuneigung, Feindseligkeit, Langeweile, Angst und andere Faktoren auf sexuelle Reaktionen haben.

Wie viele Sexualwissenschaftler glaubten auch Masters und Johnson, durch Nichtbeachtung von psychischen Faktoren und die Herauslösung der genitalen Erfahrungen aus dem sozialen Kontext könne das »Wesen« der Sexualität aufgedeckt werden. Die Annahme eines Ortes jenseits von Raum, Zeit und unzähligen, die Sexualität prägenden Bedingungen setzt voraus, dass das wahre Wesen der Sexualität ans Licht käme, wenn alle sexuelle Unterdrückung wegfiele. Die Gleichung Sex = Biologie hatte durchaus revolutionäre Aspekte – vor allem für Frauen, deren sexuelle Ausdrucksmöglichkeiten tatsächlich von den verstaubten Vorstellungen des 19. Jahrhunderts »befreit« werden mussten. Das sexuelle Verlangen ist jedoch keine schlichte biologische Kraft, die es zu befreien gilt. Alter, Erziehung, wirtschaftliche Faktoren, Ideologie, Religion, der historische Kontext, die Verfügbarkeit eines Partners haben – neben dem eigenen Körper – Einfluss auf die Sexualität.

Die Metapher vom Körper als Maschine enthielt ebenfalls so viele problematische Elemente (zum Beispiel Sex als Handlungsabfolge, bei der man nur die richtigen Knöpfe drücken und die richtigen Stellen reiben muss), dass sie von Kritikern, darunter vielen Feministinnen, bald in Frage gestellt wurde. Aber das greift der Geschichte voraus. Ungeachtet ihrer Mängel – und ihrer wichtigen Erkenntnisse – war vor allem der Zeitpunkt maßgeblich für den weitreichenden Einfluss, den die Forschungen von Masters und Johnson gewannen.

Der Feminismus und die sexuelle Revolution

DIE WELT HATTE AUF EIN BUCH wie *Die sexuelle Reaktion* sehnsüchtig gewartet. Schon einige Jahre zuvor war im *Time Magazine* eine Titelgeschichte zum Thema »Die zweite sexuelle Revolution« erschienen. In dem Artikel wurde die besorgte Frage gestellt, ob etwa ganz Amerika zu einer riesigen Orgon-Maschine geworden sei – eine Anspielung auf Wilhelm Reichs halb vergessene Theorie der Aktivierung der sexuellen Energie des Menschen. Jetzt, so klagte das *Time Magazine*, müsse man nicht mehr in der Maschine sitzen, um in den Genuss von sexueller Stimulation zu kommen, denn jetzt sei das ganze Land zu einer gewaltigen Sexmaschine geworden. »Von unzähligen Bildschirmen und Bühnen, Plakaten und Druckseiten springen uns überlebensgroße Bilder des Sex entgegen.« Die »große Maschine« pries Bücher an, die einst als pornografisch gegolten hatten, schwelgte in den erotischen Texten der Popmusik und warb für die »Botschaft, dass Sex die Rettung ist und die Libido uns befreit«.[7]

Jahrzehnte früher waren Rebellinnen wie Emma Goldman und Margaret Sanger für das Recht der Frauen eingetreten, mehrere Sexualpartner zu haben, sexuell zu experimentieren und die Bedingungen für ihre sexuellen Beziehungen selbst zu bestimmen. Jetzt wurden diese Ideen zum Allgemeingut. Neben den Bürgerrechtlern, den Schwulen und den Anti-Vietnam-Demonstranten meldeten sich in den sechziger und siebziger Jahren immer mehr Frauen zu Wort, die ihr *Recht* auf sexuelle Befriedigung einforderten. Zum ersten Mal versuchte eine Massenbewegung – und nicht nur eine Avantgarde – Gleichberechtigung in sexuellen Beziehungen durchzusetzen.[8]

Wirtschaftliche, demografische und soziale Kräfte – und nicht zuletzt die wachsende Zahl junger Frauen, die in größeren und kleineren Städten allein lebten – trugen zu diesem Wandel bei. Sekretärinnen und Redaktionsassistentinnen, Studentinnen und Jungmanagerinnen, Stewardessen und junge Schauspielerinnen suchten für ein paar Jahre das Abenteuer, bevor sie in den Hafen der Ehe einliefen, so dass eine viel diskutierte, sexuell aktive Singleszene entstand. Dass es nun zuverlässigere Verhütungsmittel gab, wirkte ebenso ermutigend auf die jungen Frauen (und Männer) wie eine neue optimistische Psychologie. Einige Unentwegte griffen auf die Theorien von Abraham Maslow und Rollo

May, die Begründer der humanistischen Psychologie, zurück und interpretierten deren Forderung nach Selbstverwirklichung und persönlichem Wachstum als Rechtfertigung, »zu tun, was einem passt«.[9]

Unter den zahllosen Büchern, mit denen in den sechziger und siebziger Jahren Frauen auf die sexuelle Revolution reagierten, sind einige von besonderer Bedeutung. Die Frustration der Hausfrauen, die Betty Friedan für ihr Buch *Der Weiblichkeitswahn* (1963) interviewte, stand neben den sexuellen Abenteuern des »Glamourgirls unserer Zeit«, das Helen Gurley Brown 1962 in ihrem Bestseller *Sex und ledige Mädchen* schilderte. Beide Autorinnen schockierten die Leser: Friedan, weil sie die entsetzliche Unzufriedenheit von Frauen aus der weißen Mittelschicht offen legte, die doch angeblich den amerikanischen Traum in der Vorstadt verwirklichten. Brown, weil sie kühn verkündete: »Hübsche ledige Mädchen haben nun einmal Affären. Aber im allgemeinen sterben sie nicht daran.«[10]

Andere wichtige Bücher, wie der 1972 erschienene Ratgeber *The Joy of Sex* traten an die Stelle altmodischer Ehehandbücher, in denen Männer ihre Frauen an den Sexualakt heranführten. Nicht nur für junge Leute bot Alex Comforts »Kochbuch« Rezepte für den Geschlechtsverkehr, aus denen Frauen und Männer sich ein vergnügliches Menü zusammenstellen konnten. Ein feministischer Gesundheitsratgeber aus Boston, *Our Bodies, Ourselves* (1971) legte den Schwerpunkt auf die sexuelle Autonomie, pries alle Aspekte der sexuellen Identität von Frauen und regte die Leserinnen an, ihre Sexualität selbst in die Hand zu nehmen. Nancy Friday steuerte eine Sammlung sexueller Fantasien von Frauen bei, *Die sexuellen Fantasien der Frauen* (1973), in denen Frauen Sex nach eigenen Vorstellungen genossen. Dass Frauen sich ausmalten, Männer in Eisenbahnabteilen zu verführen, nackt auf dem Tisch zu tanzen, ganz zu schweigen davon, gefesselt von Fremden geschändet zu werden, warf alte Vorstellungen von der »anständigen« Frau mit ihrer passiven, unterwürfigen Sexualität über den Haufen. Selbst Bücher, die mit der erklärten Absicht verfasst wurden, die traditionellen Geschlechterrollen in der Ehe zu festigen, wie Marabel Morgans *The Total Woman* (1973), enthielten ausführliche Anleitungen zu sexuellen Techniken.[11]

Die wiederauflebende Frauenbewegung, die sich ausgehend von der Ost- und Westküste aus in Städten überall in den Vereinigten Staaten

ausbreitete, bekräftigte die Forderung nach dem sexuellen Selbstbe-
stimmungsrecht der Frau. In Hunderten von Gruppen trafen sich
Frauen jeden Alters – Verheiratete und Alleinstehende, Geschiedene
und Verwitwete, Lesbierinnen und Heterosexuelle –, um ihre sexuellen Erfahrungen, Fantasien und Wünsche zu diskutieren, zu analysieren und zu vergleichen. Manchmal derb, manchmal schmerzhaft,
ermöglichten diese Gespräche den Frauen, ihrer eigenen Erfahrung zu
trauen. Die Teilnehmerinnen beschrieben Orgasmuserlebnisse, erzählten von ihren ersten sexuellen Erfahrungen, taxierten ihre Liebhaber,
berichteten ausführlich von ihren sexuellen Fantasien und betrachteten – manche zum ersten Mal – ihre eigene Klitoris oder die Vagina
einer anderen Frau. Von nun an blieb es nicht mehr den Experten über-
lassen, Sexualität zu definieren oder den Frauen zu sagen, was und wie
sie empfinden sollten. Frauen definierten gemeinsam ihre eigene
Sexualität. Frauen, die nie Frauengruppen besucht hatten und sich
auch nicht als Feministinnen verstanden, kamen durch die groß ange-
legte, wenn auch nicht immer positive Berichterstattung der Medien
mit den neuen Ideen in Kontakt.

Der zentrale Punkt dieser Neudefinition war der viel diskutierte
Angriff auf die sexuelle Doppelmoral. Angefangen mit radikalen
Gruppen wie den Redstockings bis hin zu liberalen Organisationen
wie der National Organization for Women forderte die Frauenbewegung einen Wandel der traditionellen Geschlechterrollen. Eine Parole
der Frauenbewegung – »Das Persönliche ist politisch« – brachte die
Kritik auf den Punkt. Die Dominanz der Männer über die Frauen
betraf alle Lebensbereiche, von der Berufswelt bis zur Politik, hatte
sich aber auch heimtückisch in die persönlichste und intimste Beziehung zwischen Mann und Frau gedrängt, den Geschlechtsakt. Die
Frauenbewegung politisierte den Sex und machte darauf aufmerksam,
dass die Dinge, die sich im Schlafzimmer abspielen, nicht wirklich pri-
vat seien. Vielmehr spiegele die Beziehung im Schlafzimmer die untergeordnete Position und die ökonomische Abhängigkeit der Frau in der
Gesellschaft. Um dies zu ändern, war mehr vonnöten als Eheberatung
und Workshops zum Erlernen sexueller Techniken. Individuelle Hilfs-
maßnahmen allein reichten nicht aus. Die Frauenbewegung forderte
einen radikalen Wandel der polarisierten Welt, in der Männer den Ton
angaben und Frauen sich unterwarfen. Lesbierinnen führten die Logik

dieser Argumentation noch weiter: Wer sexuelle Beziehungen mit Männern eingeht, schläft mit dem Feind.

Die Ergebnisse von Masters und Johnson heizten die Debatte an. In ihrem Labor hatten sie auf ein außergewöhnliches Instrument zurückgegriffen: einen regulierbaren Plastikpenis, der von den freiwilligen Versuchspersonen gesteuert wurde, die gleichzeitig die physiologischen Veränderungen in ihrer Vagina maßen und auf Film aufzeichneten.[12] Zum ersten Mal konnten Forscher ins Innere der weiblichen Genitalien »blicken« und das Rätsel dieser Organe in Form von Messdaten innerer Ausscheidungen entschlüsseln. Die physiologischen Reaktionen, die Masters und Johnson verzeichneten, liefen interessanterweise stets ähnlich ab, ganz gleich auf welche Weise es zum Orgasmus kam. Ob die Frauen masturbierten, Geschlechtsverkehr hatten oder mit einem künstlichen Penis hantierten, das Ergebnis war stets dasselbe. Der Blick auf die Vorgänge im Inneren des Körpers führte zu der Erkenntnis, dass Masturbation und Geschlechtsverkehr dieselbe Wirkung zeigten. Damit war Freuds Behauptung widerlegt, es bestehe ein Unterschied zwischen einem »unreifen« klitoralen und einem »reifen« vaginalen Orgasmus. Ein halbes Jahrhundert, nachdem Freud diese Unterscheidung getroffen hatte, bewiesen Masters und Johnson, dass es physiologisch gesehen einen solchen Unterschied nicht gab.

Warum konnte der Mythos vom vaginalen Orgasmus, ungeachtet früherer Kritiker wie Kinsey, so lange fortbestehen? Die Feministin Anne Koedt vertrat den Standpunkt, der Mythos habe sich deshalb gehalten, weil er den Bedürfnissen der Männer entgegenkam. »Männer kommen im Wesentlichen durch die Reibung mit der Vagina und nicht mit der Klitoris, zum Orgasmus … Frauen wurden sexuell im Hinblick darauf definiert, was den Männern gefällt.«[13] Folglich erlebt in der »Standard«-Stellung gewöhnlich nur ein Partner den Orgasmus. Die Erkenntnis, dass Frauen ihre sexuelle Befriedigung durch die Klitoris finden – das einzige Organ im menschlichen Körper, das ausschließlich der Lust dient –, stellte den Koitus als den vorrangigen Geschlechtsakt in Frage.

Andere Feministinnen wie Alix Kates Shulman, die Verfasserin von *Memoirs of an Ex-Prom Queen*, prangerten an, dass Generationen von Frauen für »frigide« erklärt wurden, weil sie beim »normalen«

Geschlechtsverkehr nicht zum Orgasmus kamen. Jetzt lieferten Masters und Johnson die anatomische Erklärung für diese Tatsache. Shulman interpretierte die Forschungsergebnisse in diesem Sinne und riet den Frauen: »Denkt an die Klitoris.«[14]

Die Feministinnen entdeckten noch andere radikale Folgerungen der Erkenntnisse von Masters und Johnson. Die Sexualwissenschaftler, die für das Recht der Frauen auf sexuelle Befriedigung eintraten, setzten voraus, dass diese Freuden im Ehebett stattfinden sollten. Ihre Forschungen zeigten jedoch, dass bestimmte sexuelle Handlungen, wie etwa Masturbation, genauso gut, wenn nicht besser geeignet waren, um zum Orgasmus zu gelangen. Es sollte nicht lange dauern, bis die Kommentatoren, teils mit Freude, teils mit Entsetzen, feststellten, dass Männer überflüssig zu werden drohten, wenn Frauen ihre Bedürfnisse selbst befriedigten oder die gleichgeschlechtliche Liebe entdeckten. Koedt zufolge »könnte die lesbische Sexualität ... aufgrund anatomischer Tatsachen triftige Gründe für die Entbehrlichkeit des männlichen Organs liefern.«[15]

Gibt es Nymphomanie überhaupt?

DER FRONTALANGRIFF DER FRAUENBEWEGUNG auf die privilegierte Rolle der Männer und die hartnäckige Forderung nach den sexuellen Rechten der Frau erschütterte die gesamte Gesellschaft. Es überrascht nicht, dass die damit ausgelöste Diskussion und die Medienberichterstattung über die sich wandelnde Einstellung zur Sexualität der Frau nicht gerade zur Klärung des Begriffs »Nymphomanie« beitrug. Wenn »normale« und »gesunde« Frauen sexuelle Lust als ihr gutes Recht sahen, wo lag dann die Trennungslinie zwischen »zu viel« und dem »richtigen Maß« an Sex? Wieder einmal veränderten sich die Kriterien für Nymphomanie.

Vielleicht gab es Nymphomanie ja gar nicht. Anfang der siebziger Jahre beschäftigte sich Eugene E. Levitt, Psychologe an der Medizinischen Fakultät der Universität Indiana, mit dem Stand der Nymphomanie-Forschung. Er wies darauf hin, wie vieldeutig und relativ Begriffe wie »hypersexuell«, »unkontrollierbar« und »sexbesessen«

sind. Zwar greifen die meisten Definitionen von Nymphomanie auf solche Begriffe zurück, sie zu quantifizieren war jedoch nicht leicht. »Kein Sexologe, der sich auf seinem Gebiet auskennt«, erklärte Levitt, »ist so unklug, diese Begriffe mit Zahlen zu untermauern.«[16]

Levitts Analyse, die in *Sexual Behavior*, der Zeitschrift des Kinsey Institute, erschien, kritisierte die kulturellen Vorstellungen, die dieser Diagnose zugrunde liegen. Freilich, die Vorurteile der damaligen Sexologen waren nicht ganz so krass wie die ihrer Vorgänger – etwa des Arztes, der im Jahr 1937 in einer *Encyclopedia of Sexual Knowledge* schrieb, Nymphomaninnen seien Frauen, die »die Grenzen des schicklichen Benehmens überschreiten«. Da es jedoch keine empirischen Forschungen zur Nymphomanie gab, betonte Levitt, dass sämtliche Theorien und Definitionen bestenfalls auf klinischen Fallstudien beruhten. Die – einseitige – Auswahl beschränkte sich dabei auf Menschen, die ihr Sexualverhalten immerhin so beunruhigend fanden, dass sie ärztliche Hilfe suchten. Von den Erfahrungen dieser Patienten abzuleiten, dass Menschen, die wahllos sexuelle Beziehungen eingehen, psychisch gestört seien, war ein zu großer Schritt.[17]

So sehr sich die Ärzte auch bemühten, meinte Levitt, sei es ihnen doch kaum gelungen, die Diskussion über die Kriterien für Nymphomanie ohne Rückgriff auf Werturteile zu führen. Viele Ärzte und Psychologen behaupteten, Frauen, die »eine sexuelle Beziehung ohne tiefe emotionale Bindung« eingehen, seien geistesgestört. Levitt fragte, ob es für diese Unterstellung irgendwelche Beweise gebe. Nicht alle Frauen, so erklärte er, wollen oder brauchen eine große Leidenschaft, um ein befriedigendes Sexualleben zu führen. Und warum sollte eine Frau, die sich wahllos immer wieder unpassende Liebhaber nimmt, als krank bezeichnet werden? Etwas zugespitzt erklärte Levitt: »Eine Frau, die mit ›allen Desperados von Texas‹ geschlafen hat, ist *ipso facto* nicht einer speziellen Kategorie zuzuordnen.« Mit dieser Abwandlung der Worte von Max Huhner, eines berühmten Sexualforschers früherer Tage, stellte Levitt klar, dass diese Frauen keine Subkategorie darstellten, deren besondere Eigenschaften auf ein Krankheitsbild verwiesen. Sie hatten einfach häufiger Geschlechtsverkehr als andere, was zwar für manche Leute moralisch fragwürdig, aber keineswegs als ein medizinisches Problem zu sehen war.[18]

Außerdem stellte Levitt die vorherrschende Meinung von Psycho-analytikern in Frage, Nymphomaninnen seien frigide. Denn die traditionelle psychoanalytische Theorie besagte, Nymphomaninnen seien stets auf der Suche nach dem unerreichbaren Orgasmus. Aber ebenso wie andere Theorien über Nymphomanie könne diese These, so Levitt, nicht belegt werden. Schließlich sei die *Gelegenheit* zu sexuellen Kontakten »bei früheren Versuchen, Nymphomanie zu definieren, stets übersehen worden«. Eine junge attraktive Städterin habe nun einmal eine deutlich größere Auswahl an Sexpartnern als eine unscheinbare Dorfbewohnerin mittleren Alters. Die so genannte Nymphomanie habe mehr mit Gelegenheit zu tun als mit sexuellem Appetit. Unter Berücksichtigung dieser Bedenken kommt Levitt zu dem Schluss: »Nymphomanie ist ein überholter, chauvinistischer Begriff, der in Wissenschaft und Medizin nichts verloren hat und von denkenden Menschen nicht verwendet werden sollte.«[19]

Auch andere Stimmen traten in den sechziger und siebziger Jahren dafür ein, auf den Begriff »Nymphomanie« ganz zu verzichten. Donald Hastings, Psychiater an der Medizinischen Fakultät der Universität von Minnesota und Verfasser des Fachbuchs *Impotence and Frigidity* (1963), hielt fest, eine Person habe nur »im Hinblick auf einen bestimmten Partner ein zu hohes oder zu geringes sexuelles Interesse«. Die Frau, deren sexuelle Bedürfnisse von ihrem Ehemann nicht erfüllt würden, sei für einen anderen die perfekte Partnerin. Daher sollten »Ausdrücke wie ›Nymphomanie‹« abgeschafft werden. William Fry, Psychiater an der Medizinischen Fakultät der Universität Stanford, vertrat den Standpunkt, dass der Mythos der Nymphomanie allein dem männlichen Chauvinismus zu verdanken sei: »Sexuell aggressive Männer fühlen sich wegen ihrer Abenteuer schuldig und müssen daher Geschichten über die vielen Nymphomaninnen erfinden, die nach Abenteuern lechzen.«[20]

Derselben Meinung war Eustace Chesser, Psychiater und Autor von mehr als zwanzig Büchern über Sexualität, Liebe und Ehe: »Die Nymphomanie ist eine weit verbreitete Männerfantasie. Der Mann, der seinen Sexualtrieb nicht ausleben kann, träumt von der Begegnung mit einer Frau, die vollkommen hemmungslos ist.« Aber sie ist nur ein Machwerk seiner Fantasie, eine Reflexion seiner Ängste und Befürchtungen im Hinblick auf seine sexuelle Leistungsfähigkeit.[21]

Weil die Öffentlichkeit sich nicht bewusst sei, dass es eine große Bandbreite im sexuellen Verlangen gebe, so Chesser, würden gewisse Frauen fälschlich als Nymphomaninnen bezeichnet – zum Beispiel »Mrs. L.«, eine vierundzwanzigjährige, »stark an Sex interessierte« Patientin. Laut Chesser wünschte sich Mrs. L. jede Nacht mindestens einmal Geschlechtsverkehr und besaß einen nahezu unstillbaren Appetit auf sexuelle Höhepunkte. Ihr zweiunddreißigjähriger Mann habe sich zwar gefreut, dass sie sich in den Flitterwochen so entgegen-kommend zeigte, fühlte sich aber schließlich von ihrem nächtlichen Verlangen nach einer zweiten oder dritten Erektion überfordert. Empört über seinen Vorschlag, sie solle Beruhigungsmittel schlucken, begann die Ehefrau »eine Reihe flüchtiger Affären mit fast allen Män-nern, die ihr über den Weg liefen«. Schließlich ließ sie sich von Mr. L. scheiden und führte eine glückliche Ehe mit einem jüngeren Mann.[22]

In den Augen ihres zweiten Mannes war Mrs. L. vermutlich nicht »sexbesessen«, sondern genau richtig. Chesser meinte dazu, auch wenn die Gesellschaft Mrs. L. als Nymphomanin verurteile, könne der Feh-ler ebenso gut bei ihrem ersten Mann liegen, der nicht in der Lage war, seine Frau zu befriedigen. Mr. L. hatte zugegeben, seine junge Frau habe nach der Masturbation zufriedener gewirkt als nach dem Geschlechtsverkehr. Daraus zog der Arzt den Schluss, Mr. L.s unzu-reichende Sexualtechniken und sein geringerer Sexualtrieb hätten zum Scheitern der Ehe geführt.

Diese Analyse von Mrs. L.s vermeintlicher Nymphomanie gründet auf der Überzeugung, so genannte Nymphomaninnen hätten im Grunde nur einen stärkeren Sexualtrieb als ihre Partner. Wie bei vielen anderen Autoritäten auf diesem Gebiet klingt auch in Chessers Erörterung des Falls die besorgte Frage an, wie denn nun der Geschlechtsakt richtig auszuführen sei. Genauere Kenntnisse der Physiologie und eine offe-nere Diskussion sexueller Fragen hatten auch in den sechziger und siebziger Jahren diese Sorge noch nicht ausgeräumt. Die Sexualität hatte sogar noch größere Bedeutung gewonnen, nachdem von Frauen erwartet wurde, regelmäßig zum Orgasmus, ja zu mehrfachem Orgas-mus zu gelangen.

Hätte Mrs. L. hingegen hundert Jahre früher einen Arzt aufgesucht, hätte man sie höchstwahrscheinlich als nymphomanisch diagnosti-ziert. In den siebziger Jahren des 20. Jahrhunderts hatten ihre ehelichen und außerehelichen sexuellen Forderungen eine andere Bedeutung gewonnen. Chesser stellte wenigstens fest, dass ihr Geschlechtstrieb weder exzessiv noch abnorm war. Die Annahme der modernen Forscher, eine normale Frau müsse sich nicht unbedingt mit *einem* Partner oder mit *einem* Orgasmus zufrieden geben, führte offenbar zu neuen Komplikationen bei der Definition des »übermäßigen« weiblichen Sexualverlangens und -verhaltens. Vieles, was man im 19. Jahrhundert der weiblichen Hypersexualität zugeschrieben hatte – Selbstbefriedigung, oraler Sex, Sex nach der Menopause, vor- und außerehelicher Sex –, wurde mittlerweile nicht nur regelmäßig praktiziert, sondern in der Massenkultur sogar verherrlicht. Nymphomanie ließ sich nicht länger durch »zu viel Sex« (bezüglich der Anzahl der Partner) oder »zu großes Verlangen« (bezüglich der Intensität des Sexualtriebs) definieren. Jetzt waren neue Maßstäbe gefragt.

Das neue Krankheitsbild: Sex ohne Liebe oder Zuneigung

DIE AUFMERKSAMKEIT verlagerte sich nun von der Häufigkeit des Geschlechtsakts zu seiner Bedeutung. Wenn der traditionelle Kontext von Ehe und Fortpflanzung nicht mehr geeignet war, das Sexualverhalten von Männern und Frauen zu steuern, welche Kriterien für den Exzess hatte man da noch in der Hand? Für Psychiater und Therapeuten wurde der Sex ohne Liebe und Zuneigung zum neuen Krankheitsbild. Mit der freizügigeren Einstellung zum vorehelichen Geschlechtsverkehr traten neue psychologische Kriterien des gesunden Sex an die Stelle der alten Vorstellung, die Frau müsse sich ihre Jungfräulichkeit bis zur Hochzeitsnacht bewahren. Jetzt lautete die entscheidende Frage, ob sie ihren Sexualpartner liebte oder wenigstens eine emotionale Bindung zu ihm spürte. Diese neue Definition trug der Angst vor unpersönlichem, hedonistischem Sex Rechnung, die mit der Liberalisierung aufgekommen war. Das lockere Leben der Singles, die Schwulenbewegung, Partnertauschklubs, die Zunahme von unehelichen Geburten und Abtreibungen und die Folgen der sexuellen Revolution für die Autonomie der Frauen – all das rückte diese Sorge in den Mittelpunkt der Aufmerksamkeit.[23]

Alfred Auerback, Professor für Psychiatrie an der Universität von
Kalifornien in San Francisco und ehemals Vizepräsident der American
Psychiatric Association, vertrat demgemäß den Standpunkt, dass eine
»Nymphomanin eine zwanghaft promiskuitive Frau ist, die sehr viele
Sexualkontakte mit vielen verschiedenen Partnern hat ... *ohne Liebe*
oder Anteilnahme zu empfinden« (Hervorhebung nicht im Original).
Häufiger Sex war nicht länger das entscheidende Kriterium für Nymphomanie. Zwar verwies auch die moderne Definition auf häufigen
Partnerwechsel, am Wichtigsten wurde jedoch, dass es Nymphomaninnen »darum geht, Probleme der persönlichen Identität zu lösen,
und nicht um die sexuelle Befriedigung an sich«. Laut Auerback
stammten Nymphomaninnen aus gestörten Familien, wo die Eltern
zwischen übertriebener Liebe und Ablehnung oder Distanz schwankten. Aus der Angst heraus, jede tiefe emotionale Bindung werde erneut
zu Schmerz und Ablehnung führen, suchten diese sexuell gestörten
Frauen flüchtige Beziehungen zu Männern, die für sie nur Objekte
darstellten.[24]

Obgleich auch Männer unter derartigen Problemen litten und hin
und wieder in Zeitungen und Fachzeitschriften Artikel über Satyriasis
oder das »Don-Juan-Syndrom« erschienen, galt die sexuelle Erobe-
rung bei Männern nach wie vor als Zeichen von Virilität. James Leslie
McCary, ein namhafter Psychologe und Verfasser eines der ersten
Lehrbücher über menschliche Sexualität, bemerkt dazu: »Die Öffentlichkeit zeigt sich bei Männern mit ›übersteigertem Sexualtrieb‹ keineswegs so besorgt wie bei Frauen mit demselben ›Gebrechen‹.« Der
Psychoanalytiker Eugene Pumpian-Mindlin verweist auf das Beispiel
des Superhelden James Bond, dessen sexuelle Großtaten ihm Ruhm
und Ehre verschafften. Seine Partnerinnen hingegen – zuweilen mit
anzüglichen Namen wie Pussy Galore ausgestattet –, die auf den ersten
Blick ein glanzvolles, sexuell befreites Leben führen, fanden häufig
einen vorzeitigen Tod. Auch wenn sich die moralischen Maßstäbe verschoben hatten, galten für Frauen im Film wie in der Wirklichkeit nach
wie vor strengere Regeln, und im Fall eines Verstoßes gegen die sozialen Normen wurden sie härter bestraft.[25]

Wie in wissenschaftlichen Untersuchungen üblich, versuchte Auerback, die Einzelfälle spezifischen Typen zuzuordnen, um die Beweg-
gründe besser zu verstehen. Allerdings griff er dabei auf umfassende

und allgemeine Klassifikationen zurück: die »Karrierefrau«, die Sex benutzt, um in einer Männerwelt konkurrieren zu können; die »gelangweilte Hausfrau«, die ihr eintöniges Dasein interessanter gestalten will; oder den »rebellischen Teenager« auf der Suche nach Anerkennung – also ein buntes Sammelsurium weiblicher Typen. Dennoch unterstützte auch er eine neue Definition von Nymphomanie und vertrat den Standpunkt, dass es ein geringes Selbstwertgefühl und die tief sitzende Überzeugung, nichts wert zu sein, und eben nicht das sexuelle Verlangen war, was eine Nymphomanin bewog, ein Leben lang Liebe und Anerkennung zu suchen.[26]

In ähnlicher Weise betrachtete Stanley Willis, Psychiater an der Universität von Kalifornien in Los Angeles, die Nymphomanie als Spielart einer »pathologischen Selbstaufwertung«. Die Nymphomanin vermeide es absichtlich, tiefe emotionale Bindungen einzugehen, weil sie die Abhängigkeit oder die Zurückweisung fürchte. Willis lehnte die Sicht einiger Kollegen ab, die Nymphomanie nur für den Ausdruck »größerer persönlicher und sexueller Freiheit hielten, wie sie in einer modernen und weniger puritanischen Gesellschaft möglich ist«. Wie Auerback verwies er auf lieblose Eltern und die Furcht der Frauen, den Schmerz eines frühen emotionalen Traumas wieder zu durchleben.[27]

Um seine These zu veranschaulichen, schilderte er den Fall einer »Mutter von vier Kindern, zum dritten Mal verheiratet, die eine gute Ausbildung genossen hatte und aus einer wohlhabenden, privilegierten, begabten Familie stammte«. In ihrer Kindheit war sie hin und her gerissen zwischen Trauer und Wut auf ihre Eltern, die sie entweder nicht beachteten oder sie als Verbündete beim Ehekrach benutzten. Im Lauf der Jahre hatte die Frau ein ganz bestimmtes Verhaltensmuster entwickelt: Zunächst provozierte sie Ablehnung, dann lebte sie sich in promiskuitivem Verhalten aus. In ihrer mittlerweile dritten Ehe ging sie, in der Regel nach einem Streit mit ihrem Mann, zahlreiche flüchtige Affären mit den Kollegen ihres Mannes ein. Wenn er auf Reisen war »fuhr sie nachts durch die Straßen der Stadt und sammelte willige Sexualpartner ein«.[28]

Was bei seiner Arbeit mit der Patientin herauskam, gab der Psychiater nicht preis; wesentlich stärker interessierte ihn offenbar, was der Fall über die umfassenderen gesellschaftlichen Kräfte aussagte. Willis war überzeugt, dass die Vernachlässigung in der Kindheit die Patientin

zwar geprägt habe, ebenso wichtig sei aber, dass sie in einer Epoche
lebte, in der die Erosion traditioneller Moralvorstellungen zu weit verbreiteten kulturellen Ängsten geführt habe. Für Willis war Promiskuität nichts anderes als ein Symptom des »drohenden sozialen oder
kulturellen Zerfalls«. Der Kultur selbst warf er vor, sie verehre »gla-
mouröse und aufregende Prototypen eines promiskuitiven Verhaltens
wie James Bond«, statt ein Vorbild für reife, stabile sexuelle Bindungen
zu liefern. Und wie andere Kritiker machte auch er die zunehmende
Kommerzialisierung des Sex dafür verantwortlich, dass die altmodischen Werte der Familie und der Monogamie in Vergessenheit ge-
rieten.[29]

Der klinische Psychologe Albert Ellis gewann mit seinem 1964
erschienenen Buch *Nymphomanie*, das er zusammen mit Edward Sagarin verfasste, ebenfalls Einfluss auf die Diskussion. Als Autor von über
zweihundert Artikeln und zwanzig Büchern – Fachpublikationen wie
populärwissenschaftlichen Abhandlungen – zeigte sich Albert Ellis als
glühender Verfechter liberaler sexueller Wertvorstellungen. Für ihn
war die große Mehrzahl der Frauen, die in Romanen und Filmen als
Nymphomaninnen klassifiziert wurden, »nichts weiter als besonders
stark sexualisierte Frauen, die zur Promiskuität neigen und deren
Sexualverhalten, wären sie Männer, nicht weiter beachtet würde«.[30]

Dass weder die Mediziner noch die Öffentlichkeit in der Lage seien,
zwischen dieser ganz normalen Promiskuität und einer psychischen
Störung namens Nymphomanie zu unterscheiden, führt, laut Ellis, zu
den weit verbreiteten Missverständnissen. Um die Begriffsverwirrung
zu klären, unterschied er zwischen »zwanghafter« und »selektiver«
Promiskuität. Das maßgebliche Kriterium für Nymphomanie sei die
kontraproduktive, getriebene Art und Weise des sexuellen Verhaltens.
Ohne näher auf die Frauen einzugehen, die lediglich viele Sexualpartner hatten, konzentrierte sich Ellis auf jene, die sich wahllos Partner
suchten und von »Selbstverachtung« geplagt wurden und die er daher
als Nymphomaninnen bezeichnete. In der von Ellis entwickelten Therapie wurde betont, dass diese Frauen lernen müssten, ihr Selbstwertgefühl zu entwickeln, auch wenn sie wegen ihrer sexuellen Eroberungen Verachtung erfuhren.[31]

Ellis' Versuch, zwischen »stark sexualisierten« Frauen und »zwanghaften« Nymphomaninnen zu unterscheiden, war jedoch nicht un-

problematisch. Wieder stellte sich die Frage, wo die Trennungslinie zu ziehen ist. Pauschalurteile wie »Viele im Geschlechtsakt zwanghaft handelnde Frauen werden halb berufsmäßige Prostituierte« werden in den Raum gestellt, aber nicht empirisch untermauert. Ebenfalls ohne empirische Grundlage behauptet Ellis, Nymphomaninnen hätten als Prostituierte wenig Erfolg, weil sie auch ohne Bezahlung zum Sex bereit seien.[32]

Allerdings griff Ellis die von Psychoanalytikern häufig vertretene Anschauung an, Nymphomaninnen seien frigide und kämen nicht zum Orgasmus. Er schilderte den Fall der Eloise R., einer »gutausse-henden Zweiundzwanzigjährigen mit Collegebildung«, geschieden und mit nymphomanischen Tendenzen. Eloise »duldete nur den direk-ten Koitus mit dem Mann auf ihr«, daher erlebte sie mit ihrem ersten Mann nie einen Orgasmus, und er hielt sie für frigide.[33] Nach der Scheidung ließ sich die junge Frau, verzweifelt bemüht, zum Orgas-mus zu gelangen, mit vielen »vierschrötigen« Männern ein. Jetzt hatte sie vor, wieder zu heiraten, und wollte sich von Ellis von ihrem Leiden heilen lassen.

Während der Therapie klärte Ellis seine Patientin über oralen Sex und Alternativen zur Missionarsstellung auf. Das Ergebnis: »Nach-dem sie einmal mit ihrem Verlobten die Klimax erreicht hatte, verlor sie fast gänzlich die Neigung, anderweitige sexuelle Verhältnisse einzu-gehen.« Ellis glaubte: »Damit war ihre Nymphomanie überwunden, der Antrieb für ihr zwanghaft promiskuitives Verhalten weggefallen.« Der Psychiater ging jedoch nicht darauf ein, dass sich eine seiner Mei-nung nach schwere Störung einzig und allein durch sexuelle Auf-klärung relativ mühelos hatte beheben lassen.[34]

In den sechziger und siebziger Jahren wurde Nymphomanie einer-seits als Begriff verworfen, andererseits neu definiert: als verzweifeltes Bemühen um Liebe und Zuneigung, als zwanghafte Flucht vor den eigenen Ängsten und als pathologische Folge geringen Selbstwertge-fühls. Die verschiedenen Neudefinitionen der Nymphomanie verwie-sen auf das Gefühl der Leere und Entfremdung, das Kritiker der sexu-ellen Freizügigkeit als Merkmal der modernen Gesellschaft ausmach-ten. Andere Beobachter aber äußerten den Verdacht, dass Sex ohne Wenn und Aber erst dann als Zeichen einer Geistesstörung gesehen wurde, als *Frauen* begannen, sich die Hörner abzustoßen.[35] Traditionell waren die sexuellen Eskapaden von Männern, ihre Besuche bei Prostituierten und ihre Don-Juan-Attitüden zwar von manchen verdammt worden, aber man hatte solches Verhalten nicht als Anzeichen einer Geisteskrankheit betrachtet. Sobald aber Frauen Sex als Vergnügen ansahen und nicht als Vorspiel zu einem Glück in trauter Zweisamkeit, veränderten sich die Spielregeln.

Da eine begriffliche Definition der Nymphomanie offensichtlich nicht einfach ist, haben einige Experten versucht, das Problem quantitativ zu erfassen. Bei einer Umfrage im Jahr 1967 meldeten kalifornische Ärzte ihre Diagnosen der sexuellen Beschwerden ihrer Patienten. Auf Nymphomanie oder übersteigertes sexuelles Verlangen bei Frauen entfielen nur 0,12 Prozent von 13 687 Beschwerden. Aus der Erhebung geht nicht hervor, ob bei den 16,5 Nymphomaninnen die Krankheit vom Arzt oder von den Patientinnen selbst diagnostiziert worden war, und da es sich um Patientinnen handelt, gibt die Umfrage keinen Aufschluss darüber, wie häufig Nymphomanie in der Gesamtbevölkerung vorkommt. James Leslie McCary, Psychologe an der Universität von Houston, der in seiner fünfundzwanzigjährigen therapeutischen Tätigkeit nur eine einzige Nymphomanin und keinen Satyromanen kennen gelernt hatte, wagte eine grobe Schätzung: »Deutlich weniger als 0,1 Prozent aller Frauen sind von diesem Leiden [Nymphomanie] betroffen, und die Zahl der Männer [Satyromanen] ist noch kleiner.«[36]

Fälle von Nymphomanie werden in einer breiteren Öffentlichkeit bekannt. Ungeachtet der neueren Erkenntnisse, dass – wenn überhaupt – nur wenige Frauen als Nymphomaninnen gelten konnten, büßte das Thema kaum an Faszination ein. Als in den sechziger und siebziger Jahren die Pornografiegesetze gelockert wurden und sich die Erkenntnis durchsetzte, dass sich Sex gut verkauft, erschien eine Vielzahl von Büchern für »Experten und Laien«, in denen »Fälle« von Nymphomanie vorgestellt wurden.[37] In diesen zeitgenössischen Darstellungen fehlte jedoch der Vorzeigefall, auf den sich die ältere medizinische Literatur hauptsächlich gestützt hatte: die Anstaltsinsassin, die sich die Kleider vom Leib riss, öffentlich masturbierte und jeden Mann, der ihr begegnete, sexuell attackierte. Seit den fünfziger Jahren wurde der »endogenen« Nymphomanie – ein exzessives Sexualverhalten, das durch eine Ursache »im Körper« ausgelöst wird, beispielsweise durch Funktionsstörungen im Gehirn oder im Hormonhaushalt – wesentlich weniger Aufmerksamkeit zuteil, weil Psychiatriepatientinnen von nun an durch neue Medikamente ruhig gestellt wurden.[38] Viele praktische Ärzte räumten zwar ein, diese Spielart der Nymphomanie sei ihnen nie untergekommen, wiesen aber nicht selten beiläufig auf diese Form der »echten« Nymphomanie hin, um dann rasch auf die geläufigeren psychischen Ursachen der Nymphomanie zu sprechen zu kommen.[39]

Dennoch konnte sich der Begriff »Nymphomanie« – verwirrend und doppeldeutig wie er war – halten. Wie zugkräftig er wirkte, zeigt sich an der wachsenden Kühnheit von Verlegern, die Bücher wie *Insatiable Women, Unfaithful Wives* (Unersättliche Frauen und untreue Ehefrauen) (1972) herausbrachten, in denen prickelnde Farbfotos mit Zitaten medizinischer Experten unterlegt wurden. Von Verfassern, die sich mit akademischen Titeln schmückten, angeblich »sorgfältig recherchiert« und angereichert durch bibliografische Anmerkungen, gab dieses Genre im Wesentlichen ähnliche Informationen wieder, die sich auch in medizinischen Fachtexten fanden. Darüber hinaus enthielten diese Werke zahllose Fehlinformationen über Sexualität, ergänzt durch ein wenig »sexuelle Aufklärung« über oralen Sex, klitoralen Orgasmus und sexuell befriedigte Frauen.[40]

Manche dieser populären Werke offerierten sogar eine Kur für Nymphomanie und behaupteten, die Verbesserung der sexuellen Techniken des Ehemanns sei das Allheilmittel gegen die Störung – eine Aussage, in der sich die Verwirrung der Fachwelt widerspiegelt. Die Unsicherheit darüber, was Nymphomanie eigentlich sei – das Leiden der unbefriedigten Frau eines unbeholfenen Mannes oder Anzeichen eines tieferen psychischen Problems –, hatte von Anfang an das Bemühen um eine Definition von Nymphomanie begleitet und war in der modernen populären und fachwissenschaftlichen Literatur nach wie vor spürbar. In ihrem Buch *Nymphomania* (1961) erklärten der Arzt Edward Podolsky und sein Koautor Carlson Wade: »Viele Ehemänner sind dafür verantwortlich, dass sich ihre Frauen in einem Zustand permanenter sexueller Unruhe befinden ... Diese Frauen werden im Lauf der Zeit häufig zu Nymphomaninnen.« Unter Verweis auf verschiedene Autoritäten behaupteten Podolsky und Wade, dass »selbst die zwanghaftesten Nymphomaninnen eine gewisse Erleichterung ihres sexuellen Verlangens verspüren, wenn sie einen klitoralen

Orgasmus erleben«. Bei jedem einzelnen Fall, den die Autoren erwähnen, angefangen mit der sexuell gehemmten »Marion« bis hin zu »Phyllis«, die ihren einzigen Orgasmus mit einer Frau erlebte, ist es der Orgasmuserfolg in der Ehe, der letztlich die Erlösung für diese »nymphomanischen« Frauen darstellt. Ungeachtet der reißerischen Fotos, die Frauen in sexueller Ekstase zeigen, war *Nymphomania* im Grunde nichts anderes als ein Eheratgeber. Mit der korrekten Technik konnte angeblich jeder Mann seine Ehe retten – selbst wenn er mit einer Nymphomanin verheiratet war.[41]

In derlei populärwissenschaftlichen Darstellungen der Nymphomanie wurden auch vereinfachte freudianische Erklärungen wiedergegeben: Nymphomaninnen seien in Wirklichkeit gar nicht sexbesessen; ihre Unersättlichkeit sei nur eine Tarnung ihrer Frigidität. Im *Casebook: Nymphomania* (1964) sind vier derartige Fälle dargestellt, unter anderem »Angelique Adams«, das sexuell manipulative, aber unbefriedigte Kind, das zu einem machtgierigen und sexhungrigen Filmstar heranwuchs, und die androgyne »Lois Love«, die in die männliche Rolle schlüpfte, um »mädchenhafte« junge Homosexuelle zu verführen, eine einzigartige (und bemerkenswert einfallsreiche) Variante der typischen Nymphomaniegeschichte. Alle vier Fälle stellten das erfolglose Streben nach orgastischer Erlösung anschaulich dar.[42]

Derlei Bücher für den Massenmarkt präsentierten sich als Inseln in einem Meer von Desinformationen. Durch die vielen eingestreuten Zitate von Experten versuchten sie, ihren Anspruch zu legitimieren, hier werde einer aufklärungsbedürftigen Öffentlichkeit die offene, objektive Diskussion sexueller Fragen geboten. In seinem Vorwort zu *Casebook: Nymphomania* versicherte Albert Ellis den Lesern, die vorgestellten Fälle seien zwar fiktiv, aber dennoch »authentisch« und »repräsentativ«, weil sie auf »tatsächlichen psychiatrischen Fallgeschichten« beruhten, welche die Autorin Victoria Morhaim »aus einer großen Zahl von Krankenakten ausgewählt hat, zu denen sie Zugang hatte«.[43] Solche pseudomedizinische Literatur, in der Theorien über Nymphomanie in allgemein verständlicher Sprache und anhand freizügig geschilderter »Fälle« dargestellt wurden, war ungeachtet aller wissenschaftlichen Legitimationsversuche mit denselben Widersprüchen und derselben Verquickung von Medizin und Moral belastet wie die Fachpublikationen zu dem Thema.

Nymphomanie, offiziell definiert

UNTERDESSEN BEMÜHTEN SICH PSYCHIATER um eine offizielle Definition der Nymphomanie. Erstaunlicherweise tauchte der Begriff Nymphomanie bis in die achtziger Jahre, als ihre Existenz bereits von vielen Ärzten angezweifelt wurde, in der offiziellen Klassifizierung von Geistesstörungen der American Psychiatric Association (APA) auf. Das *Diagnostic and Statistical Manual of Mental Disorders* (umgangssprachlich *DSM*) war, als es 1952 erstmals erschien, ein relativ unbekanntes behördliches Instrument, das für diagnostische Zwecke kaum benutzt wurde. Nymphomanie wurde damals als »sexuelle Abweichung« eingestuft, eine Kategorie, der auch Homosexualität, Erotomanie, Misogynie und anderes zugeordnet wurden; Satyriasis kam allerdings nicht vor. *DSM-I*, wie es später bezeichnet wurde, listete solche Abweichungen zwar auf, definierte sie aber nicht genauer; es wurde nur noch erwähnt, dass diese Diagnose nicht auf komplexere Krankheitsbilder wie etwa Schizophrenie verweise.[44]

Die nachfolgenden Auflagen des *DSM*, die den ersten schmalen Band ersetzten, gewannen immer größeren Einfluss. Im Lauf der siebziger Jahre weiteten die Krankenversicherungen ihren Leistungskatalog auf psychotherapeutische Behandlungen aus und verlangten für die Bewilligung der Kostenübernahme präzise medizinische Diagnosen. Um solche Diagnosen zu überprüfen, griff man auf das *DSM* zurück. Als Reaktion darauf und mit dem erklärten Ziel, die Behandlung von Geisteskrankheiten auf eine wissenschaftliche Grundlage zu stellen, überarbeitete die American Psychiatric Association die dritte Auflage des *DSM*, die 1980 erschien. Das *DSM-III* erörterte auf über 500 Seiten dreihundert spezifische Leiden sowie eine deutlich gewachsene Zahl alltäglicher Verhaltensweisen, die als Symptome dieser psychischen Leiden aufgelistet wurden.[45] Zahlreiche sexuelle Probleme, die man früher eher als Teil des normalen Auf und Ab im Leben eines Menschen gesehen hätte, wurden jetzt zu behandlungsbedürftigen Krankheiten.[46]

Im erweiterten *DSM* wurde Nymphomanie und die gesamte Kategorie der »sexuellen Abweichungen« neu klassifiziert und lief fortan unter der Rubrik »psychosexuelle Störungen«. Zum ersten Mal lieferte das *DSM* Definitionen der Störungen, statt sie einfach nur aufzulisten. In der Subkategorie »weitere sexuelle Störungen« summierte das *DSM-III* Nymphomanie und Don-Juanismus als »Verzweiflung über ein Verhaltensmuster wiederholter sexueller Eroberungen von Individuen, die *nur als Gebrauchsobjekte* existieren« (Hervorhebung nicht im Original).[47] Damit wurde das neuerdings maßgebliche Charakteristikum der Störung – Sex ohne Liebe oder Zuneigung – offiziell durch die APA abgesegnet. Wenigstens ein prominenter Psychiater, Stephen B. Levine, kritisierte jedoch die *DSM*-Definition, weil sie das althergebrachte Hauptsymptom der Hypersexualität – die »zerrüttende Zunahme des [sexuellen] Verlangens« – in den Hintergrund drängte.[48]

Die neue Nymphomanie-Definition des *DSM-III* erwies sich nicht gerade als hilfreich. Einerseits wurde damit die sexuelle Funktionsstörung der Nymphomanie, wie psychosexuelle Störungen generell, in Körper oder Seele des Individuums lokalisiert und soziale und politische Faktoren außer Acht gelassen – etwa der Einfluss des Geschlechterkampfes der sechziger und siebziger Jahre auf das Sexualleben von Männern und Frauen. Andererseits bot das *DSM-III*, anders als bei den meisten anderen psychosexuellen Leiden der Kategorie »weitere sexuelle Störungen« weder präzise diagnostische Kriterien noch Instruktionen, die Aufschluss darüber geben, wie der Arzt das Leiden erkennen könne.

Spätere Auflagen des *DSM* verlagerten den Schwerpunkt erneut und brachten Nymphomanie mit einem neuen Krankheitsbild in Verbindung: der Sexsucht. Die neu bearbeitete Auflage von 1987, *DSM-III-R*, verzichtete auf die Begriffe »Don-Juanismus« und »Nymphomanie« und sprach zum ersten Mal von »Verzweiflung über ein Verhaltensmuster wiederholter sexueller Eroberungen oder anderer Formen nichtperverser *Sexsucht* mit Partnern, die nur als Gebrauchsobjekte existieren« (Hervorhebung nicht im Original).[49] Der Begriff »Sexsucht« hielt sich jedoch nicht lange; bereits das *DSM-IV* (1994) tilgte ihn aus der seiner Definition, die im Übrigen dem Wortlaut des *DSM-III-R* entspricht.[50] Obwohl die APA das Krankheitsbild der Sexsucht wieder fallen ließ, von dem auch viele Psychologen und Sexualtherapeuten nichts hielten, setzte sich die Vorstellung von Sexualität als Sucht in der Öffentlichkeit durch. Davon mehr im nächsten Kapitel.

Neue Erkenntnisse über Inzestopfer

IN DER MEDIZINISCHEN UND JURISTISCHEN Literatur wurde die Schuld am Inzest häufig den nymphomanischen Tendenzen des Opfers zugeschrieben, der kindlichen Verführerin, die sich an ihren männlichen Verwandten heranmacht. In den siebziger Jahren und Anfang der achtziger Jahre fand ein sogenannter »Paradigmenwechsel« statt – eine drastische Wende im Verständnis eines Phänomens. Von Fachleuten war nun zu hören, nymphomanisches Verhalten sei keineswegs die Ursache des Inzest und das Kind sei nicht die Verführerin, sondern das Opfer. Da auch politisch ein frischer Wind wehte, war man eher geneigt zu glauben, dass erwachsene Männer (und gelegentlich Frauen) – und nicht etwa mannstolle, nymphomanische Lolitas – für den Inzest verantwortlich sind.[51] Aber so einleuchtend dieser neue Standpunkt auch sein mochte, der Übergang zu dieser neuen Denkweise wurde dennoch nie ganz vollzogen.

Während jener Jahre erzwangen Feministinnen und die in Selbsthilfegruppen organisierten Opfer eine kritische Auseinandersetzung mit den traditionellen Vorstellungen von Inzest. Die Frauen schlossen sich in Speakouts zusammen und brachten das grauenhafte Geheimnis des Inzest ans Licht.[52] Hunderte von Frauen bezeugten, dass sich sexueller Kindesmissbrauch nicht auf Familien von Randgruppen beschränkte. In Wahrheit war Inzest in Amerika in allen Schichten, von der Anwalts- bis zur Arbeiterfamilie, anzutreffen.[53]

Kiss Daddy Goodnight (1978) lautete der Titel eines bahnbrechenden Buchs, in dem die Opfer selbst zu Wort kamen und anschaulich schilderten, wie Väter, Onkel und ältere Brüder ihre Machtposition ausnutzten. Die Berichte dieser Frauen waren ein Frontalangriff gegen die Doppelmoral einer Gesellschaft, die Mädchen und Frauen das Gefühl gab, schmutzig und schuldig zu sein, ja sogar die Verantwortung dafür zu tragen, dass sie sexuell missbraucht wurden.[54]

Neuere Forschungen enthüllten die unheilvolle Verknüpfung zwischen den Privilegien der Männer und der Unterstellung, Frauen hätten das, was ihnen angetan wurde, selbst verschuldet. Insbesondere feministische Kritikerinnen hatten analysiert, inwiefern verbreitete Vorstellungen von gefährlicher, zügelloser weiblicher Sexualität das Bild vom Inzest beeinflussten. Die Täter entschuldigten ihr Verhalten durch den Hinweis auf die Schamlosigkeit ihrer weiblichen Opfer, und teilweise war es ihnen sogar gelungen, ihren Opfern Schuldgefühle einzureden: »Du bist ein böses Mädchen, weil du mich dazu gebracht hast.«[55]

Im Zuge einer umfassenden Kritik der traditionellen Geschlechterrollen wurde in den siebziger und achtziger Jahren auch die Frage aufgeworfen, warum den Inzestopfern in der wissenschaftlichen Literatur so wenig Mitgefühl zuteil wurde – und insbesondere, warum die meisten Forscher die Langzeitfolgen von Inzest herunterspielten oder außer Acht ließen.[56] Verblendet durch die Annahme, die Mädchen seien im Grunde Verführerinnen oder wenigstens willige Teilnehmerinnen, hatten viele Psychiater und Therapeuten die Folgen des Inzest für das Kind verleugnet oder einfach nicht wahrgenommen. Verführerisches Verhalten der kindlichen oder der erwachsenen Patientin sahen sie als »Beweis« dafür an, dass sie die sexuelle Beziehung initiiert habe. Die neuere Forschung stellte hingegen fest, dass sexuelles »Abreagieren« – sei es in der Therapie oder als promiskuitives Sexualverhalten – die *Folge* von sexuellem Missbrauch ist, und nicht deren Ursache.[57]

Populärwissenschaftliche Werke und medizinische Fachliteratur trugen dieser neuen Erkenntnis Rechnung: Das Trauma, das durch den Verrat eines nahen Angehörigen entstand, konnte zu zwanghaftem Sexualverhalten führen, das man früher als nymphomanisch bezeichnet hätte.[58] Aber wie der folgende Fall zeigt, war es nicht gelungen, die alten Vorstellungen ganz zurückzudrängen. In einer monatlich erscheinenden Kolumne der Zeitschrift *Medical Aspects of Human Sexuality,* in der Experten ihre »ungewöhnlichsten Sexualfälle« vorstellten, schilderte im Jahr 1979 der Psychologe James Leslie McCary einen Fall von Nymphomanie. Die Patientin, Mrs. M., war eine Weiße aus der unteren Mittelschicht, neunzehn Jahre alt, verheiratet und Mutter eines acht Monate alten Kindes. Sie war von einem Neurologen, der keine körperliche Ursache für die hartnäckigen Kopfschmerzen der jungen Frau fand, an McCary überwiesen worden. Mrs. M. erzählte freimütig von ihrem unersättlichen Appetit: Sie und ihr zwanzigjähriger Mann hatten jede Nacht mehrere Stunden lang, »oder solange er mithalten konnte«, Geschlechtsverkehr. Der Mann berichtete, er finde es verblüffend, dass sie »nach stundenlangem Koitus und Dutzenden von Orgasmen genauso sexhungrig sei wie zu Beginn des

Akts«. Mrs. M.s Kopfschmerzen legten sich nur, nachdem sie sexuell befriedigt war, was selten vorkam; allerdings geht aus dem Bericht nicht hervor, was damit gemeint war und inwiefern sich diese »sexuelle Befriedigung« von ihren nächtlichen Orgasmuserfahrungen unterschied.[59]

McCary verfolgte die Wurzeln von Mrs. M.s unstillbaren sexuellen Bedürfnissen in ihre Kindheit zurück. Beginnend im Alter von neun Jahren und über einen Zeitraum von sieben Jahren hatte sie zwei- bis dreimal die Woche Geschlechtsverkehr mit ihrem Stiefvater gehabt. Mit vierzehn Jahren hatte sie, getrieben von heftigen Schuldgefühlen, ihrer Mutter das Verhältnis gebeichtet. Die Mutter hatte sich gegen sie gestellt, der Tochter die Schuld für das Vorgefallene zugeschoben und sie eine nichtswürdige Person genannt. Die sexuelle Beziehung dauerte noch zwei Jahre an, bis der Stiefvater schließlich auszog. Wie Mrs. M. berichtete, ließ sie sich daraufhin mit fast jedem Jungen an ihrer Highschool ein. Nach ihrer Heirat hatte sie gelegentlich außereheliche Beziehungen, die aber ihre überwältigenden sexuellen Bedürfnisse nicht befriedigen konnten.[60]

McCary berichtet, die Patientin habe sich in der Therapie zunächst sehr verführerisch verhalten. Der Arzt überzeugte sie jedoch, ihr Verhalten ihm gegenüber sei »nur ein Versuch, ihren Wert und ihre Qualität als Mensch zu beweisen«. Sein einfühlendes Verständnis für Mrs. M.s Annäherungsversuche spiegelte die neueren psychologischen Einsichten über die Auswirkungen des Inzest wieder. Dennoch interpretierte auch er das exzessive Sexualverhalten der Neunzehnjährigen als aussichtsloses Bemühen um Anerkennung und Liebe, verursacht durch die Ablehnung seitens der Mutter und nicht etwa durch den fortdauernden sexuellen Missbrauch des Stiefvaters. McCarys Diagnose mochte die Probleme der Patientin zwar teilweise erklären, diente aber auch dazu, die Aufmerksamkeit vom Verhalten des Stiefvaters abzulenken und ihn aus der Verantwortung zu entlassen.[61]

Im Lauf des nächsten Jahrzehnts konzentrierten sich Inzestüberlebende – ebenso wie Drogenabhängige, Sexsüchtige und ihre Koabhängigen – auf die individuelle Aufgabe der persönlichen Heilung. So dramatisch und schmerzlich die in jeder Fernsehtalkshow präsentierten Enthüllungen über sexuellen Missbrauch sein mochten, sie waren persönlich und nicht politisch. So wichtig dies für die Opfer auch sein mochte – solange es in der Therapie nur darum ging, ein Individuum zu »heilen«, gab es keinen Raum für eine Kritik der Geschlechterbeziehungen, in die der Inzest eingebettet war. Die Machtfrage – die im Mittelpunkt der ursprünglichen feministischen Analyse des Inzest gestanden hatte – ging in der individualistischen Ausrichtung auf die Therapie und im Gegenschlag gegen die Frauenbewegung unter.[62]

Heute sind Experten und Öffentlichkeit eher bereit, sich mit den Tatsachen des Kindesmissbrauchs auseinander zu setzen, auch wenn man sich über die Ursachen keineswegs einig ist. Strafrichter und Psychiater unterstellen nicht mehr automatisch, dass die sexuell missbrauchte Tochter ihren Vater verführt oder den Geschlechtsakt genossen habe, nur weil sie daran teilgenommen hatte. Polizei und Kinderschutzverbände nehmen Anzeigen wegen Kindesmissbrauchs sehr ernst und entziehen das Kind häufig der Obhut der Eltern. Dass solchen Vorwürfen nun größere Aufmerksamkeit zuteil wird, zeigt jedoch eine unerwartete Konsequenz: Bei Sorgerechtsprozessen betrachten Familienrichter diesen Vorwurf nicht mehr vorurteilsfrei, sondern nehmen an, es handle sich um eine gewiefte Strategie im Krieg um die Kinder. Welche Auswirkungen diese neueren Entwicklungen haben, ist noch nicht abzusehen.[63]

Unterdessen nimmt die Sexualisierung kindlicher Körper immer extremere Ausmaße an.[64] In Anzeigen erscheinen präpubertäre Mädchen häufig als Objekt der Begierde, Achtjährige werden angeregt, Trainings-BHs, sexy Nachthemdchen und hochhackige Pumps Größe 32 zu tragen. Ende der neunziger Jahre ging der Fall von JonBenet Ramsey durch die Presse, die im Alter von sechs Jahren ermordet worden war; Boulevardblätter und lokale Fernsehsender brachten unaufhörlich ihr unvergessliches Bild. Ihr mit Lippenstift und Puder zurecht gemachtes Gesicht erinnert uns daran, dass Tausende kleiner »Nymphchen« regelmäßig über Laufstege stolzieren und mit den Hüften wackelnd »Hey, Big Spender« und dergleichen zum Besten geben, um in einem Schönheitswettbewerb, wie sie wöchentlich zu Hunderten stattfinden, den ersten Preis zu erringen.[65]

Natürlich wird hier mehr als nur kindliche Sexualität zur Schau gestellt. Während die medizinische und psychologische Fachliteratur seit den sechziger Jahren in Zweifel zog, ob Nymphomanie überhaupt existierte, sind für ein breites Publikum Bilder sexuell aggressiver Frauen gang und gäbe geworden. Wenn in einer Kultur freizügige sexuelle Darstellungen Massenartikel sind und das, was einst als extrem galt, zum normalen Verhalten wird, wodurch zeichnet sich dann eine sexbesessene Frau aus? Im nächsten Kapitel untersuchen wir, wie Boulevardmagazine, Fernsehtalkshows und die Massenkultur allgemein unsere Vorstellung von Nymphomanie beeinflussen.

Fröhliche Nymphomaninnen und Sexsüchtige

AN DER WENDE ZUM 21. JAHRHUNDERT ist das verführerische Lächeln sexuell aufreizender Frauen allgegenwärtig: auf den Titelfotos der Sensationsblätter, in Supermärkten ebenso wie auf Nahverkehrsbussen. Frauen bekennen sich offen zu ihren Eroberungen, sei es als Sängerin im ausverkauften Konzertsaal oder in Talkshows zum Thema »Wie ich den Mann meiner Nachbarin verführte«. Welche Bedeutung hat der Begriff der sexbesessenen Frau in einer Zeit, in der es etwa im Urlaubsort Fort Lauderdale möglich ist, sich für 25 Dollar von einer barbusigen Frau im Tangaslip das Auto waschen zu lassen? Wer kann in einer mit Sex übersättigten Kultur noch als nymphomanisch bezeichnet werden?

Nymphomanie ist zwar keine Diagnose im medizinischen Sinne mehr, aber der Begriff, so vage und unbestimmt er sein mag, ist in der Massenkultur nach wie vor präsent. Starkes sexuelles Verlangen und eine Vielzahl von Sexualpartnern gelten nun nicht mehr wie früher als Symptome einer »Krankheit«. In der Bemerkung »Letztes Wochenende war ich ein bisschen nymphomanisch« schwingt köstliches Vergnügen und vielleicht ein wenig Sorge über das eigene Verhalten mit. Aber die Frau, die das sagt, glaubt vermutlich nicht, dass sie psychisch gefährdet ist.

Die moderne Einstellung gegenüber Nymphomanie, die sich nach der sexuellen Revolution durchgesetzt hat, brachte 1993 die *New York Times* in einem bissigen Kommentar über die Models im Victoria's Secrets-Katalog für feine, auch erotische Unterwäsche auf den Punkt: Sie sind »brave Mädchen, gut erzogen, ein wenig nymphomanisch, aber nur hinter verschlossenen Türen und wenn sie verliebt sind«. Ein klein wenig Nymphomanie, sei es bei Anzeigenkampagnen oder bei Wochenendabenteuern, löst offenbar allenfalls einen ungehörigen, aber noch akzeptablen Schauder aus. Und im Jahr 1999 entlockte es der Journalistin Dinitia Smith nur noch ein amüsiertes Staunen, dass die CIA Eartha Kitt, die sich 1972 gegen den Vietnamkrieg engagiert hatte, mit der Behauptung zu verleumden suchte, sie sei eine »sadistische Nymphomanin«.[1]

Diese unbekümmerte Einstellung zur Nymphomanie reflektiert den Wandel der Sexualmoral, der sich in den letzten Jahrzehnten vollzogen hat. An die Stelle der Rat suchenden Patientin in der Arztpraxis und des Pinup-Girls in Umkleideräumen trat in den sechziger und siebziger Jahren die »fröhliche Nymphomanin«. Angespornt durch moderne Theorien über das grenzenlose Lustpotential der Frau, suchte die fröhliche Nymphomanin das sexuelle Abenteuer. Neue Darstellungen sexhungriger Frauen gewannen an Popularität und ersetzten die alte Vorstellung von weiblicher Passivität, während in der Literatur sexuell aggressive Heldinnen Furore machten – wie Isadora Wing aus Erica Jongs Bestseller *Angst vorm Fliegen* (1972). Anders als die duldsamen, stets willigen Frauen der Männerphantasien nahm die fröhliche Nymphomanin ihre Sexualität selbst in die Hand.

Freilich begegnet man in der Geschichte immer wieder lüsternen, lasziven Frauen, aber sie waren niemals zuvor so allgegenwärtig und so öffentlich in Erscheinung getreten. Frauen, die man früher als nymphomanisch bezeichnet hätte, traten jetzt in Fernsehtalkshows auf, zum Beispiel in der Jenny-Jones-Show zum Thema »Sexuelle Promiskuität ohne Reue«.[2] Und Frauenzeitschriften lockten ihre Leserinnen mit umsatzsteigernden Titelgeschichten wie »Bekenntnisse einer echten Nymphomanin«.[3] Die nette alte Dame von nebenan wurde nun regelmäßig mit freizügigen Berichten konfrontiert, wie man sie früher nur in Rotlichtbezirken oder in unter dem Ladentisch gehandelten Herrenmagazinen gefunden hätte. Von der Werbung bis zum Zeitungskiosk, von Sensationsblättern bis hin zu Online-Magazinen schuf die moderne Medienexplosion ein noch nie da gewesenes öffentliches Forum für sexuelle Darstellungen.

Die fröhliche Nymphomanin war an die Öffentlichkeit gegangen, und damit traten neue Spielregeln der Sexualität in Kraft, und die Grenzlinie, die schickliches Sexualverhalten vor allem für Frauen markierte, verschob sich. Aber ungeachtet der allgegenwärtigen Darstellung und Diskussion von Sexualität blieb das alte Unbehagen bestehen: Wie viel Sex ist zu viel? Wie viel ist nicht genug? Und wer entscheidet darüber?

Diese Befürchtungen manifestierten sich auch in der sexuellen Gegenrevolution, die in den achtziger Jahren an Boden gewann. Eine neue konservative Bewegung witterte einen Sündenpfuhl und wandte sich gegen einen moralischen Verfall, der vorehelichen Sex, die Schwulenbewegung, Abtreibung, Pornografie und sexuelle Aufklärung zuließ. Zusätzlichen Auftrieb erhielt die Bewegung, als Prognosen über die Ausmaße der AIDS-Epidemie die Öffentlichkeit in Panik versetzten. In dem veränderten kulturellen Klima nahm die Nymphomanin wieder eine neue Gestalt an: sie wurde zur »Sexsüchtigen«. Nach diesem von den Anonymen Alkoholikern inspirierten Modell konnte Sex – so wie Alkohol und Drogen – zu Suchtverhalten führen.

Wenn wir die Spuren der fröhlichen Nymphomanin und der Sexsüchtigen im riesigen amorphen Areal der Massenkultur verfolgen, zeigt sich, dass einzelne Beispiele aus Zeitschriften oder Filmen kein großes Gewicht haben. Die Idee der Nymphomanie an sich verändert ständig ihre Gestalt, so dass es doppelt schwierig ist, sie dingfest zu machen. Wenn wir jedoch einige Darstellungen der Nymphomanie in repräsentativen und aufschlussreichen Bereichen der populären Kultur genauer betrachten – in Frauenzeitschriften, Kinofilmen und Pornofilmen sowie in Fernsehtalkshows – zeigt sich doch Wesentliches über den Wandel der Einstellung zur weiblichen Sexualität, der sich in den vergangenen Jahrzehnten vollzogen hat.

Frauenzeitschriften

ÜBER HUNDERT JAHRE LANG boten Frauenzeitschriften vor allen Dingen Rat in Herzensangelegenheit und bei Familienproblemen. Der Zeitschrift *Ms.* zufolge revolutionierte Helen Gurley Brown dieses Konzept, als sie in den sechziger Jahren als Chefredakteurin von *Cosmopolitan* erstmals zuließ, dass die Frau als sexuelles Wesen auf den Seiten einer Frauenzeitschrift in Erscheinung trat.[4] Durch ihr Beispiel ermutigt, entdeckten nun auch viele andere Magazine das Thema Sexualität – moderne, anspruchsvolle Modejournale wie *Glamour* und *Harper's Bazaar* bis hin zu Zeitschriften für Frauen der Mittelschicht wie *Redbook*, aber auch Magazine für die afroamerikanische Bevölkerung wie *Ebony* und *Essence*. Je nach Philosophie und Leserschaft widmeten sich die Frauenzeitschriften vornehmlich der Frage, wie man ein braves »schlimmes Mädchen« sein kann: Wie sexy darf eine Frau sein, ohne die Grenzen des guten Benehmens zu überschreiten? Die neue Linie zahlte sich aus: Durch Reportagen, Berichte und Ratgeberkolumnen zum Thema Sex fanden die Zeitschriften viele Käuferinnen, die in den unsicheren Gewässern der sexuellen Revolution nach Orientierung suchten.

Die Frauenzeitschriften machten es sich vor allem zur Aufgabe, ihren Leserinnen zu erklären, dass auch im Zeitalter der sexuellen Befreiung nicht alle althergebrachten Werte ihre Gültigkeit verloren hatten. Untermauert wurde diese Behauptung durch Umfragen. 1974 befragte *Redbook* 100 000 verheiratete Frauen – eine in der Sexualforschung bis dahin unerreichte Zahl. Das Ergebnis brachte »gute Nachrichten über Sex«: Die Umfrage ergab, dass die meisten der Befragten »mit ihrem Ehemann, ihrer Ehe und ihrem Sexualleben zufrieden sind«. Auf diese Umfrage wurde in den Zeitschriften von nun an regelmäßig verwiesen, um den Leserinnen zu versichern, dass »guter Sex« auch in der Ehe möglich ist.[5]

Es überrascht kaum, dass in den Zeitschriften die ambivalente Haltung der Gesellschaft gegenüber der neu entdeckten sexuellen Freiheit von Frauen zum Ausdruck kam. So hieß es zum Beispiel im Jahr 1979 in einer Reportage der Zeitschrift *Mademoiselle:* »Über die Stränge zu schlagen ... macht Spaß und ist [für Singles] praktisch eine Überlebensfrage«. Allerdings wird diese Aussage sogleich in Frage gestellt, denn die Verfasserin schildert ihre kurze Affäre mit einem umwerfenden Iren, die alle Nachteile einer festen Beziehung ohne deren Vorteile hatte, denn sie vereinte »die Gefühllosigkeit einer flüchtigen Liebschaft und die schmerzlichen Konflikte einer ernsten Liebe«.[6] Auch ein 1980 in *Harper's Bazaar* erschienener Artikel, in dem es nicht um private Erfahrungen, sondern um die Meinung von Experten ging, vermittelte widersprüchliche Botschaften über weibliche Sexualität. So erklärte Helen Singer Kaplan, Leiterin des Human Sexuality Program am New York Hospital, Frauen könnten flüchtige sexuelle Beziehungen ebenso genießen wie Männer. Anthony Labrum hingegen, Professor an der Medizinischen Fakultät der Universität Rochester, sprach die Warnung aus: »Frauen brauchen Liebe, Zuwendung und romantische Beziehungen und nicht etwa Geschlechtsverkehr nach fünf Minuten.«[7]

Die Zeitschriften bekräftigten derartige Warnungen durch den Hinweis, dass auch die sexuelle Revolution der Doppelmoral nicht den Garaus gemacht hatte. In einem Artikel aus *Harper's Bazaar* mit dem Titel »Sexzess und Exzess: Sind Sie Nymphomanin?« aus dem Jahr 1986 erklärte der Anthropologe David Givens, schon allein die unterschiedlichen Bezeichnungen für die sexuellen Exzesse von Männern und Frauen – »Nymphomanie« und »Don-Juanismus« – verwiesen auf Vorurteile. Nymphomanie bringe man mit Geisteskrankheit in Verbindung, Don-Juanismus hingegen mit Vornehmheit und spanischer Galanterie. Ungeachtet der Befreiung, so Givens, »werden Männer für ein solches Verhalten [nach wie vor] weniger stigmatisiert«.[8] Einige Jahre später schrieb die Bestsellerautorin Nancy Friday in derselben Zeitschrift: »So offen unsere Gesellschaft scheinen mag, findet eine Frau mit voll entfalteter Sexualität doch keine rückhaltlose Zustimmung.«[9] Diese freimütigen Kommentare wurden zwar als realistische Einschätzung betrachtet, dienten aber letztlich dazu, den Leserinnen ins Gedächtnis zu rufen, dass ein Überschreiten der sexuellen Grenzlinien – auch wenn sich diese verschoben hatten – für Frauen ernstere Folgen hatten als für Männer.

Beim Thema Sexualität bezogen die Frauenzeitschriften keine klare Position – einerseits war vom Ende der sexuellen Revolution die Rede, andererseits erschienen prickelnde Berichte über One-night-stands. Im September 1985 leitete die Zeitschrift *Glamour* einen Bericht über eine Umfrage zum Thema Sexualität mit der Frage ein: »Was ist aus der sexuellen Revolution geworden, die angeblich die Gesellschaft gründlich umkrempeln sollte?« – »Sie hat den Tiefpunkt erreicht«, urteilte der Soziologieprofessor Robert Sherwin, der an der Universität von Miami in Ohio über 21 Jahre hinweg eine Umfrage über Jungfräulichkeit durchgeführt hatte. Bemerkenswerterweise war der Anteil der Jungfrauen aus Schulen mit Koedukation auf seinem Campus von 75 Prozent im Jahr 1963 auf 38 Prozent im Jahr 1978 gesunken. Aber das war längst bekannt. Viel interessanter fanden der Professor und die Zeitschrift, dass sich der Trend umgekehrt hatte. Im Jahr 1984 gaben 43 Prozent der Studentinnen an, sie seien Jungfrau. Von der Annahme ausgehend, dass dieses Ergebnis auch auf andere Universitäten zutraf, sah *Glamour* die Ursachen für den Umschwung in der Furcht vor Geschlechtskrankheiten, im konservativeren politischen Klima an den Hochschulen und im Mitgliederzuwachs der christlichen Religionen, die sexuelle Enthaltsamkeit vor der Ehe forderten.[10]

In der nächsten Ausgabe präsentierte *Glamour* hingegen einen Artikel, der flüchtige Affären zwar generell ablehnte, aber mehrere Frauen zu Wort kommen ließ, die ihre Erlebnisse durchaus positiv schilderten. So erklärte eine Frau, die von einer glückseligen Nacht purer Lust zu erzählen wusste: »Ich bin zu dem Schluss gekommen, wenn ich in der richtigen Laune bin und die Situation stimmt, dann gehe ich mit einem Mann ins Bett und mache mir keine Gedanken darüber, ob es nur ein Abenteuer für eine Nacht ist ... Ich brauche mir nicht versichern zu lassen, dass ich noch weitere Verabredungen ›wert‹ bin.«[11]

Zeitschriften wie *Ebony* und *Essence*, die sich an ein afroamerikanisches Publikum wenden, bezogen ebenfalls eine ambivalente Haltung zur sexuellen Revolution. Bonnie Allen, Redakteurin bei *Essence*, betont: »Wir haben von jeher das Image ›heißblütig‹ verpasst bekommen, und wir wollten uns nicht so verhalten, wie man es uns wegen unserer Hautfarbe unterstellt.«[12] Tatsächlich war angesichts der neuen sexuellen Werte der Drahtseilakt für schwarze Frauen noch schwieriger als für weiße. Dennoch erklärte Robert Staples, Soziologieprofessor an der Universität von Kalifornien in San Francisco, in *Ebony*, dass die sexuell aktivsten alleinstehenden schwarzen Frauen zwischen zwanzig und fünfunddreißig sexuelle Befriedigung als ihr gutes Recht ansahen. Schwarze Frauen der Mittelschicht machten sich in den typischen Treffpunkten der sozial Aufwärtsstrebenden, in Fitnesscentern und während der frühen Abendstunden in Kneipen tatkräftig auf die Suche nach potentiellen Sexual- oder Ehepartnern. Außerdem boten auch die alten Zentren der schwarzen Gemeinden – die Kirchen – Gelegenheit, jemanden kennen zu lernen.[13]

Den konservativen Gegenschlag der achtziger Jahre bekamen Schwarze ebenso zu spüren wie Weiße. Anspielend auf eine »Medien-

offensive« zum Thema sexuell übertragbare Krankheiten, erklärt
Bonnie Allen: »[Die Konservativen] konnten uns durch traditionelle
Moralpredigten nicht in den Griff bekommen, aber dann fanden sie
Mittel und Wege, uns durch die Angst vor Infektion zu kontrollie-
ren.«[14] Die Romanautorin Bebe Moore Campbell, die häufig in *Ebony*
schreibt, stellte jedoch fest, dass die sexuelle Revolution trotz des
Rückschlags schwarzen Frauen etwas Neues und Wichtiges gebracht
hatte: »das Recht, sich ihren Partner selbst auszusuchen und in der
Liebe die Initiative zu ergreifen, aber auch ein neues sexuelles Selbstbewusstsein.«[15]

In der Zeit nach der sexuellen Revolution gelang es keiner Zeitschrift so hervorragend, die neuen Spielregeln für brave und schlimme
Mädchen zu manipulieren, wie der Vorreiterin *Cosmopolitan*. Die Zeitschrift hielt sich weiter an das von Helen Gurley Brown eingeführte
Erfolgsrezept: Man nehme ein schönes, leicht bekleidetes Model, das
die potentiellen Leserinnen und Leser vom Titelblatt verführerisch
anlächelt, und umgebe sie mit sexuell provokativen Schlagzeilen. Und
voilà! Die Zeitschrift verkauft sich mit einer monatlichen Auflage von
drei Millionen.[16]

Cosmopolitan sprach vor allem junge verheiratete Frauen aus der
Arbeiterschicht an, die von einem für sie unerreichbaren Leben als
»Cosmo Girl« träumten. Obwohl *Cosmopolitan* von den vielen Neue-
rungen im Zuge der sexuellen Revolution profitierte und laut verkündete: »Hübsche Mädchen tun es«, vertrat die Zeitschrift letztlich
konservative Werte – zum Beispiel 1995 in einem Artikel mit der Über-
schrift »Bekenntnisse einer echten Nymphomanin«. Hier ist das
Cosmo-Girl ganz stolz darauf, Nymphomanin zu sein, zumal sie mittlerweile den Mann fürs Leben gefunden hat – »den Schatz am Ende des
nymphomanischen Weges«.[17]

Illustriert durch Weichzeichneraufnahmen eines leicht bekleideten
blonden Models mit ihrem Partner, erzählt der Artikel die erstaunliche
Geschichte einer »fröhlichen Nymphomanin« und ihrer 58 Liebhaber.
Sie schildert ihre Abenteuer mit einem Surfer, einem Punk-Rocker,
ihrem Universitätsprofessor, einem Taxifahrer, einem Yogalehrer und
einem Pfleger in dem Krankenhaus, wo sie sich die Nase korrigieren
ließ. Die »echte Nymphomanin« hat wirklich ihren Spaß, erkennt aber
schließlich, dass sie nicht nur Sex will, sondern auch Liebe und Babys.

Nach der Ehe, zwei Kindern und der Scheidung wird ihr klar, dass sie ihr früheres unbekümmertes, sexuell freizügiges Leben nicht wieder aufnehmen kann. Statt dessen wird sie – auch wenn es ein Widerspruch in sich scheint – zur monogamen Nymphomanin, die ihre unersättliche Lust mit einem einzigen Mann auslebt. *Cosmopolitan* präsentiert sie als normale, gesunde, sexuell attraktive Frau, deren Partner »die Hoffnung aufgegeben hat, mich je ganz zu befriedigen, und der wahrscheinlich sagen würde, dass ich so nymphomanisch bin wie eh und je.« Ein Glück für sie, dass ihr Mann fürs Leben »verdammt glücklich« über den Stand der Dinge ist.[18]

In diesem Märchen aus dem Ende des 20. Jahrhunderts braucht der schöne Prinz Dornröschens sexuelles Verlangen nicht zu wecken. Die Prinzessin handelt selbst. Schon allein die Tatsache, dass diese positive Darstellung weiblichen Begehrens an Zeitungskiosken im ganzen Land zu haben war, verweist auf einen tief greifenden kulturellen Wandel. Im Lauf der letzten zwei bis drei Jahrzehnte hatte sich das in Frauenzeitschriften propagierte Weiblichkeitsideal so verändert, dass ein Sexualverhalten Beifall fand, das früher als nymphomanisch bezeichnet worden wäre. Dennoch haben wir es mit einer Geschichte nach traditionellem Strickmuster zu tun: Das Happyend für die »echte Nymphomanin« ist die heterosexuelle Liebe zu einem einzigen, ganz besonderen, gut aussehenden Mann. Die Leserinnen können die vielen sexuellen Abenteuer, von denen sie erzählt, aus zweiter Hand miterleben, ohne dass die Gesellschaft ihnen den Preis abverlangt, den eine Frau, die mit ihren 58 Liebhabern prahlt, bezahlen müsste. Und letztlich wird der Status quo doch nicht in Frage gestellt, denn die Nymphomanin entscheidet sich für die Monogamie und bekennt: »Ganz gleich, wie intensiv meine Lusterlebnisse waren, ich wusste immer, dass ich etwas *Dauerhafteres* suchte.«[19]

Nicht nur *Cosmopolitan* – das Magazin, das Amerika die Themen Sex und weibliche Singles bescherte –, sondern auch andere Zeitschriften befassten sich in ihren Ratgeberkolumnen gelegentlich mit der Frage, worin ein Zuviel an Erotik besteht. So beschäftigte sich die populäre Rubrik »Frag E. Jean« der Zeitschrift *Elle* im Jahr 1995 mit der Frage einer Leserin, die sich hinter dem Pseudonym »Verwirrt« verbarg. Sie schildert einen beunruhigenden Trend bei ihren letzten vier, fünf halbwegs ernsten Beziehungen: »Ich habe einen unersättlichen Sexualtrieb.«»Verwirrt« macht sich Sorgen, weil »wir im ersten Monat, in dem wir miteinander schlafen, ... ständig Sex haben. Er versichert mir, ich sei die Beste, die er je gehabt hat. Dann zeigt er sozusagen Verschleißerscheinungen, denn er ist plötzlich nicht mehr interessiert. ... Ich bekomme noch zu hören, ich sei nymphomanisch, und er macht sich aus dem Staub.« Jetzt hat sie beschlossen, dem Sex abzuschwören, bis sie jemanden kennen lernt, bei dem es den Anschein hat, er würde länger bleiben.[20]

E. Jean antwortet augenzwinkernd: »Neunundneunzig von hundert männlichen Therapeuten würden Ihnen Ihr Geld abknöpfen und versuchen, Ihre so genannte Nymphomanie zu ›behandeln‹, also sinken Sie auf die Knie, meine Liebe, und danken Sie Gott, dass Sie mir geschrieben haben.« Nach diesem Seitenhieb gegen männliche Ärzte und Therapeuten, die das Problem überhaupt erst geschaffen haben, ermuntert E. Jean die Ratsuchende, Sex mit Männern bis zum Exzess auszukosten. Sie solle sich nicht einreden, sie würde Männer verschleißen: dazu sind sie da!

Wie Mae West vertritt E. Jean die Ansicht: »Zuviel von einer schönen Sache ist wunderbar!« Aber ihr Rat enthält auch eine Warnung: Wenn »Verwirrt« an einer ernsten Beziehung interessiert sei, solle sie sexuelle Zurückhaltung zeigen. Warum? Nicht weil ihre »Unersättlichkeit« unmoralisch oder ungesund sei – die moderne Einstellung der Ratgeberin lässt solche altmodischen Ideen nicht zu. Statt dessen greift sie auf die populäre Evolutionstheorie zurück, um einen Rat zu begründen, den auch die konservativste Kummerkastentante hätte erteilen können: Wenn du dir einen Mann angeln willst, lass ihn zappeln. »Verwirrt« soll den Sex aufschieben, weil »die Evolution seit Millionen Jahren ihm sagt, dass Sie, wenn Sie sofort mit ihm Sex haben, auch mit einer Menge anderer Männer ins Bett gehen (ob das nun stimmt oder nicht) – und das ist die *letzte* Eigenschaft, die sich ein Mann an seiner Partnerin wünscht.« E. Jean unterstützt zwar scheinbar das Recht der Ratsuchenden auf viel Sex. Aber sie bekräftigt andererseits, dass die Doppelmoral nach wie vor verlangt, dass die junge Frau sich auf die geltenden Spielregeln einlässt, wenn sie ihren Freund behalten will.

Es überrascht nicht, dass die Ratsuchende verwirrt war. In einer Gesellschaft, die es gutheißt, sexuelle Lust auszuleben, ist es schwer zu begreifen, warum sich mitten im Spiel die Regeln ändern. Sie wird von ganz anderen Sorgen geplagt als »Mrs. B.« aus dem 19. Jahrhundert, die, wie wir in Kapitel 1 gesehen haben, über ihre lasziven Träume so beunruhigt war, dass sie ärztlichen Rat suchte. Im Gegensatz dazu fürchtet die Frau im Jahr 1995 nicht das sexuelle Verlangen an sich; sie begreift nur einfach nicht, warum sie ihre Freunde verschreckt.

Nicht nur Frauen beschäftigt die Frage, ob sie sexuell zu viel fordern, manchmal zeigen sich auch ihre Partner beunruhigt. In einer regelmäßig erscheinenden Kolumne in *Mademoiselle* werden »Sexfragen, die Männer nicht zu stellen wagen«, beantwortet, denn jeden Monat treffen »stapelweise Briefe« von Lesern in der Redaktion ein, die allerlei Fragen über die Frau in ihrem Leben stellen. So schrieb 1996 der neunundzwanzigjährige Brad: »Ich glaube, meine Freundin ist nymphomanisch«, und erhielt darauf von der *Mademoiselle*-Kolumnistin Blanche Vernon die schnoddrige Antwort: »Und was ist daran schlimm?« Sie greift auf die alte Kinsey-Definition zurück: »die meisten Männer betrachten jede Frau als nymphomanisch, die mehr Sex will als sie«, und erklärt, dass »echte Nymphomanie« – ein zwanghaftes, verzehrendes Sexualverhalten – zwar existiere, aber sie glaube nicht, dass Brad – und die meisten anderen Männer – tatsächlich dieses Problem habe. Sie kritisiert die Klischeevorstellung, dass der Sexualtrieb bei Männern immer stärker sein sollte als bei Frauen, und hält es für wahrscheinlich, dass Brads Freundin »einen gesunden sexuellen Appetit hat, der vielleicht robuster ist als Ihrer, und Sie nicht sicher sind, ob Sie sie befriedigen können.« Um den Ratsuchenden zu beruhigen, versichert ihm Blanche Vernon jedoch: »Wenn ihr etwas an Ihnen liegt, dann wird sie nicht mit Ihrem besten Freund durchbrennen«, fährt dann aber mit einem hinterlistigen Seitenhieb auf die Sexualängste der Männer fort: »Nicht einmal wenn Ihr bester Freund auf der Highschool den Spitznamen Ladykiller hatte.«[21]

Auch Dr. Ruth, eine beliebte Ratgeberin, die wegen ihrer freimütigen Sexualratschläge und ihrer großmütterlichen Art ein breites Publikum gewann, beschäftigt sich mit der Frage eines Lesers: »Seit über zwei Jahren hat meine Freundin mich niemals abgewiesen. Glauben Sie, dass sie an Nymphomanie leidet?« Dr. Ruth antwortet mit einem entschiedenen Nein und versteht es, der Nymphomaniedebatte eine neue humorvolle Wendung zu geben: »Aber denken Sie das ruhig von ihr, und seien Sie stolz darauf und schätzen Sie sich glücklich, so wie der Mann, dessen Freundin hübsch, gutmütig und gut aufgelegt ist, ihn nie eifersüchtig macht und außerdem noch einen Golfplatz besitzt.« Den Ausdruck Nymphomanie hält Dr. Ruth für bedeutungslos und meint: »Allzu oft bezeichnet ein Mann eine Frau so, weil sie erheblich mehr an Sex interessiert ist als er.« Um die Sorge des Lesers zu beschwichtigen, rät ihm Dr. Ruth, auf seine fröhliche Nymphomanin stolz zu sein und sich daran zu freuen, wie gern seine Freundin mit ihm schläft.[22]

Auch wenn Anfragen in derartigen Kolumnen häufig schnoddrig beantwortet werden, sprechen sie doch die Sorgen der Leser an. In den besprochenen Fällen wurde versucht, die Befürchtungen der Ratsuchenden zu beschwichtigen. Insbesondere den weiblichen Lesern wird in den Zeitschriften zugestanden, Befriedigung zu erwarten, sich als sexuell aktiv zu sehen und »fröhliche Nymphomaninnen« zu werden. Gleichzeitig zeigen sich in den Fragen wie in den Antworten die Ängste und Unsicherheiten, die durch die neuerdings legitimierten sexuellen Bedürfnisse und Forderungen entstehen.

Nymphomaninnen im Film: Die neue Pornografie

IN DEN RANDBEREICHEN DER MASSENKULTUR hat sich allmählich sogar die Pornografie gewandelt – die am stärksten männerorientierte, bornierteste Darstellung weiblicher Sexualität. Wie Ehehandbücher, Sexumfragen, populäre Ratgeberkolumnen, die Frauenbewegung und die Sexualwissenschaftler Masters und Johnson, jeweils mit eigenen Methoden, versuchten, weibliches Verlangen und weibliche Lust zu beschreiben und zu verstehen, so versuchte das auch die Pornografie. Zwar hatte die Pornografie schon immer von der Darstellung allzeit bereiter Frauen gelebt, aber in den siebziger und achtziger Jahren kam eine neue Komponente hinzu: Frauen, die aktiv ihre Lust auslebten, statt nur auf die Bedürfnisse der Männer einzugehen.[23]

In *Deep Throat* (1972), einem der ersten Pornofilme, die ein Massenpublikum erreichten, stand die Suche einer Frau nach sexueller Lust im Mittelpunkt. Gewiss entsprang die Art und Weise, wie die Protagonistin ihre Befriedigung fand, pubertären Männerfantasien: Die von Linda Lovelace dargestellte Krankenschwester stellt fest, dass ihre Klitoris in der Kehle angesiedelt ist, und ihr größtes Vergnügen besteht in oralem Sex mit ihren zahlreichen Patienten. Doch neben der traditionellen Fixierung auf das Vergnügen der männlichen Darsteller ist der Orgasmus der Heldin – auf der Leinwand, begleitet von Feuerwerk und »Stars and Stripes«, dargestellt – ein sichtbares Zeichen dafür, dass die sexuelle Befriedigung der Frau nicht länger vernachlässigt wird.[24]

Auch das Publikum, das diese neuen Pornofilme und -videos sah, war ein anderes geworden. Die drei großen Pornofilme des Jahres 1972 – *Deep Throat, Behind the Green Door* und *The Devil in Miss Jones* (die Hölle, die Miss Jones durchlebt, besteht aus endloser sexueller Frustration) – liefen nicht in Schmuddelkinos oder ehemaligen Stripteaselokalen, sondern in den großen Lichtspielhäusern im Stadtzentrum, und die Zuschauerzahlen waren rekordverdächtig. Zum ersten Mal standen Paare an der Kinokasse Schlange – und nicht der sprichwörtliche alte Lustmolch im Regenmantel –, um so genannte »Hard-core«-Filme zu sehen. Diese Streifen, in denen verschiedene sexuelle Handlungen in aller Deutlichkeit gezeigt wurden, liefen nicht nur in San Francisco und Manhattan, sondern auch in den Provinzstädten Amerikas. Dieses wachsende Publikum sieht heute einschlägige Kabelfernsehprogramme, entleiht Pornovideos in der Videothek um die Ecke und sucht im Internet nach pornografischen Websites. Welche Ausmaße die milliardenschwere Pornorevolution annimmt, zeigt sich heute überdeutlich.[25]

Die neuen Märkte und die neuen Kundinnen – Schätzungen zufolge werden bis zu 40 Prozent der jährlich entliehenen 100 Millionen indizierten Pornovideos von Frauen ausgeliehen[26] – machten es erforderlich, mit dem bewährten Pornorezept ein wenig zu experimentieren. Die fröhliche Nymphomanin, die in *Deep Throat* erstmals aufgetreten war, gewann in späteren Filmen größere Bedeutung. Marilyn Chambers, die auf dem Filmfestival von Cannes ihr Debüt in *Behind the Green Door* gab, verkörperte in *Insatiable* (1981) und *Insatiable II* (1984) die fröhliche Nymphomanin.

In beiden Filmen spielt sie das temperamentvolle, selbstbewusste und reiche Topmodel Sandra Chase, die, wann immer sie Lust dazu verspürt, sexuell die Initiative ergreift. In einem »Pornutopia«, in dem das reale Machtgefälle zwischen Männern und Frauen keine Rolle spielt, verführt sie und lässt sich verführen. Sexuell passiv ist sie nur, wenn sie selbst es will. Sandra Chase ist die Akteurin und nicht das Lustobjekt wie in den meisten anderen Pornofilmen, und ihre »Unersättlichkeit« bedeutet nicht, dass sie keine Befriedigung findet. Sie verkörpert das Gegenteil des alten medizinischen Begriffs »unersättlich«, mit dem eine »frigide Nymphomanin« bezeichnet wurde, eine Frau, die oft Sex hat, weil sie niemals befriedigt wird. Die fröhliche Nymphomanin verkörpert hingegen eine ganz neue Definition von unersättlich: Ihr Verlangen hält an, obwohl sie sexuell erfüllt ist.[27]

Fröhliche Nymphomaninnen traten auch in den Filmen der wenigen weiblichen Pornostars auf, die hinter die Kamera traten, um selbst Filme zu drehen und zu produzieren. Eine der bekanntesten, Candida Royale, gründete 1984 Femme Productions, weil sie Pornofilme mit anderem Schwerpunkt machen wollte – Filme, die zeigen, wie Frauen ihre Lüsternheit voller Vergnügen ausleben. Streifen wie *Christine's Secret* (1984) oder *The Gift* (1996) präsentieren die typischen sexuellen Handlungen und Stellungen des Pornofilms, beziehen dabei aber den Standpunkt der Frau. Folglich wird die Sinnlichkeit der Sexualität stärker betont, ohne die genitalen Aspekte außer Acht zu lassen.

Der Aufschwung des lesbischen Pornofilms, nicht als sexuelle Stimulation für Männer, sondern zum Vergnügen der weiblichen Zuschauer, zeigt Frauen ebenfalls als Akteurinnen. In diesen neuen frauenorientierten Pornodarstellungen wird weiblichen Sexfantasien und Wünschen größere Aufmerksamkeit geschenkt als dem männlichen Sexualorgan – der Ikone des Pornos. Annie Sprinkle, ebenfalls Pornostar, verbannte 1992 aus ihrem Video *Sluts and Goddesses Workshop* die Männer ganz und stellte statt dessen die Fähigkeit des weiblichen Körpers in den Mittelpunkt, sich selbstständig Genuss zu verschaffen. In dem Video werden in aller Deutlichkeit spektakuläre, durch Vibratoren erzeugte Orgasmen gezeigt – eine pornografische Darstellung dieser, wie Masters und Johnson bewiesen haben, einzigartigen weiblichen Fähigkeit.[28]

Der Gegenschlag: Die Antipornografiebewegung

WÄHREND DIE PORNOINDUSTRIE auf dem besten Wege war, mehr Gewinn abzuwerfen als alle drei großen Fernsehsender zusammen, entstand in den Vereinigten Staaten eine neue Bewegung, die Pornografie bekämpfte. Ähnlich wie Carry Nation, die an der Wende zum 20. Jahrhundert den Alkohol als das Übel ausmachte, das die Lüsternheit der Männer anheizte, riefen die Konservativen späterer Tage zum Kampf gegen die Pornografie auf.[29]

Für die neu erstarkte politische Rechte wurde die Pornografie zum wichtigsten Thema einer Gegenrevolution, die gesellschaftliche Übel wie außerehelichen Sex, Abtreibung, die Schwulenbewegung und alleinerziehende Mütter anprangerte. Konservative Aktivisten wie Pat Robertson mobilisierten die Öffentlichkeit gegen Pornografie als Bedrohung für die Nation und insbesondere für Frauen und Kinder. 1986 kam eine Kommission des Justizministers zum Thema Pornografie zu demselben Ergebnis. Aufgrund der Schlussfolgerung der Kommission, Pornografie in Bild und Schrift stifte Männer zu sexueller Gewalt an – das Gegenteil der Ergebnisse, zu denen 1970 eine Kommission des Präsidenten über Pornografie und unzüchtige Schriften gelangt war –, wurde im Abschlussbericht empfohlen, sexuell freizügiges Material strenger zu reglementieren.[30]

Auch Feministinnen schlossen sich der Antipornografiebewegung an: Sie veranstalteten Demonstrationszüge durch Rotlichtviertel zur »Wiedereroberung der Nacht« und veröffentlichten Fotos von Männern beim Betreten von Sexshops. Auch das oft zitierte Schlagwort: »Pornografie ist die Theorie, Vergewaltigung die Praxis« ist ein Ausdruck der Überzeugung, dass Pornofilme und -videos zu Gewalt gegen Frauen anstiften. Susan Brownmiller, Verfasserin des Buches *Against Our Will: Men, Women, and Rape*, erklärte, die Ablehnung der Pornografie »beruht auf unserer Überzeugung, dass Pornografie Frauenhass verkörpert, dass die Pornografie darauf abzielt, den weiblichen Körper zum Zweck der erotischen Stimulation und Befriedigung zu demütigen, zu entwürdigen und zu entmenschlichen.«[31]

In den optimistischen sechziger Jahren war die Analyse der Pornografie Teil einer umfassenderen feministischen Kritik des Sexismus; er verdeutlichte als ein Beispiel unter vielen, wie Männer aus Frauen

Sexobjekte machten. In den weit weniger hoffnungsvollen achtziger
Jahren, nachdem in langwieriger Arbeit die tief sitzenden Wurzeln der
Frauenverachtung freigelegt worden waren, gelangten Feministinnen
zu der Überzeugung, dass der Pornografie eine Schlüsselfunktion für
die Herrschaft von Männern über Frauen zukam.

Andrea Dworkin, eine Wortführerin der Bewegung, fand dank ihrer
unverblümten Äußerungen in *Woman Hating* (1974) und anderen
Büchern ein großes Medienecho. Sie bezeichnete die männliche Sexualität und ihren deutlichsten Ausdruck, die Pornografie, als »Stoff für
Mord und nicht für Liebe«.[32] Gemeinsam mit der Juraprofessorin Catherine MacKinnon von der Universität von Minnesota formulierte sie
Rechtsvorschriften für Indianapolis und Minneapolis, die eine neue
juristische Definition der Pornografie als »sexuell eindeutige Unter-
ordnung von Frauen, anschaulich dargestellt in Bild oder Wort«, enthielten.[33] Diese neuen Vorschriften, die später für verfassungswidrig
erklärt wurden, ermöglichten Opfern von Gewalttaten, die beweisen
konnten, dass von Pornografie eine gefährdende Wirkung ausging,
Pornoproduzenten auf Schadenersatz zu verklagen.

Der Kampf gegen die Pornografie erschien der Öffentlichkeit als die
feministische Position schlechthin; er stand in Einklang mit dem konservativeren Zeitgeist und profitierte von der Empörung, die Enthüllungen über Vergewaltigung und Inzest weckten. Aber das war nur die
eine Seite der Debatte. Andere Feministinnen erklärten, die Konzent-
ration auf Pornografie fördere ein Wiederaufleben viktorianischer
Vorstellungen von Sexualität und spiele den Konservativen in die
Hände, die nicht nur Pornografie, sondern auch den Sexualkundeun-
terricht unterbinden wollen.

Ellen Willis, die damals für *The Village Voice* schrieb, vertrat darüber hinaus die Ansicht, dass die Antipornografie-Bewegung eine
Gefahr für die Entfaltung weiblicher Sexualität darstelle und Frauen
unter dem Vorwand, sie zu schützen, einenge. Die Antipornografie-
Bewegung vertrete »ein liebes, braves Konzept von Erotik, das nicht
feministisch, sondern vielmehr feminin ist«, schrieb sie. »Es war ja
gerade Sex als aggressive, undamenhafte Aktivität, als Ausdruck lei-
denschaftlicher und unschöner Emotionen, als Ausspielen erotischer
Macht und als spezifisch genitale Erfahrung, die für Frauen tabu
war.«[34]

Andere »Pro-Sex«-Feministinnen waren wie Willis der Überzeugung, dass die Befreiung der Frau die sexuelle Befreiung zur Voraussetzung habe und nicht etwa eine Rückkehr zu der viktorianischen Vorstellung, Frauen seien sexuell passiv und den Männern moralisch überlegen. Ein besonders problematischer Aspekt der Antipornografie-Kampagne sei das Verharren in der Opferrolle, statt den Frauen den Rücken zu stärken, damit sie den Kampf gegen tyrannische Institutionen und Ideologien aufnehmen können. Es überrascht nicht, dass Vertreterinnen der Antipornografie-Bewegung dem entgegenhielten, nur wenn man auf die Stimmen der einzelnen Opfer höre, könne die um sich greifende Frauenfeindlichkeit wirksam bekämpft werden.

Der erbitterte Streit um die Pornografie spaltete die Frauenbewegung, hatte aber kaum Auswirkungen auf die gewaltige Expansion der Pornoindustrie. Ende der achtziger und in den neunziger Jahren gewann die Pornografie Einfluss auf die Mainstream-Kultur. In der Hoffnung auf steigende Gewinne locken Modemagazine, MTV, das Internet, die Werbung und das Kabelfernsehen die Verbraucher mit einer Flut sexuell aufreizender Bilder. Und obwohl die Pornografie auch heute noch am Rande der populären Kultur existiert, erreicht die Darstellung weiblicher Sexualität ein wachsendes Publikum.

Nymphomanie in Hollywood

ES ÜBERRASCHT KAUM, dass auch Hollywood-Filme sich aus dem Bilderrepertoire der Pornografie bedienten. Ein Filmkritiker der *Chicago Tribune* schrieb, in *Basic Instinct* (1992) seien »die Andeutungen von Sadomasochismus, Bisexualität und Nymphomanie, die in [Marlene] Dietrichs Rolle [in *Der blaue Engel*] latent vorhanden waren, in krasser Form dargestellt«.[35] Catherine Trammel, eine Femme fatale im neuen Gewand, dargestellt von Sharon Stone, ist eine »kalte, berechnende und schöne Romanautorin mit einem unersättlichen sexuellen Appetit«.[36] Ihr unabhängiges, aggressives, bisexuelles Verlangen, das sie mit zahlreichen Partnern auslebt, lässt sie als Nymphomanin erscheinen. Wie die Pornofilmheldin Sandra Chase sucht sie sich ihre Sexualpartner selbst aus – angefangen mit ihrer Lebensgefährtin Roxy über den von Michael Douglas dargestellten Kriminalpolizisten bis hin zu dem Rockstar, der zu Beginn des Films einen grausigen Tod findet. Und bei einem Verhör durch fünf Ermittler macht sie sich in einer halb pornografischen Szene zum Objekt der Begierde, indem sie betont langsam ein Bein über das andere schlägt und dabei enthüllt, dass sie unter ihrem Minirock nackt ist.

Anders als die Nymphomanin Marylee in *In den Wind geschrieben* (1956), eine Rolle, für die Dorothy Malone den Oscar erhielt, wird Catherine Trammel am Ende des Films nicht zugunsten der »guten« Frau verlassen. Das Ende von *Basic Instinct* bleibt vielmehr bewusst doppeldeutig und verzichtet auf die herkömmlichen Lösungen: die Buße für ihre Sünden oder die Zähmung durch einen ihrer Liebhaber.[37]

Welchen Eindruck hinterlässt dieser Film schließlich beim Zuschauer? Vielleicht widersteht das Publikum der Versuchung, sich mit Catherine Trammel, der stärksten, cleversten und anstößigsten Figur des Films, zu identifizieren. Schließlich ist ihre Sexualität, so wie in früheren Kinodarstellungen sexuell aggressiver Frauen, mit Kriminalität und Perversion verknüpft. Aber anders als andere zeitgenössische Sexmonster, wie etwa Glenn Close in *Eine verhängnisvolle Affäre* (1987), muss Catherine Trammel nicht für ihre Sünden büßen. Tatsächlich verkörpert sowohl die Filmheldin Catherine Trammel als auch Sharon Stone selbst in ihrer Rolle als Hollywood-Star eine Frau, die Regeln verletzt: Sie sind beide mehr als nur das Objekt männlicher Begierde. Wie andere »fröhliche Nymphomaninnen« präsentieren sie sich als sexuell autonom, stark und unabhängig.[38]

In einem weniger bekannten Hollywood-Film, *Die Lust der schönen Rose* (1991), stellt Laura Dern das Gegenteil einer Femme fatale dar: eine sympathische, sexbesessene, weil liebeshungrige »Nymphomanin«. Ort der Handlung ist eine Kleinstadt in Georgia in den zwanziger Jahren, in der die neunzehnjährige Rose als Hausmädchen der Familie Hillyard für Wirbel sorgt. Ohne zu bemerken, welchen Tumult sie verursacht, schart sie eine Reihe von Verehrern um sich und wirft sich schließlich voller Begeisterung dem Patriarchen der Familie, »Daddy« Robert Duvall, in die Arme.

Als Daddy und Mrs. Hillyard einen Arzt zu Rate ziehen, kommen die beiden Männer zu dem Schluss, Rose sei »sexbesessen«, und beschließen, es sei für Rose »das Beste«, sie mittels einer Radikaloperation, der Entfernung der Gebärmutter, von ihrer Nymphomanie zu »heilen«. In dieser bemerkenswerten Szene springt Mrs. Hillyard auf und hält den Männern, die sich anmaßen wollen, eine solche Entscheidung zu treffen, eine gehörige Standpauke. Und weil wir uns in einem Film der neunziger Jahre befinden – und nicht wirklich in den Südstaaten, wo mindestens bis in die zwanziger Jahre hinein mutmaßliche Nymphomaninnen derartigen Operationen unterzogen wurden –, bleibt Rose diese drastische Therapie erspart.[39]

Im zunehmend fragmentierten Kulturleben der neunziger Jahre folgten auf diese beiden Darstellungen der sexbesessenen Frau viele weitere Filme, die den Zuschauern die verschiedensten Interpretationen von Nymphomanie anboten – wie zum Beispiel Hal Hartleys *Amateur* (1994). Hier spielt Isabelle Huppert eine ehemalige Nonne, die zwar Jungfrau ist, sich aber als Nymphomanin bezeichnet. Auf die Frage des jungen Mannes, den sie gerettet hat und der an Gedächtnisschwund leidet: »Wie können Sie Nymphomanin sein, obwohl Sie nie Sex gehabt haben?«, antwortet sie: »Ich bin wählerisch.«[40]

In krassem Gegensatz zu den Anklängen von schwarzem Humor, der *Amateur* auszeichnet, steht ein anderer Film des Independent-Kinos, *Chasing Amy* (1997). Amy verteidigt leidenschaftlich ihre Abenteuer, die ihr an der Highschool den Spitznamen »Fingerfessel« eingebracht haben, weil sie – in Abwandlung des gleichnamigen chinesischen Spiels – an zwei ihrer Freunde gefesselt mit beiden gleichzeitig Geschlechtsverkehr hatte. »Ich habe alles ausprobiert!«, erklärt sie ihrem Freund. »Das heißt, bis wir – du und ich – uns kennen gelernt haben, da war ich plötzlich zufrieden.« In diesem einfühlsamen Porträt einer experimentierfreudigen jungen Frau erscheint ihr Freund als Dummkopf, weil er nicht in der Lage ist, ihre sexuelle Vergangenheit zu akzeptieren.[41]

In einem typischen Teenagerfilm der achtziger Jahre finden wir eine wieder anders geartete Darstellung von Nymphomanie. In *The Breakfast Club – Der Frühstücksclub* (1985) nutzen fünf privilegierte Highschool-Teenager, die samstags nachsitzen müssen, ihre Zeit, um sich selbst und die anderen besser kennen zu lernen. Wie ums Lagerfeuer sitzen sie im Kreis und lauschen der schockierenden Behauptung der »verrückten« Allison, dargestellt von Ally Sheedy, die erklärt: »Ich habe ungefähr alles gemacht, was es gibt. Außer ein paar Sachen, die illegal sind. Ich bin Nymphomanin.« Auf die Frage des Intelligenzbolzens der Gruppe: »Ist Nymphomanie denn nicht ein Mythos?«, erwidert Allison: »Es ist ein Geisteszustand.« Als Molly Ringwald in der Rolle der beliebten Ballkönigin Claire widerwillig gesteht, sie sei noch Jungfrau, macht Allison einen Rückzieher: »Ich bin keine Nymphomanin, ich bin nur eine zwanghafte Lügnerin.« Es ist nicht ersichtlich, ob die Filmemacher bewusst die Verbindung zwischen weiblicher Sexualität und pathologischem Lügen herstellten, die früher bereits Eingang in die Gesetzgebung gefunden hatte, oder ob damit nur ein weiterer Aspekt von Allisons Neurosen dargestellt werden sollte.[42] Jedenfalls dient Nymphomanie hier als das Kennzeichen eines psychisch gestörten Teenagers.

Die Heldin Nola Darling in Spike Lees Debütfilm *She's Gotta Have It* (1996) wurde als sexuell befreite schwarze Frau begeistert begrüßt. Angesichts des hartnäckigen Stereotyps der »sexbesessenen« schwarzen Frau – ein Erbe der Sklaverei, das den weißen Herren als Vorwand diente, ihre Sklavinnen sexuell auszubeuten – wäre ein positives Filmporträt einer sexuell selbstbewussten schwarzen Frau wirklich radikal gewesen. Oberflächlich betrachtet ist Nola Darling eine solche Frau, denn sie will keinem ihrer drei Liebhaber, Jamie, Greer und Mars, ganz gehören. Aber als ihr Greer vorwirft, sie sei sexuell abnorm – »Ich behaupte nicht, dass du eine Nymphomanin, Schlampe oder Hure bist, aber vielleicht bist du sexsüchtig« –, überlegt Nola, ob er vielleicht Recht hat. Sie sucht eine schwarze Therapeutin auf, die ihr versichert, dass ihr so genannter Freund »einen gesunden Sexualtrieb für eine Krankheit hält«.[43]

Bis zu diesem Punkt ist unklar, wie Spike Lee das Dilemma einer sexuell gesunden schwarzen Frau, die »es wissen will«, auflösen wird. Bezeichnenderweise entscheidet er sich dafür, dem Mann wieder zu seiner Machtposition zu verhelfen, und zwar in einer Szene, in der Jamie Nola aufs Bett stößt und gewaltsam von hinten nimmt. Als Gipfel der Demütigung muss sie auf seine Frage: »Wessen Möse ist das?« »Deine« antworten. Der Schluss des Films vermittelt eine doppeldeutige Botschaft. Einerseits weist Nola alle ihre Liebhaber zurück und erklärt, dass sie allein Macht über ihren Körper und ihr Leben hat. Andererseits hinterlässt die bildhafte Darstellung dessen, was mit einer schwarzen – oder jeder anderen – Frau passiert, die ihre sexuellen Rechte durchsetzt, einen bitteren Nachgeschmack.[44]

Das breite Spektrum nymphomanischer Figuren, die in den Filmen der achtziger und neunziger Jahre auftauchen, zeigt, wie amorph der Begriff geworden ist. So wird in dem spanischen Film *Labyrinth der Leidenschaften* des spanischen Regisseurs Pedro Almodóvar (1982) die unerschrockene Nymphomanin Sexilia, kurz Sexi, zur Heldin einer schwungvollen Sexkomödie, in der alle möglichen merkwürdigen Figuren in den Straßen von Madrid allerhand Missgeschicke erleben. In *Alle sagen: I Love You* (1996) benutzt Woody Allen Nymphomanie als running gag um die Frage, warum er immer wieder an die falsche Frau gerät. Als seine Exfrau ihm deshalb Vorhaltungen macht: »Und was ist mit Madeline? Madeline war eine Nymphomanin!«, schwächt er ab: »Okay, sie hatte ein kleines Problem mit der Treue.« Und in der köstlichen Komödie der Coen-Brüder *The Big Lebowski* (1998) verkündet die Tochter des alten Lebowski, die neue Frau ihres Vaters, ein Pornostar, sei »eine zwanghafte Ehebrecherin«, die »meinem Vater die sprichwörtlichen Hörner aufsetzt«. In einer Sprache wie aus dem medizinischen Lehrbuch erklärt sie außerdem, dass Sex zwar ein »natürliches reizvolles Abenteuer sein kann – aber es gibt ein paar Leute – bei Männern heißt es Satyriasis, bei Frauen Nymphomanie –, die sich zwanghaft und freudlos damit beschäftigen.«[45]

In den Jahren nach der sexuellen Revolution griffen die verschiedensten Filme das Thema Nymphomanie auf. Die Nymphomanin zeigte sich als ultraschicke, unverblümt bisexuelle, gefährliche Femme fatale, als Heldin von Screwball-Komödien, die nur ihr Vergnügen kennt, als sexuell bedürftige junge Frau, die eigentlich Liebe sucht, und als selbstbewusste schwarze Frau, die an ihren Platz verwiesen wird. Beeinflusst von Medizin und Rechtsprechung brachten einige dieser Filme auch Zwanghaftigkeit, pathologisches Lügen und Frigidität mit Nymphomanie in Verbindung. Die Filme gaben teilweise alte Klischeevorstellungen wieder, entwarfen aber auch neue, mehrdeutige und gelegentlich humorvolle Darstellungen der sexbesessenen Frau. Aber wie die Filmkritikerin Molly Haskell anmerkt, zeigte keiner dieser Filme das, was sich die Frauenbewegung ursprünglich von der sexuellen Befreiung erhoffte – eine leidenschaftlich sinnliche Frau, die sich selbst verwirklicht.[46]

Fünfzehn Minuten im Rampenlicht: aus dem Leben
einer »Nymphomanin«

ABSEITS DER GROSSEN KINOS wurde in den neunziger Jahren noch eine andere Nymphomanin zum Star, der die Fantasie der Öffentlichkeit beschäftigte: Kathy Willets, die Frau des Hilfssheriffs von Broward County, Florida, die behauptete, sie sei aufgrund von Nymphomanie zur Prostituierten geworden. Weil sich Kathy Willets als Nymphomanin präsentierte, wurde die Verhaftung eines Callgirls, die sonst wohl wenig Aufmerksamkeit geweckt hätte, zur Mediensensation. Die Geschichte vereint so viele Züge des verbreiteten Klischees der pathologischen, wollüstigen und geradezu humoristischen Nymphomanin, dass ich sie ausführlich untersuchen möchte.

Die Kathy-Willets-Story liefert alle Zutaten, die das Herz des modernen Publikums höher schlagen lassen: einen schmutzigen Sexskandal, Angeklagte, die sich als Opfer darstellen, und die Hoffnung, ein paar »hohe Tiere« buchstäblich mit heruntergelassener Hose zu ertappen. Im Juli 1991, als Kathy und Jeff Willets wegen Prostitution und Abhören der Telefongespräche ihrer Kunden verhaftet wurden, löste das Ereignis in den Vereinigten Staaten wie im Ausland großen Medienrummel aus.[47] Das Ehepaar trat in führenden TV-Talkshows auf, unter anderem bei *Larry King Live, Maury Povich,* der *Phil Donahue Show* und mehrmals bei *Geraldo.* In letzter Minute bliesen sie, unterstützt von ihrem Anwalt, einen Auftritt bei *Oprah Winfrey* ab, weil die Moderatorin heimlich auch mehrere von Kathys Kunden zur der Show gebeten hatte.[48] Nicht ohne Übertreibung stellte 1992 Geraldo Rivera das Ehepaar als »die Hauptakteure in einem der sensationellsten Sexskandale« vor, der »nicht nur im heimatlichen Florida, sondern im ganzen Land, ja weltweit für Schlagzeilen gesorgt hat«.[49]

Alles fing damit an, dass ein unzufriedener Kunde der Polizei den Tipp gab, die Willets' führten in ihrem Haus in einem Vorort von Fort Lauderdale einen Sexshop. Bei einer Durchsuchung fand die Polizei im Haus und im Dienstwagen von Jeff Willets Videofilme, die zeigten, wie Kathy ihren Kunden sexuelle Dienstleistungen erbrachte. Jeff, der im Schlafzimmerschrank versteckt zusah und die Videos aufnahm, führte auch »Die Liste« mit Namen, Datum, Uhrzeit und ausführlichen

Kommentaren über die sexuellen Vorlieben von mindestens fünfzig Ärzten, Anwälten und Geschäftsleuten der Lokalprominenz. Ein wütender Rechtsstreit um die Geheimhaltung der Liste entbrannte. Nur ein Name wurde sofort bekannt – der des zweiten Bürgermeisters von Fort Lauderdale, der sich ironischerweise durch eine Kampagne gegen Topless-Bars profiliert hatte. Er legte »aus persönlichen Gründen« sein Amt nieder.

Unterdessen verlegte sich Ellis Rubin, der Anwalt der Willets', ein bekannter Strafverteidiger, auf eine neuartige Verteidigungsstrategie, die ein großes Medienecho garantierte. Kathy und Jeff plädierten auf nicht schuldig, weil der käufliche Sex nichts anderes sei als die Therapie für ein medizinisches Leiden: Sie sei Nymphomanin, er ein impotenter Voyeur. Rubin behauptete sogar, Kathy habe niemals Geld verlangt, die Männer hätten ihr nur »Geschenke« bis zu 150 Dollar hinterlassen. Auf einer von viele Pressekonferenzen – an manchen Tagen setzten die Zeitungen von Florida allein über ein Dutzend Reporter auf die Story an – kündigte Rubin an, er habe vor, Aussagen von »Experten« beizubringen, die dem Ehepaar geraten hatten, Kathy solle ihre nymphomanischen Fantasien »ausleben«.[50]

Ende August 1991 griff Rubin erneut in die Trickkiste: Kathys Nymphomanie sei ausgelöst worden, als sie Anfang 1990 das Antidepressivum Prozac absetzte. Als sie aufhörte, das Medikament zu nehmen, so Jeff in *Larry King Live*, »ist ihre Libido außer Kontrolle geraten, und bald war der Punkt erreicht, an dem es ihr nicht mehr reichte, drei- bis viermal am Tag Sex zu haben. Ich konnte nicht mehr mithalten.«[51] Auf die Ankündigung, dass die Willets' den Hersteller verklagen wollten, erklärte ein Sprecher von Eli Lilly Co., Prozac habe keinen Einfluss auf das sexuelle Verlangen. »Man hat Prozac für viele Dinge verantwortlich gemacht, aber etwas so Skurriles ist uns noch nicht untergekommen.«[52]

In einer Gesellschaft, in der nichts verschwiegen wird, zog die Geschichte einer Frau, die täglich mit bis zu acht Partnern Sex hat, während ihr Mann zusieht, Zeitungsleser und Fernsehzuschauer in den Bann. Besonders prickelnd wirkte Kathys Enthüllung, sie könne gar nicht genug Sex bekommen. Mit gespieltem Erstaunen fragte Larry King: »Verspüren Sie auch jetzt diesen Drang?«, worauf Mrs. Willets

mit einem nonchalanten »Sicher«[53] antwortete. Ihre Geschichte bot
TV-Interviewern, Zuschauern, Zeitungskommentatoren, Boulevard-
reportern und Sexexperten Gelegenheit, öffentlich über Sex zu reden,
zu diskutieren, was »normales« weibliches Sexualverlangen sei, und
sich über die lockere Moral der Willets' zu empören. Als handle es sich
um eine Sensation, bemerkte Larry King gegenüber Kathy und Jeff
Willets: »Ich würde sagen, wir haben unser Leben lang von Nymphomanie gehört. Aber man hat nur selten die Chance, ein Interview darüber zu führen.«[54]

In den Talkshows zeigte sich auch, wie konturlos der Begriff inzwischen geworden war. Ein dreiundzwanzigjähriger Ehemann, der ebenfalls Jeff hieß und mit einer »Nymphomanin« verheiratet war, trat mit
den Willets' in einer weiteren *Geraldo*-Talkshow zum Thema »Meine
Frau kann nicht genug Sex bekommen« auf. Auf eine Frage aus dem
Publikum gab der junge Ehemann zu, die »unersättlichen« Forderungen seiner Frau bestünden darin, dass sie etwa viermal wöchentlich Sex
wollte. Als Protest gegen das neue Selbstbewusstsein der Frauen
beschwerte sich Jeff, es gefalle ihm nicht, dass seine Frau »anfängt«. Er
wolle die Initiative ergreifen.[55]

Um einer neuen, weiter gefassten Definition von Ehe und Ge-
schlechtsbeziehungen gerecht zu werden, traten in der Talkshow auch
Lisa und Lorrie auf, ein lesbisches Paar. Ebenso wie die beiden Jeffs
hatte auch Lisa das Gefühl, den sexuellen Forderungen ihrer Partnerin
Lorrie nicht gerecht zu werden. Unter Rückgriff auf eine oberfläch-
liche Talkshow-Psychologie kam Geraldo zu dem Schluss – wie im
Fall von Kathy und Jeff – wegen der sexuellen Aggression der »Ehefrau Lorrie« sei dem »Ehemann Lisa« alles vergangen. So unterhaltsam
und prickelnd das Gespräch auch sein mochte, vermittelte es doch den
Eindruck, dass Teilnehmer wie Zuschauer die Folgen der sexuellen
Revolution mit Unbehagen betrachteten.

Anfang 1992 sprach Kathy Willets vorübergehend nicht mehr von
ihrer Nymphomanie, sondern bezeichnete sich als »sexsüchtig«. Pas-
send zu dieser neuen Definition enthüllte Kathy nun, sie sei aufgrund
ihres geringen Selbstwertgefühls zur Prostituierten geworden, ein
Motiv, das in der Literatur über Sexsucht immer wieder angeführt
wird. Im Februar 1992 gestand sie bei *Geraldo* den Zuschauern, es
sei ihr weder um Sex noch um Geld gegangen. Vielmehr war es

»die moralische und emotionale Unterstützung, die Freundschaft, die ich bei diesen Herren fand, die mich wirklich aufgebaut hat.« Ob bewusst oder unbewusst, bewies Kathy, als sie vorübergehend in die Rolle der Sexsüchtigen schlüpfte, Scharfsinn und Gespür für das kulturelle Klima. Jedenfalls fand sie mit dieser Entscheidung ihren Platz in einer Gesellschaft, die für die Opfer und für das Leiden an unkontrollierbaren Sexualstörungen stets Verständnis aufbringt.[56]

Zuletzt fand Kathy zu einer neuen Rolle als Stripteasetänzerin und Pornostar. 1994 trat sie in dem Nachtlokal Alcatraz vierzig Meilen südlich von Detroit auf und erwies sich dank ihrer Berühmtheit als Publikumsmagnet. Bei einem Interview sprachen die Willets' nun nicht mehr von »Sexsucht«, vielleicht weil sie einsahen, dass das Image der fröhlichen Nymphomanin langfristig mehr Zuschauer anlockt als die Opferrolle. »Kathy genießt, was sie tut«, schwärmte Jeff. »Gibt es eine bessere Methode für eine Nymphomanin, den Sex zu bekommen, den sie braucht?« In der Talkshow *Maury Povich* trat Kathy Willets 1996 auf, um für den Pornofilm *A Naked Scandal: The Kathy Willets Story* zu werben, in dem sie die Hauptrolle spielte. Hier festigte Kathy noch einmal ihr neues Image mit der Behauptung, durch ihren Auftritt in »Videos für Erwachsene« käme sie besser mit ihrer Nymphomanie zurecht.[57]

Mittlerweile machten die Willets' längst keine Schlagzeilen mehr. Und selbst als sie noch für Leitartikel und Fernsehauftritte gut waren, hatte man sie nicht recht ernst genommen. Wie *USA Today* meldete, hatte der zuständige Staatsanwalt in Florida den Fall als »Ken und Barbie nehmen Dallas« bezeichnet – eine Anspielung auf einen berüchtigten Pornofilm ähnlichen Titels.[58] Aber ungeachtet des derben Humors kamen doch handfeste Ängste des 20. Jahrhunderts zutage. Die Talkshow-Moderatoren, die Fernsehzuschauer und Tausende von Menschen, die an Kathy schrieben, hatten Fragen: Wie viel ist »zu viel«? Was ist »normale« Sexualität? Wo liegt die Grenze zwischen gesundem und krankem sexuellem Verlangen? Ist Kathy Nymphomanin? Oder ist sie sexsüchtig? In einer Gesellschaft, in der Sexualität als wesentlicher Teil der menschlichen Identität gesehen wird und in der eine erfolgreiche sexuelle Beziehung als Schlüssel zu einem guten Leben gilt, haben derartige Fragen großes Gewicht. Dass die Willets' keine einfache Antwort – oder viele Antworten – gaben, erhöhte die Sorge noch.

Die Geschichte von Kathy und Jeff Willets gab den Medien Gelegenheit, diese Fragen in einem Forum aufzuwerfen, das jedem etwas zu bieten hatte: skandalöse Enthüllungen und moralische Empörung, angereichert durch ein wenig sexuelle Aufklärung. Die Hauptrolle spielte eine Heldin, die gleich mehrere bekannte Eigenschaften der sexbesessenen Frau vereinte: Einerseits war sie eine fröhliche Nymphomanin, die, um ihren unersättlichen Sexhunger zu stillen, viele Partner brauchte, in Pornofilmen auftrat und in Nachtbars tanzte. Gleichzeitig war sie das Opfer eines medizinischen Leidens und nach eigenen Angaben »sexsüchtig«.

Die neuen »sexsüchtigen« Nymphomaninnen

KATHY WILLETS SPIELTE NUR KURZ mit der Bezeichnung »sexsüchtig« und verwarf sie schließlich ganz. Oprah Winfrey hingegen, die Königin der US-amerikanischen Talkshow-Szene, hält Sexsucht für die wichtigste Sucht überhaupt, da über 20 Millionen Amerikaner betroffen und über 2000 Selbsthilfegruppen im ganzen Land aktiv seien.[59] Der Association of Sexual Addiction Problems zufolge sind zehn Prozent der Betroffenen Frauen, andere Quellen gehen davon aus, dass bis zu einem Drittel der bekennenden Sexsüchtigen weiblich sind. Die Behandlung des Leidens ist offenbar ein lukratives Geschäft, denn allein auf der Website des National Council on Sexual Abuse and Compulsivity werden 125 Beratungsdienste, Selbsthilfezentren und Suchtprogramme genannt, meist betreut von Ärzten, Therapeuten und Sozialarbeitern, die sich des Problems annehmen.[60]

Die Vorstellung, dass Sex zur Sucht führen könnte, entstand Ende der siebziger und Anfang der achtziger Jahre, als man überall Suchtprobleme entdeckte: Nicht nur Alkohol und Drogen, sondern auch Glücksspiel, Einkaufen, Arbeiten, Essen oder Sex wurden als Sucht erkannt.[61] Verhaltensweisen, die man früher als Sünde, als Willensschwäche oder einfach als Zuviel des Guten gedeutet hätte, waren jetzt Krankheiten. Hinter dieser neuen Deutung alter Probleme stand die

Theorie, dass Einkaufen, Spielleidenschaft oder das Lesen von Liebesromanen genauso zur Abhängigkeit führen könne wie Alkohol und Drogen. Biologische Erklärungsmodelle gingen davon aus, dass solches Verhalten einen Endorphinrausch erzeuge oder dass suchtanfällige Menschen durch genetische Kodierung oder biochemische Prozesse vorbelastet seien. Psychologen sahen hingegen in geringem Selbstwertgefühl oder Ängsten die Ursache für zwanghaftes, selbstschädigendes Verhalten.[62]

Zur gleichen Zeit wurden auch die hässlichen Geheimnisse des Inzest und des Kindesmissbrauchs ans Licht der Öffentlichkeit gebracht. Ohne überprüfbare Statistiken zugrunde zu legen, wurde in Untersuchungen behauptet, eine von vier Frauen und einer von acht Männern sei in der Kindheit sexuell missbraucht worden und eine Unzahl weiterer Menschen hätten unter emotionaler Vernachlässigung und seelischer Misshandlung zu leiden gehabt. Suchtexperten erklärten, diese »Epidemie« sexuellen Missbrauchs und psychischer Vernachlässigung sei maßgeblich verantwortlich für das Entstehen von Suchtverhalten.[63] Sie meinten, die Traumata der Kindheit hinterließen ein Gefühl der inneren Leere, das Erwachsene durch Essen, Schnaps, Drogen, Sex oder Konsumgüter zu füllen suchten.

In der neuen Diagnose der Sexsucht zeigte sich auch ein allgemeines Unbehagen über die lockeren Sitten, die mit der sexuellen Revolution eingekehrt waren. Auch der Rechtsruck Ende der siebziger und in den achtziger Jahren war von der wachsenden Sorge begleitet, dass die Sexualität außer Kontrolle geraten sei: Pornos waren überall zu haben, immer mehr Teenager wurden schwanger, Sexclubs mit breitem Angebot und Schwulensaunas öffneten ihre Tore, und Zwänge aller Art wurden abgelegt. Als jedoch die AIDS-Epidemie um sich griff und angeblicher Kindesmissbrauch in Tagesstätten ein großes Medienecho fand, entstand Panik. Mit einer Kampagne für die »Werte der Familie« gewann eine rechtsgerichtete religiöse Bewegung wachsenden Einfluss und propagierte die Vorstellung, Sex sei gefährlich und außer Kontrolle geraten.[64]

Unter dem Einfluss fundamentalistisch-christlicher Vorstellungen von Reue und Erlösung gewinnen Sexsüchtige in der populären psychologischen Literatur heute ähnliche Züge wie die Sünder der Vergangenheit. Nach dem Modell der Anonymen Alkoholiker arbeiten

Selbsthilfegruppen wie Sex Addicts Anonymous, Sexaholics Anonymous und Sex and Love Addicts Anonymous mit einer Version des
Zwölf-Schritte-Programms, das von den Teilnehmern verlangt, sich
in die Hand einer höheren Macht zu begeben. Suchtexperten wie Stephen Arterburn, der Verfasser von *Addicted to »Love«* (1996), fordern ihre Leser auf, eine Selbsteinschätzung vorzunehmen und ihre
Bereitschaft zu prüfen, »ungesunde Abhängigkeiten durch Gottver-
trauen« zu ersetzen.[65] Um sexuell »trocken« zu werden, empfehlen
besonders restriktive Gruppen, auf voreheliche Sex, Masturbation,
Pornografie und sexuelle Fantasien zu verzichten und keine homosexuellen Partnerschaften einzugehen. Wie bei anderen Abhängigkeiten gibt es keine »Heilung« und der Gesundungsprozess dauert ein
Leben lang.[66]

Die ersten Bücher, die Sexualität als Suchtkrankheit darstellten,
wie Patrick Carnes' bahnbrechendes Werk *The Sexual Addiction*
(1983), sahen für männliche und weibliche Sexsüchtige dieselbe Therapie vor. Das änderte sich bald, als Therapeutinnen wie Charlotte
Kasl, Autorin von *Women, Sex and Addiction* (1989), den Standpunkt
vertraten, dass Männer und Frauen aufgrund ihrer unterschiedlichen
gesellschaftlichen Prägung ein unterschiedliches Suchtverhalten zeigen. Kasl erklärt, dass Frauen wie Männer Sex benutzen, um sich
stark zu fühlen. Wie jedoch der Titel des Bestsellers *Wenn Frauen zu
sehr lieben* suggeriert, werden Frauen dazu erzogen, den Männern zu
gefallen, und neigen daher eher zur Koabhängigkeit. Sie bieten Sex
und erhoffen sich dafür Romantik, Liebe oder eine Beziehung.[67] Für
Kasl ist sexuelle Koabhängigkeit nur eine leichte Übersteigerung des
Verhaltens, das unsere Kultur für Frauen vorsieht: die passive, liebe-
volle, unterwürfige Frau, die glaubt, sie müsse Sex geben, um Liebe
und Zuwendung zu erhalten. Nicht nur Frauen mit vielen Sexualpartnern, so die Autorin, sondern die große Mehrheit von Frauen, die
ihr anerzogenes Suchtverhalten ausagieren, leiden an Koabhängigkeit. Diese psychische Störung lässt sich mit Hilfe von Therapeuten beheben, die wissen, wie kulturelle Botschaften zur Sucht beitragen.[68]

Kritische Stimmen in der Gemeinde der Sexsüchtigen halten dem
entgegen, diese Unterscheidung zwischen weiblichen und männlichen
Sexsüchtigen erhalte nur alte Geschlechterstereotypen aufrecht. So

erklärt der National Council on Sexual Addiction and Compulsivity: »Sexsüchtige Frauen bevorzugen möglicherweise die Vorstellung, ›liebessüchtig‹ zu sein, weil sie zum Image der romantischen, fürsorglichen Frau passt, während ›sexsüchtig‹ das Bild einer ›Nymphomanin‹, ›Schlampe‹ oder ›Hure‹ heraufbeschwört.«[69] Aus feministischer Sicht passt die neoviktorianische Annahme, Frauen seien »liebessüchtig«, zu der immer noch vorherrschenden Auffassung, Sexualität von Frauen sei »weniger stark, weniger zwingend und weniger tief als die von Männern«.[70]

Die Idee der Sexsucht findet in der Öffentlichkeit nach wie vor großen Anklang. Bekennende Sexsüchtige, Liebes- und Beziehungssüchtige, Koabhängige und Kinder von Sexsüchtigen gehören zu den Lieblingsthemen von Boulevardzeitungen und Talkshows, angefangen mit *Jerry Springer* bis hin zu *Club 700* des Christian Broadcasting Network. In den neunziger Jahren hat sich gezeigt, dass sich das Thema wachsender Popularität erfreut, und der Bedarf der Talkshows an spektakulären sexuellen Abweichungen wird durch die wachsende Suchtbewegung gedeckt. TV-Produzenten wissen – was auch die Einschaltquoten belegen –, dass die Bekenntnisse eines Sexsüchtigen die Zuschauer stärker in den Bann ziehen als die eines Kaufsüchtigen. Um Tag für Tag eine Sendung auf die Beine zu stellen, bemühen sich Sally Jessy Raphael, Pat Robertson, Jenny Jones, Oprah Winfrey und andere Talkshow-Moderatoren nach besten Kräften darum, immer wieder reuige Opfer einer prickelnden Sucht zu präsentieren.[71]

Anders als in den Anfängen von AA, als sich Betroffene in kleinen Gruppen in Gemeindesälen trafen und eingestanden, dass sie ihren Alkoholkonsum nicht kontrollieren konnten, hört heute ein Millionenpublikum, wie Connie, eine ehemalige Sexsüchtige, bekennt: »Sexualität war meine Medizin, wenn ich mich einsam fühlte. Statt zu essen, sättigte ich mich mit Sex.«[72] Um die Ängste der Zuschauer zu schüren, veranstalten viele Talkshows eine Art Sexquiz. Dabei werden allgemein gefasste Fragen gestellt, die sich die Zuschauer zu Hause in aller Stille beantworten können, um festzustellen, ob sie sexsüchtig sind oder mit einem Sexsüchtigen zusammenleben.[73] Talkshowfans behaupten, diese freimütigen Geständnisse würden andere ermutigen, ihre Abhängigkeit zu erkennen und Hilfe zu

suchen. Kritiker halten solchen Seelenstriptease hingegen für voyeu-
ristisch und manipulativ, weil sie die ewige Sinnsuche im menschlichen Leben durch ein geistloses Verlangen nach simplen Lösungen
ersetzen.

Wie die Gynäkologen des 19. Jahrhunderts und ihre Patientinnen
übermäßiges sexuelles Verlangen als organisches Leiden verstanden,
so haben sich Therapeuten und die breite Öffentlichkeit heute daran
gewöhnt, von Sex als Sucht zu sprechen. Für den konservativeren
Zeitgeist gilt Sex nur dann als normal und gesund, wenn er in einer
festen Zweierbeziehung stattfindet, alles andere wird als Symptom
einer psychischen Störung gedeutet. Als Antwort auf die Furcht vor
unkontrollierter Sexualität ist eine breite Selbsthilfebewegung entstanden, die Rückhalt durch die Gruppe und die tröstliche Botschaft
vermittelt, dass Sexsucht beherrschbar sei. Aber Sexualität als Sucht
zu deuten hat auch negative Folgen. Denn betrachtet man sexuelles
Verlangen als explosive – körperliche oder seelische – *innere* Kraft,
die kontrolliert, unterdrückt und gesteuert werden muss, so werden
alle anderen Einflüsse, die die Sexualität prägen, außer Acht gelassen.
Ein enges medizinisches Modell, das ausschließlich individuelle
Lösungen vorsieht, verschleiert die Notwendigkeit gesellschaftlicher
Veränderungen.[74]

Interessanterweise hat sich in der Nymphomanie-Satyriasis-Debatte
das Blatt gewendet. Galt früher jede sexuell aktive Frau als Nymphomanin und wurde bei Männern nur selten Satyriasis diagnostiziert,
sind typische Sexsüchtige – unter ihnen Basketballprofis, Filmstars
oder gar der Präsident der Vereinigten Staaten – heute männlichen
Geschlechts. Einerseits ist darin ein Anzeichen dafür zu sehen, dass die
Kritik der Frauenbewegung an der alten Ausrede »Männer sind nun
mal so« sowie die Offenlegung von Vergewaltigung und Inzest in der
populären Kultur ihre Spuren hinterlassen haben. Andererseits aber
antwortete Doug Weiss, der Verfasser von *The Final Freedom: Pionee-
ring Sex Addiction Recovery,* auf Oprah Winfreys Frage, warum mehr
Männer als Frauen sexsüchtig seien: »Männer finden als Sexsüchtige
immer noch mehr Anerkennung. Ein Mann fragt den anderen: ›Hast
du sie rumgekriegt, hast du's geschafft?‹ Und sie wachsen mit der Vorstellung auf, dass Sex eine Leistung darstellt.« In seinen Augen hat sich
also nicht viel verändert.[75]

Zu Beginn des 21. Jahrhunderts stellt Nymphomanie weder als organisches Leiden noch als spezifische Geistesstörung eine relevante Kategorie dar. Dennoch lebt sie in der populären Kultur fort: verkörpert durch die fröhliche Nymphomanin und durch das missbrauchte Kind, das zur Sexsüchtigen heranwächst. Diese neuen, ebenso oberflächlichen wie zweidimensionalen Varianten der alten Klischeevorstellungen von weiblicher Sexualität zeigen, dass die Fragen: Wie viel ist zu viel? Wie viel ist genug? Und wer befindet darüber? noch immer nicht zufriedenstellend beantwortet sind.

Nachwort

FÜR EINE GESCHICHTE DER NYMPHOMANIE gibt es keinen einfachen Abschluss. Nachdem wir die Entwicklung des Begriffs über zwei Jahrhunderte verfolgt haben, hat sich gezeigt, dass ein Verhalten, das vor dreißig, fünfzig oder hundert Jahren als nymphomanisch galt, heute alltäglich ist. Aber obwohl die doppelte Moral, die darüber bestimmte, wer Sex genießen darf und wie viel Sex »normal« ist, durch die sexuelle Revolution angeblich abgeschafft wurde, herrscht in der Gesellschaft nach wie vor eine starke Ambivalenz gegenüber weiblicher Sexualität. Die alte doppelte Moral wurde durch eine nuancenreichere und kompliziertere Glaubenslehre ersetzt. Frauen befinden sich nach wie vor in einer schizophrenen Situation: Sie sollen sinnlich sein, aber nicht allzu aggressiv; sie dürfen die lesbische Liebe leben, solange sie nicht als Mannweib auftreten; sie dürfen sexuell erfahren sein, aber nicht erfahrener als ihr Partner.

Auch die Bedeutung der Sexualität an sich hat sich im Lauf der letzten zweihundert Jahre gewandelt. Wir sehen Sexualität nicht mehr in erster Linie als Mittel zur Fortpflanzung, sondern verstehen sie als wesentlich für unser Selbstgefühl. Wir glauben, dass befriedigender Sex ein unverzichtbarer Beitrag zum Eheglück und zu einem guten Leben ist. Durch unsere Überzeugung, es sei unser gutes Recht, Sexualität nicht nur zu leben, sondern auch zu genießen, ist der Einsatz im Liebesspiel höher geworden. Im Lauf des 20. Jahrhunderts haben sich die Menschen mit wachsender Sorge Fragen gestellt wie: Mache ich es richtig? Oft genug? Zu oft? Wäre es mit jemand anderem besser?

Mehr Informationen und eine öffentliche Debatte sexueller Fragen haben in den vergangenen Jahren diese Sorgen nicht beschwichtigt.

Vielmehr sind wir wie beim Turmbau zu Babel in eine Situation geraten, in der zahlreiche widersprüchliche Stimmen unaufhörlich
über Sex reden – auf allen verfügbaren Wellenlängen und in allen
Medien.

In unserer modernen wissenschaftlichen Welt möchten wir gern
glauben, dass es eine definitive Methode gibt, um festzulegen, wie
viel Sex normal ist. Wir suchen nach einer vorgegebenen biologischen Grenze, die wir nicht überschreiten dürfen. Aber die Geschichte der Bemühungen, Nymphomanie zu definieren, zeigt, dass
uns die sich ständig ändernde Meinung der Experten wenig Aufschluss gibt.[1]

Bei der Arbeit an diesem Buch ist mir klar geworden, dass sich manche historische Ideen wie Viren verhalten: Im Lauf der Zeit mutieren
sie und passen sich veränderten Bedingungen an. Und auch wenn sie
abhängig von den Bedingungen in bestimmten Epochen besser gedei-
hen als in anderen, verschwinden sie doch nie ganz. Die Nymphomanie gehört zu dieser Kategorie. Im Lauf der Jahre hat sie als Reaktion
auf das sich wandelnde Milieu ihre Gestalt verändert, aber sie ist nie
ganz verschwunden. Im Augenblick hat der Begriff eigentlich keine
große Bedeutung, ja er ist zu einem müden Witz verkommen. Aber
gerade seine große Wandlungsfähigkeit und seine Metamorphose ver-
raten viel über unsere Kultur, Medizin, Psychologie, Gesetzgebung
und die Geschichte der weiblichen Sexualität.

Auf die Gefahr hin, ein unpassendes Bild zu gebrauchen, möchte
ich Nymphomanie mit einem Eisberg vergleichen: ihre Kraft liegt in
dem, was man nicht sieht. Unter der täuschend schlichten Oberfläche
eines Wortes, das »exzessive Sexualität« bedeutet, verbirgt sich eine
Einstellung zu Frauen, die sich in der westlichen Welt über Jahrhunderte herausgebildet hat – angefangen mit der Furcht vor der Unersättlichkeit einer Messalina bis hin zu den Fantasien über allzeit
bereite Frauen, die in der populären Kultur allgegenwärtig sind.
Heute propagiert die Gesellschaft schamlos die Idee des Exzesses
und beutet Sexualität kommerziell aus, um jedes erdenkliche Produkt
zu verkaufen. Aber unsere Angst vor unkontrolliertem Sex ist unver-
kennbar wie eh und je.

Als ich an diesem Nachwort schrieb, hatte ich noch ein aufschluss-
reiches Erlebnis. Ich sprach mit einem Kollegen, der wie viele andere

während meiner Arbeit an diesem Buch verkündete: »Ich kenne eine Nymphomanin.« Nachdem ich Hunderte von Seiten über dieses Thema gelesen und geschrieben hatte, fragte ich: »Und weshalb ist sie eine Nymphomanin?« Leicht verwirrt sah er mich an: »Weil sie die ganze Zeit Sex haben will.« Wenn es nur so einfach wäre.

Anmerkungen

Einleitung

1 Der Begriff »Nymphomanie« ist aus zwei aus dem Griechischen stammenden Wörtern gebildet: *mania*, was soviel bedeutet wie Wahnsinn, Verzückung, und *nymph*, die Braut oder allgemeiner die Unverheiratete. In der Mythologie sind die Nymphen Halbgottheiten, deren Wohnsitz Flüsse, das Meer, Wälder oder Hügel waren und deren Schönheit die Männer in den Wahnsinn trieb. Im Lateinischen bedeutet *nymphae*, der Plural von *nympha*, kleine Schamlippen, was dem Begriff eine weitere Bedeutungsdimension verleiht.

2 Über das Phänomen der Nymphomanie gibt es relativ wenige historische Untersuchungen, wenngleich in den letzten Jahren eine ganze Menge Studien zur Sexualität erschienen sind, die hier nicht alle angeführt werden können. Zur Nymphomanie siehe meine Artikel »Nymphomania and the Historical Construction of Female Sexuality«, *Signs: Journal of Women in Culture and Society* 19 (1994), S. 337-367, sowie »Nymphomania and the Freudians«, *Psychohistory Review: Studies of Motivation in History and Culture* 23 (1995), S. 125-142. Die neueste umfangreichere Untersuchung ist eine populärwissenschaftliche psychologische Arbeit mit einem kurzen Kapitel zum historischen Hintergrund, in dem lediglich die Legenden von Messalina, Kleopatra und Katharina der Großen nacherzählt werden: Albert Ellis und Edward Sagarin, *Nymphomania: A Study of the Oversexed Woman* (New York: Gilbert Press, 1964) [dt. *Nymphomanie* (München: Lichtenberg Verlag, 1967)]. Weiterhin zu nennen sind: G. S. Rousseau, »Nymphomania, Bienville and the Rise of Erotic Sensibility«, in *Sexuality in Eighteenth-Century Britain*, hg. v. Paul Gabriel Bouce (Manchester, UK: Manchester University Press, 1982), S. 95-119; Jean Marie Goulemot, »Fureurs Utérines«, ein Sonderheft von *Dix-Huitième Siècle: Représentations de la vie sexuelle* 12 (1980), S. 97-111; Oscar Diethelm, »La surexcitation sexuelle«, *L'évolution psychiatrique* 31 (1966), S. 233-245; Anne Goldberg, *A Social Analysis of Insanity in Nineteenth-Century Germany: Sexuality, Delinquency and Anti-Semitism in the Records of the Eberbach Asylum*, Diss. phil., UCLA 1992; wei-

terhin ein Aufsatz von Marianne Maaskant-Kleibrink: »Nymphomania«, in *Sexual Asymmetry: Studies in Ancient Society*, hg. v. Josine Blok und Peter Mason (Amsterdam: J. C. Gieben, 1980), S. 275-289.

3 Siehe Jacques Ferrand, *A Treatise on Lovesickness*, hg. und übersetzt von Donald A. Beecher und Massimo Ciavolella (Syracuse, NY: Syracuse University Press, 1991), S. 174, 264 und 505 [*Malinconia erotica. Traité de l'essence et guérison de l'amour*, Venedig 1992]. Griechische Theorien erörtert etwa Lesley Dean-Jones, »The Politics of Pleasure: Female Sexual Appetite in the Hippocratic Corpus«, *Helios* 19 (1992), S. 74-78; Helen King, »Once Upon a Test: Hysteria from Hippocrates«, in *Hysteria Beyond Freud*, hg. v. Sander Gilman u. a. (Berkeley: University of California Press, 1993), S. 3-91.

4 John D'Emilio und Estelle B. Freedman, *Intimate Matters: A History of Sexuality in America* (New York: Harper & Row, 1988), S. 41 und 45 f.; Carol F. Karlsen, *The Devil in the Shape of a Woman: Witchcraft in Colonial New England* (New York: Norton, 1987), S. 159 f.; Thomas Laqueur, *Making Sex: Body and Gender from the Greeks to Freud* (Cambridge, MA: Harvard University Press, 1990), S. 3 f.; Mary Ryan, *Womanhood in America*, 3. Auflage (New York: Franklin Watts, 1983), S. 44 und 90; Ornella Moscucci, *The Science of Woman: Gynaecology and Gender in England, 1800-1929* (Cambridge: Cambridge University Press, 1990), S. 2-28; Laurel Ulrich, *Goodwives: Image and Reality in the Lives of Women in Northern New England, 1650-1750* (New York: Knopf, 1983), S. 104; sowie Jeffrey Weeks, *Sexuality* (London: Routledge, 1986), S. 38 f.

5 Karlsen, *The Devil*, S. 256 f.; Laqueur, *Making Sex*, S. 194-196; Ruth H. Bloch, »Untangling the Roots of Modern Sex Roles: A Survey of Four Centuries of Change, *Signs: Journal of Women in Culture and Society* 4 (1978), S. 245; Mary Beth Norton, *Liberty's Daughters: The Revolutionary Experience of American Women, 1750-1800* (Boston: Little, Brown, 1980), S. 110; Londa Schiebinger, »Skeletons in the Closet: The First Illustrations of the Female Skeleton in Eighteenth-Century Anatomy«, in *The Making of the Modern Body*, hg. v. Catherine Gallagher und Thomas Laqueur (Berkeley: University of California Press, 1987), S. 42-46.

6 Nancy Cott, »Passionless: An Interpretation of Victorian Sexual Ideology«, *Signs: Journal of Women in Culture and Society* 4 (1978), S. 219-236; die gegenteilige Sicht vertritt Karen Lystra, *Searching the Heart: Women, Men, and Romantic Love in Nineteenth-Century America* (New York: Oxford University Press, 1989), S. 58-60; siehe auch Carroll Smith-Rosenberg, *Disorderly Conduct: Visions of Gender in Victorian America* (New York: Knopf, 1985), S. 302.

7 Laqueur, *Making Sex*, S. 79-96.

8 Dean-Jones, »The Politics of Pleasure«, S. 73; Michel Foucault, *Sexualität und Wahrheit*, Bd. 1, *Der Wille zum Wissen* (Frankfurt am Main: Suhrkamp, 1987, übersetzt von Ulrich Raulf und Walter Seitter); Michael Mason, *The Making of Victorian Sexuality* (Oxford: Oxford University Press, 1994), S. 177-182 und 194.

9 Carroll Smith-Rosenberg und Charles Rosenberg, »The Female Animal: Medical and Biological Views of Woman and Her Role in Nineteenth-Century America«, *Journal of American History* 60 (1973), S. 332-356; Ruth Bloch, »American Feminine Ideals in Transition: The Rise of the Moral Mother, 1785-1815«, *Feminist Studies* 4 (1978), S. 101-126; Anne Digby, »Women's Biological Straitjacket«, in *Sexuality and Subordination: Interdisciplinary Studies of Gender in the Nineteenth-Century*, hg. v. Susan Mendus und Jane Rendall (London: Routledge, 1989).

10 Patricia Cline Cohen, *Murder of Helen Jewett: The Life and Death of a Prostitute in Nineteenth-Century New York City* (New York: Knopf, 1998), S. 184; D'Emilio und Freedman, *Intimate Matters*, S. 39-48; Norton, *Liberty's Daughters*, S. 228.

11 D'Emilio und Freedman, *Intimate Matters*, S. 42-48; Ellen K. Rothman, *Hands and Hearts: A History of Courtship in America* (New York: Basic Books, 1984).

12 Groneman, »Nymphomania«, S. 350-353; E. H. Hare, »Masturbatory Insanity: The History of an Idea«, *Journal of Mental Science* 108 (1962), S. 1-25; Michael Mason, *The Making of Victorian Sexuality* (New York: Oxford University Press, 1994), S. 182; A. P. Duprest-Rony, »Satyriasis«, in: *Dictionnaire des Sciences Médicales*, Bd. 50 (Paris: Pancoucke, 1820), erörtert zeitgenössische Vorstellungen von Satyriasis.

13 John Routledge Martin, *Sex and Science: Victorian and Post-Scientific Ideas in Sexuality*, Diss. phil. Duke University, 1978, S. 50; Mason, *The Making of Victorian Sexuality*, S. 195 f.

14 Was uns als Widerspruch zwischen den biologischen Theorien der viktorianischen Zeit über »die« von ihren Fortpflanzungsorganen beherrschte »Frau« (demzufolge wären also alle Frauen gleich) und den Unterscheidungen zwischen Mittel- und Unterschicht, schwarzen und weißen Frauen erscheint, wurde mit der Evolutionstheorie erklärt. Die »höher entwickelte« weiße Mittelschichtfrau war kultivierter, gebildeter und moralischer und hatte demzufolge ein geringeres sexuelles Verlangen. Siehe dazu Victoria Bynum, *Unruly Women: The Politics of Social and Sexual Control in the Old South* (Chapel Hill: University of North Carolina, 1992), S. 89; Sander Gilman, »Black Bodies, White Bodies: Toward an Iconography of Female Sexuality in Late Nineteenth-Century Art, Medicine and Literature«, *Critical Inquiry* 12 (1985), S. 204-242; Gerda Lerner, *Black Women in White America: A Documentary History* (New York: Pantheon Books, 1972), S. 149-171; Cynthia Eagle Russett, *Sexual Science: The Victorian Construction of Womanhood* (Cambridge, MA: Harvard University Press, 1989), S. 26-28 und 51-54; Weeks, *Sexuality*, S. 39-41; sowie Deborah Gray White, *Ar'n't I a Woman? Female Slaves in the Plantation South* (New York: Norton, 1985), S. 27-46.

15 Klinische Beobachtungen von Nymphomanie oder »furor uterinus«, wie es bis ins 17. Jahrhundert hinein hieß, waren in medizinischen Theorien bereits seit dem 15. Jahrhundert diskutiert worden; im 16. und 17. Jahrhundert erschienen

zahlreiche medizinische Dissertationen und wissenschaftliche Abhandlungen über diese Krankheit. Über Fälle von »furor uterinus« wurde aus England, Frankreich, Deutschland, Italien, Portugal und Spanien berichtet. Siehe Oscar Diethelm, *Medical Dissertation of Psychiatric Interest Before 1750* (Basel: Karger 1971), S. 62 und 139.

16 Meine Fallbeispiele sind verschiedenen medizinischen Quellen entnommen, stets aber nur solchen, bei denen »Nymphomanie« Bestandteil der Diagnose war. Die hier berücksichtigten medizinischen Zeitschriften sind *Alienst and Neurologist, American Gynecological and Obstetrical Journal, American Journal of Insanity, American Journal of Medical Science, American Journal of Obstetrics and Disease of Women and Children, American Journal of Urology and Sexology, American Practitioner, Boston Medical and Surgical Journal, British Gynaecological Journal, Journal of the American Medical Association, Journal of Nervous and Mental Disease, Journal of Psychological Medicine and Mental Pathology, Lancet, Medical and Surgical Reporter, New York Medical and Physical Journal, Transactions of the American Association of Obstetricians and Gynecologists* sowie *Transactions of the American Medical Association*. Darüber hinaus untersuchte ich Dutzende von medizinischen Texten des 19. und frühen 20. Jahrhunderts.

17 Siehe Nancy Theriot, »Women's Voices in Nineteenth-Century Medical Discourse: A Step Toward Deconstructing Science«, *Signs: Journal of Women in Culture and Society* 19 (1993), S. 1-31; siehe auch Charles Rosenberg, »Disease in History: Frames and Framers«, *Milbank Quarterly* 67, Suppl. 1 (1989), S. 1-15.

18 Wardell B. Pomeroy, *Dr. Kinsey and the Institute for Sex Research* (New Haven: Yale University Press, 1982), S. 316.

Nymphomanie als körperliches Phänomen

1 Hor und Sprague [Vornamen fehlen], »Case of Nymphomania«, *Boston Medical and Surgical Journal* 25 (1841), S. 61 f.

2 Die nachfolgende Erörterung folgt James H. Cassedy, *Medicine in America: A Short History* (Baltimore: Johns Hopkins Press, 1991); John Duffy, *From Humors to Medical Science: A History of American Medicine*, 2. Auflage (Urbana: University of Illinois Press, 1993); Deborah Kuhn McGregor, *From Midwives to Medicine: The Birth of American Gynecology* (New Brunswick: Rutgers University Press, 1998); Regina Morantz-Sanchez, *Conduct Unbecoming a Woman: Medicine on Trial in Turn-of-the-Century Brooklyn* (New York: Oxford University Press, 1999); Ornella Moscucci, *The Science of Woman: Gynaecology and Gender in England 1800-1929* (Cambridge: Cambridge Uni-

versity Press, 1990); Charles E. Rosenberg, »The Therapeutic Revolution: Medicine, Meaning and Social Change in Nineteenth-Century America«, in *The Therapeutic Revolution: Essays in the Social History of America*, hg. v. Morris J. Vogel und Charles E. Rosenberg (Philadelphia: University of Pennsylvania Press, 1979), S. 3-25; Cynthia Eagle Russett, *Sexual Science: The Victorian Construction of Womanhood* (Cambridge, MA: Harvard University Press, 1989); Edward Shorter, *From Paralysis to Fatigue: A History of Psychosomatic Illness in the Modern Era* (New York: Free Press, 1992); Carroll Smith-Rosenberg und Charles Rosenberg, »The Female Animal: Medical and Biological Views of Woman and Her Role in Nineteenth-Century America«, *Journal of American History* 60 (1973), S. 332-356, sowie Nancy Theriot: »Women's Voices in Nineteenth-Century Medical Discourse: A Step Toward Deconstructing Science«, *Signs: A Journal of Women in Culture and Society* 19 (1993), S. 1-31.

3 Rosenberg, »The Therapeutic Revolution«, S. 5.

4 Eine gründliche Untersuchung ist Horatio R. Storer, *The Causation, Course and Treatment of Reflex Insanity in Women* (Boston: Lea & Shepard, 1871); McGregor, *From Midwives to Medicine*, S. 137, 143 und 155; Morantz-Sanchez, *Conduct Unbecoming*, S. 117; Mary Poovey, »›Science of an Indelicate Character‹: The Medical ›Treatment‹ of Victorian Women«, in *The Making of the Modern Body*, hg. v. Catherine Gallagher und Thomas Laqueur (Berkeley: University of California Press, 1987), S. 145.

5 Siehe zum Beispiel die Fallbeschreibungen bei John Charles Bucknill und Daniel H. Tuke, *A Manual of Psychological Medicine* (New York: Hafner Publishing Co., 1858), das erste moderne Lehrbuch der psychologischen Medizin, geschrieben in England und nach Veröffentlichungen unter anderem im *American Journal of Insanity* auch in den Vereinigten Staaten sehr bekannt geworden.

6 Ann E. Goldberg, *A Social Analysis of Insanity in Nineteenth-Century Germany: Sexuality, Delinquency, and Anti-Semitism in the Records of the Eberbach Asylum*, Diss. phil., University of California at Los Angeles, 1992, Kapitel 2: »Nymphomania: The Medical Setting«, S. 56-138.

7 Darüber hinaus glaubte man, erbliche oder konstitutionelle Schwäche prädisponierten manche Frauen für Nerven- und Geisteskrankheiten. Manche Ärzte suchten nach sozialen Ursachen wie beengte Wohnverhältnisse und die Belastungen des Stadtlebens, einige betrachteten sogar die gesellschaftlichen Restriktionen gegenüber den Frauen als einen Faktor, der den Anstieg dieser Krankheiten begünstigte.

8 M. D. T. Bienville, *Nymphomania, or a Dissertation Concerning the Furor Uterinus*, übersetzt von Edward Sloane Wilmot (London: J. Bew, 1775), S. 51 [Originalausgabe *La nymphomanie ou Traité de la Fureur utérine*, Amsterdam 1771]; Siehe Michael Mason, *The Making of Victorian Sexuality* (New York: Oxford University Press, 1994), S. 194: »Selbst der Moralismus in der Medizin des 19. Jahrhunderts, der einem modernen Leser kaum nachvollziehbar erscheinen mag, hatte seine tröstlichen Seiten.« So war es für viele Paare gewiss eine Ent-

lastung zu glauben, Geschlechtsverkehr einmal pro Woche oder seltener sei ein
Zeichen für tugendhafte Beherrschung ihres sexuellen Verhaltens.

9 »Analytic Review« und »On the Pathology and Characteristics of Insanity«,
   Journal of Psychological Medicine and Mental Pathology 2 (1849), S. 19-30 und
   534-554; »Case of Apoplexy in the Cerebellum«, *Lancet* 1 (1849), S. 319f.;
   »Case of Hysteria and Hysteromania«, *American Journal of Insanity* 17 (1860-
   61), S. 126-152; »Report on Insanity«, *Transactions of the American Medical
   Association* 19 (1868), S. 161-188; David Ferrier, *Functions of the Brain* (London: Smith, Elder, 1876), S. 122; Michael Shortland, »Courting the Cerebellum:
   Early Organological and Phrenological Views of Sexuality«, *British Journal for
   the History of Science* 20 (1987), S. 173-199; Theriot, »Women's Voices«, S. 4-10.
10 Siehe zum Beispiel M. Magendie: »Lectures on the Physiology of the Nervous
   System«, *Lancet* 2 (1836-37), S. 463-465 und 505.
11 Cassedy, *Medicine in America*, S. 74; Duffy, *From Humors to Medical Science*,
   S. 71-74; Theriot, »Women's Voice«, S. 4-7.
12 »On the Pathology«, *Journal of Psychological Medicine*, S. 539; R. Dunn, »Case
   of Apoplexy in the Cerebellum«, *Lancet* 1 (1849), S. 321; Shortland, »Courting
   the Cerebellum«, S. 182-189.
13 Thomas Laycock, *A Treatise on the Nervous Diseases of Women* (London:
   Longman, Orme, 1840), S. 176f.; Samuel Ashwell, *A Practical Treatise on the
   Diseases Peculiar to Women*, 3. Auflage (Philadelphia: Blanchard & Lea, 1848),
   S. 703; Charles D. Meigs, *Woman: Her Diseases and Remedies* (Philadelphia:
   Blanchard & Lea, 1859 [1848]), S. 151f.; Fleetwood Churchill, *On the Diseases
   of Women* (Philadelphia: Blanchard & Lea, 1857), S. 70-73 und 402; Hugh L.
   Hodge, *On the Diseases Peculiar to Women* (Philadelphia: Blanchard & Lea,
   1860), S. 101; S. E. D. Shortt, *Victorian Lunacy: Richard M. Bucke and the Prac-
   tice of Late Nineteenth-Century Psychiatry* (Cambridge: Cambridge University Press, 1986); Smith-Rosenberg und Rosenberg, »The Female Animal«.
14 Harvey Graham, *Eternal Eve: The Mysteries of Birth and the Customs That
   Surround It* (London: Hutchinson, 1960), S. 257; Duffy, *From Humors to Medical Science*, S. 180; Charles Rosenberg und Carroll Smith-Rosenberg, *The Male
   Midwife and the Female Doctor: The Gynecology Controversy in Nineteenth-
   Century America* (New York: Arno Press, 1974) mit wichtigen Dokumenten
   der Debatte.
15 Marshall Hall, »On a New and Lamentable Form of Hysteria«, *Lancet* 1 (1850),
   S. 660f.; siehe auch McGregor, *From Midwives to Medicine*, S. 49; Moscucci,
   The Science of Woman, S. 116; Charles Rosenberg, »The Practice of Medicine in
   New York a Century Ago«, *Bulletin of the History of Medicine* 41 (1967),
   S. 241.
16 Theriot, »Women's Voices«, S. 17-21.
17 Homer Bostwick, *A Treatise on the Nature and Treatment of Seminal Diseases,
   Impotency and Other Kindred Affections*, 8. Auflage (New York: Stringer &
   Townsend, 1855), S. 208-211.

18 *Ebd.*, S. 209.
19 *Ebd.*, S. 210f.
20 William Hammond, *A Treatise on Insanity in Its Medical Relations* (New York: Appleton, 1883), S. 552; Frank Lydston, »Sexual Perversion, Satyriasis and Nymphomania«, *Medical and Surgical Reporter* 61 (1889), S. 283; Max Huhner, *Disorders of the Sexual Function in the Male and Female* (Philadelphia: F. A. Davis, 1920 [1916]), S. 159.
21 Henry Maudsley, *The Pathology of Mind* (London: Julian Friedmann, 1867), S. 388; siehe auch Bucknill und Tuke, *A Manual of Psychological Medicine*, S. 524.
22 F. H. Hamilton, »Varicocele and Extirpation of the Testes, with Remarks upon the Radical Treatment of Varicocele«, *Boston Medical and Surgical Journal* 25 (1841), S. 153-159; H. J. Bigelow, »Castration as a Means of Cure for Satyriasis«, *Boston Medical and Surgical Journal* 61 (1859), S. 165; George T. Welch, »Satyriasis Caused by Varicocele and Ceasing After Successful Operation for the Latter«, *Medical Record* 36 (1889), S. 181. Chirurgische und pharmakologische Methoden bei der Behandlung von übersteigerter männlicher Sexualität, gewöhnlich Masturbation, waren in der zweiten Hälfte des 19. Jahrhunderts weit verbreitet; hierzu gehörte u. a. Ätzung der Vorhaut, Anbringung eines silbernen Rings an der Vorhaut und Infibulation. Siehe auch E. H. Hare, »Masturbatory Insanity: The History of an Idea«, *Journal of Mental Science* 108 (1962), S. 10f.
23 Dr. Field, zitiert in »Obstinate Erotomania«, *American Journal of Obstetrics and Diseases of Women and Children* 1 (1869), S. 423f., von nun ab mit *AJO* abgekürzt.
24 Horatio R. Storer, »Cases of Nymphomania«, *American Journal of Medical Science* 32 (1856), S. 378-387. Die folgenden Ausführungen beziehen sich auf diesen Fall.
25 John Tompkins Walton, »Case of Nymphomania Successfully Treated«, *American Journal of Medical Science* 33 (1857), S. 47-50. Die folgenden Ausführungen beziehen sich auf diesen Fall.
26 Siehe Henry Maudsley, *Body and Mind* (London: Macmillan, 1873), S. 76; Richard von Krafft-Ebing, *Psychopathia Sexualis* (München: Matthes & Seitz Verlag, 1997 [Erstausgabe 1887]), S. 360-367.
27 Andrew Scull und Diane Favreau, »The Clitoridectomy Craze«, *Social Research* 53 (1986), S. 243-260; Moscucci, *The Science of Woman*, S. 108f. und 131f.; Shorter, *From Paralysis to Fatigue*, S. 77-80; Die Medizinhistorikerin Nancy Tomes, »Historical Perspectives on Women and Mental Illness«, in *Women, Health and Medicine in America*, hg. v. Rima D. Apple (New York: Garland, 1990), S. 159f., warnt vor vereinfachenden Theorien über die Motivationen männlicher Ärzte: »Bei der Mehrzahl der von Neurologen durchgeführten gynäkologischen Operationen handelte es sich um die üblichen Beschwerden nach der Entbindung. Anstaltsärzte dagegen führten kaum gynäkologische Untersuchungen durch, geschweige denn Operationen.«

28 William Goodell, »Discussion: ›Oophorectomy‹ by Thomas Savage«, in *Trans-actions of the International Medical Congress, Seventh Session* (London: J. W. Kolckmann, 1881), S. 295, zitiert bei Lawrence D. Longo, »The Rise and Fall of Battey's Operation: A Fashion in Surgery«, in *Women and Health in America: Historical Readings*, hg. v. Judith Leavitt (Madison: University of Wisconsin Press, 1984), S. 283.

29 Longo, »The Rise and Fall«, S. 271. Longo, S. 275, zufolge wurde die Operation »von Stadt- wie Landärzten durchgeführt, und zwar nicht nur bei den verschie-denen Neuralgien und schwerer Dysmenorrhöe, sondern auch bei Epilepsie, Nymphomanie und Geistesgestörtheit.«

30 Moscucci, *The Science of Women*, S. 102.

31 Graham Barker-Benfield, *The Horrors of the Half-Known Life* (New York: Harper & Row, 1976), S. 80-90; Longo, »The Rise and Fall«, S. 274; Scull und Favreau, »The Clitoridectomy Craze«, S. 251; zur Anzahl der Operationen siehe Shorter, *From Paralysis to Fatigue*, S. 77-80. Nach Walter Alvarez von der Mayo Clinic, auf den sich Shorter bezieht, glaubten Frauen in amerikanischen Kleinstädten in den zwanziger und dreißiger Jahren, Klitoridektomie dämpfe übersteigerten sexuellen Appetit.

32 A. J. Block, »Sexual Perversion in the Female«, *New Orleans Medical and Sur-gical Journal* 22 (1894), S. 1-6. Siehe auch J. A. Sutcliffe, »Excision of the Clito-ris in a Child for Nymphomania«, *Indiana Medical Journal* 8 (1889), S. 64 f.

33 T. Spencer Wells, Alfred Hegar und Robert Battey, »Castration in Nervous Diseases: A Symposium«, *American Journal of Medical Science* 92 (1886), S. 470.

34 William Pawson Chunn, »A Case of Nymphomania«, *Maryland Medical Jour-nal* 17 (1887), S. 121; Robert Lawson Tait, »Note on the Influence of the Remo-val of the Uterus and Its Appendages on the Sexual Appetite«, *British Gynaeco-logical Journal* 4 (1888), S. 315; A Laptham Smith, »A Case in Which Sex Feeling First Appeared After Removal of Both Ovaries«, *AJO* 42 (1900), S. 839-842; Moscucci, *The Science of Woman*, S. 127.

35 Charles K. Mills, »A Case of Nymphomania with Hystero-Epilepsy and Pecu-liar Mental Perversions – The Results of Clitoridectomy and Oophorectomy – The Patient's History as Told by Herself«, *Philadelphia Medical Times* 15 (1885), S. 534-540.

36 Diesen Fall habe ich sehr verkürzt wiedergegeben.

37 Über die Rolle der Patientinnen bei der Konstruktion des Krankheitsbildes siehe Theriot, »Women's Voice«, S. 16-24.

38 Mills, »A Case of Nymphomania«, S. 538.

39 *Ebd.*, S. 539.

40 *Ebd.*, S. 536.

41 *Ebd.*

42 C. H. F. Routh, »On the Etiology and Diagnosis Considered Specially from a Medico-Legal Point of View for Those Cases of Nymphomania Which Lead

Women to Make False Charges Against Their Medical Attendants«, *British Gynaecological Journal* 2 (1887), S. 485-511; Zitat S. 486; siehe auch Frank Lydston, »Sexual Perversion, Satyriasis and Nymphomania«, *Medical and Surgical Reporter* 61 (1889), S. 281-285, sowie Howe, *Excessive Venery*, S. 108 f.

43 Routh, »On the Etiology«, S. 489 f.

44 Howe, *Excessive Venery*, S. 109 f.

45 J. Milne Chapman, »On Masturbation as an Etiological Factor in the Production of Gynic Diseases«, *AJO* 16 (1883), S. 450-458, 578-598; Zitat S. 595; siehe auch F. S. Sharpe, »Hairpin in the Female Bladder«, *American Journal of Medical Sciences* 68 (1874), S. 577 f.; S. E. McCully, »Letter to the Editor: Masturbation in the Female«, *AJO* 16 (1883), S. 844-846; Lydston, »Sexual Perversion«, S. 282; Block, »Sexual Perversion«, S. 5.

46 Siehe zum Beispiel James Jager Hillary, »Behavior of the Uterus During Orgasm, *AJO* 16 (1883), S. 1170 f.; McCully, »Letter«, S. 844 f. John Rutledge Martin untersuchte in *Sex and Science: Victorian and Post-Scientific Ideas in Sexuality*, Diss. phil., Duke University, 1978, S. 102-117, die medizinischen Vorstellungen von weiblicher Sexualität und kam zu dem Schluss, dass die meisten Ärzte sehr wohl erkannten, dass Frauen beim Koitus sexuelles Verlangen und Lust empfanden, auch wenn sie das sexuelle Verlangen des Mannes für stärker hielten. Siehe auch Mason, *The Making of Victorian Sexuality*, S. 200-204, der die häufig zitierte Bemerkung des Arztes William Acton um 1850 wiedergibt: »Die Mehrzahl der Frauen ... wird kaum von sexuellen Gefühlen irgendwelcher Art geplagt«. Dies, so Mason, spiegle Actons Bemühen, Männer zu beruhigen, die sich vor der weiblichen Sexualität fürchteten. Actons Bemerkung sei im übrigen »in der Sexualliteratur jener Zeit einzigartig.«

47 R. L. Payne, »A Case of Nymphomania«, *Medical Journal of North Carolina* 2 (1859), S. 569 f.

48 Chapman, »On Masturbation«, S. 458; siehe auch Poovey, »Scenes of an ›Indelicate Character‹«, S. 137-168.

49 Krafft-Ebing, *Psychopathia Sexualis*

50 Krafft-Ebing, *Psychopathia Sexualis*, S. 363; A. von Schrenk-Notzing, *Therapeutic Suggestions in Psychopathia Sexualis*, übers. v. Charles Gilbert Chaddock (Philadelphia: F. S. Davis, 1895), S. 32; Lydston, »Sexual Perversion«, S. 316; A. Forel, *The Sexual Question: A Scientific, Psychological, Hygienic and Sociological Study* (New York: Physicians and Surgeons, 1924 [1906], S. 252; Max Huhner, *Disorders of the Sexual Function in the Male and Female* (Philadelphia: F. A. Davis, 1920 [1916]), S. 164; Sander Gilman, *Sexuality: An Illustrated History* (New York: Wiley 1989), S. 299.

51 Carlton Frederick, »Nymphomania as a Cause of Excessive Venery«, *AJO* 56 (1907), S. 810.

52 George Chauncey, »From Sexual Inversion to Homosexuality: Medicine and the Changing Conceptualization of Female Deviance«, *Salmagundi* 58/59 (1983), S. 124 f.; David Greenberg, *The Construction of Homosexuality* (Chi-

cago: University of Chicago, 1988), S. 427; Nancy Sahli, »Smashing: Women's
Relationships Before the Fall«, *Chrysalis* (1979), S. 18-27.

53 L. M. Phillips, »Nymphomania: Reply to Questions«, *Cincinnati Medical Journal* 10 (1895), S. 467-471.

54 *Ebd.*, S. 469.

55 *Ebd.*

56 *Ebd.*

57 *Ebd.*, S. 471.

Nymphomanie in neuem Gewand

1 Richter Ben Lindsey, »Wisdom for Parents«, in *Sex in Civilisation*, hg. v. V. F. Calverton und S. D. Schmalhausen (Garden City, NY: Garden City Publishing Co., 1929), S. 188; Beatrice Forbes-Robinson Hale, »Women in Transition«, in *Sex in Civilization*, S. 68 f.

2 John D'Emilio und Estelle B. Freedman, *Intimate Matters: A History of Sexuality in America* (New York: Harper & Row, 1988), S. XV-XVI.

3 Barbara Epstein, »Family, Sexual Morality, and Popular Movements in Turn-of-the-Century America«, in *Powers of Desire: The Politics of Sexuality*, hg. v. Ann Snitow, Christine Stansell und Sharon Thompson (New York: Monthly Review Press, 1983), S. 117-130; Kathy Peiss, *Cheap Amusements: Working Women and Leisure in Turn-of-the-Century New York* (Philadelphia: Temple University Press, 1986); Joanne Meyerowitz, *Women Adrift: Independent Wage Earners in Chicago, 1880-1930* (Chicago: University of Chicago Press, 1988).

4 D'Emilio und Freedman, *Intimate Matters*, S. 174.

5 Theodore Van de Velde, *Ideal Marriage* (New York: Random House, 1930), S. 157. Zwischen 1926 und 1968 wurden über 50 Auflagen verkauft.

6 Siehe zum Beispiel Karen Lystra, *Searching the Heart: Women, Men, and Romantic Love in Nineteenth-Century America* (New York: Oxford University Press, 1989).

7 Christina Simmons, »Companionate Marriage and the Lesbian Threat«, *Frontiers: A Journal of Women's Studies* 4 (1979), S. 54-59; Carol Bacchi, »Feminism and the Eroticization of the Middle-Class Woman: The Intersection of Class and Gender Attitudes«, *Women's Studies International* 2 (1988), S. 43-53.

8 Havelock Ellis, *Studies in the Psychology of Sex*, 2 Bde. (New York: Random House, 1936 [1906]), Bd. 1, Teil 2, S. 203. Ellis zitierte Angaben über frigide Frauen von führenden Sexualforschern: Shufeldt 75 Prozent; Hegar 50 Prozent; Furbringer mehr als 50 Prozent; Effertz 10 Prozent; Moll 10-66 Prozent.

9 Sigmund Freud, *Drei Abhandlungen zur Sexualtheorie*, in *Drei Abhandlungen zur Sexualtheorie und verwandte Schriften* (Frankfurt am Main, Hamburg: S. Fischer 1961 [1905]), S. 90; siehe auch Sigmund Freud, *Einige psychische Folgen des anatomischen Geschlechtsunterschieds* in *Drei Abhandlungen zur Sexualtheorie und verwandte Schriften* (Frankfurt am Main, Hamburg: S. Fischer 1961 [1925]), S. 165; Sigmund Freud, *Die Weiblichkeit*, in *Neue Folge der Vorlesungen zur Einführung in die Psychoanalyse*, 2., korrigierte Auflage (Frankfurt am Main: Fischer 1998 [1933]), S. 110-132. Für Freud war die Klitoris die leitende erogene Zone; doch er ignorierte diese Einsicht bei seiner Argumentation, die reife Frau erlebe nur den vaginalen Orgasmus; siehe Elisabeth Young-Bruehl, *Freud on Women: A Reader* (New York: Norton, 1990), S. 23.

10 Margaret Sanger, *Happiness in Marriage* (New York: Brentano, 1926), S. 21; Joseph Collins, *The Doctor Looks at Love and Life* (New York: George H. Doran Co., 1926), S. 32.

11 Wilhelm Stekel, *Die Geschlechtskälte der Frau. Eine Psychopathologie des weiblichen Liebeslebens*, 2., verbesserte und vermehrte Auflage (Berlin, Wien: Urban & Schwarzenberg, 1921), S. 240. Eine andere freudianische Perspektive legt Karen Horney dar in »The Flight from Womanhood: The Masculinity-Complex in Women as Viewed by Men and Women«, *International Journal of Psychoanalysis* 7 (1926), S. 324-339; siehe auch Carol Groneman, »Nymphomania and the Freudians«, *Psychohistory Review* 23 (1995), S. 125-142.

12 Die Freudianer waren nicht die Einzigen, die die Nymphomaninnen für frigide hielten. Obwohl auch frühere Forscher diesen Zusammenhang herstellten, nahmen sie nicht an, dass Frigidität die Unfähigkeit bedeute, den vaginalen Orgasmus zu erreichen.

13 Otto Fenichel, »Outline of Clinical Psychoanalysis«, *Psychoanalytic Quarterly* 2 (1933), S. 567.

14 *Ebd.*, S. 563-568.

15 *Ebd.*, S. 567 f.

16 Bernard S. Talmey, *Woman: A Treatise on the Normal and Pathological Emotions of Feminine Love*, 7., erweiterte Auflage (New York: Practitioner's Publishing Co., 1912), S. 78 und 104 f.

17 Masturbation wurde in der Vergangenheit u. a. für das nachlassende Verlangen von Frauen und Männern nach Geschlechtsverkehr verantwortlich gemacht. Das wissenschaftliche Interesse an der weiblichen Masturbation nahm Anfang des 20. Jahrhunderts einen Aufschwung, weil man den vaginalen Orgasmus der Frau als wesentlich für die sexuelle Befriedigung in der Ehe betrachtete.

18 Walter Gallichan, *Sexual Antipathy and Coldness in Women* (Boston: Stratford Co., 1930), S. 29 f.; siehe auch Shirley Jeffreys, *The Spinster and Her Enemies* (London: Pandora, 1985), S. 166-178.

19 Ellis, *Studies*, Bd. 1, Teil 2, S. 241.

20 Talmey, *Women*, S. 102 f.

21 *Ebd.*, S. 105 f.

22 *Ebd.*, S. 106 f.

23 Van de Velde, *Ideal Marriage*, S. 221-225.

24 William Healy, *The Individual Delinquent* (Boston: Little, Brown, 1924), S. 248.

25 Elizabeth Lunbeck, »›A New Generation of Women‹: Progressive Psychiatrists and the Hypersexual Female«, *Feminist Studies* 13 (1987), S. 513-543; Gerald Grob, *The Mad Among Us: A History of the Care of America's Mentally Ill* (New York: Free Press, 1994), S. 149-151.

26 Zitiert bei Lunbeck, »A New Generation«, S. 513; Kathy Peiss, »›Charity Girls‹ and City Pleasures: Historical Notes on Working-Class Sexuality, 1880–1920«, in *Passion and Power: Sexuality in History*, hg. v. Kathy Peiss und Christina Simmons (Philadelphia: Temple University Press, 1989), S. 57-69.

27 Ruth M. Alexander, *The »Girl Problem«: Female Sexuality and Delinquents in New York, 1900-30* (Ithaca, NY: Cornell University Press, 1995).

28 Zitiert bei Peiss, »›Charity Girls‹«, S. 64.

29 Zitiert bei Lunbeck, »›New Generation‹«, S. 535, aus den Akten des Boston Psychopathic Hospital, dem Autor zufolge eines der angesehensten Irrenhäuser der Vereinigten Staaten der damaligen Zeit.

30 Phyllis Blanchard, *The Adolescent Girl: A Study from the Psychoanalytic Point of View*, überarbeitete Auflage (New York: Dodd, Mead, 1930 [1920]), S. 169; Alexander, *The »Girl Problem«*, S. 59-65; Regina G. Kunzel, *Fallen Women, Problem Girls: Unmarried Mothers and the Professionalization of Social Work* (New Haven: Yale University Press, 1993), S. 36-64.

31 Siehe Mary E. Odem und Steven Schlossman, »Guardians of Virtue: The Juvenile Court and Female Delinquency in Early Twentieth Century Los Angeles«, *Crime and Delinquency* 37 (1991), S. 186-203.

32 Viele Ärzte und Psychiater schrieben über diese Fragen. Siehe zum Beispiel Ernest B. Hoag und Edward H. Williams, *Crime, Abnormal Minds and the Law* (Indianapolis: Bobbs-Merrill, 1923).

33 Sophonisba Breckenridge und Edith Abbott, *The Delinquent Child and the Home* (New York: Charities Publication Commitee, 1912), S. 37 f. Einen historischen Überblick bietet Steven Schlossman und Stephanie Wallach, »The Crime of Precocious Sexuality: Female Delinquency in the Progressive Era«, *Harvard Educational Review* 48 (1978), S. 63-94. Für die anhaltende Faszination dieses Paradigmas siehe Meda Chesney-Lind, »Juvenile Delinquency: The Sexualization of Female Crime«, *Psychology Today* 8 (1974), S. 43-46.

34 William Healy, *The Individual Delinquent* (Boston: Little, Brown, 1924), S. 249, 255 und 403.

35 William I. Thomas, *The Unadjusted Girl, Supplement to the Journal of the American Institute of Criminal Law and Criminology* (Boston: Little, Brown, 1925), S. 109; E. E. Southard und Mary C. Jarrett, *The Kingdom of Evils: Psychiatric Social Work Presented in One Hundred Case Histories* (New York: Macmillan, 1922), S. 51.

36 Der Fall wird diskutiert bei Southard und Jarrett, *The Kingdom of Evils*, S. 51 f.; siehe auch Grob, *The Mad Among Us*, S. 150 f.

37 Southard und Jarrett, *The Kingdom of Evils*, S. 52. Zum Boston Psychopathic Hospital vgl. Elizabeth Lunbeck, *The Psychiatric Persuasion* (Princeton: Princeton University Press, 1994).

38 Southard und Jarrett, *The Kingdom of Evils*, S. 53 f.

39 *Ebd.*, S. 56.

40 *Ebd.*, S. 55; siehe auch George Robb, »The Way of All Flesh: Degeneration, Eugenics and the Gospel of Free Love«, *Journal of the History of Sexuality* 6 (1996), S. 589-604.

41 Southard und Jarrett, *The Kingdom of Evils*, S. 57-61.

42 Peter L. Tyor, »›Denied the Power to Choose the Good‹: Sexuality and Mental Defect in American Medical Practice, 1850-1920«, *Journal of Social History* 10 (1977), S. 481.

43 Ernest Hoag zum Beispiel verzeichnete die folgenden Unterschiede zwischen Jungen und Mädchen: Das Jugendgericht von Los Angeles stufte 14 Prozent der Jungen und 34 Prozent der Mädchen, das Jugendgericht von Honolulu 49 Prozent der Jungen und 79 Prozent der Mädchen als schwachsinnig ein. Siehe Hoag und Williams, *Crime*, S. 139 f.

44 Alexander, *The »Girl Problem«*, S. 179; Hoag und Williams, *Crime*, S. 6.

45 Carrie Weaver Smith, »What the Clinic Reveals«, in *Woman's Coming of Age. A Symposium*, hg. v. Samuel Schmalhausen und V. F. Calverton (New York: Liveright, 1931), S. 190-205; Emily Lamb, »Study of Thirty-Five Delinquent Girls«, *Journal of Delinquency* 4 (1919), S. 85.

46 Healy, *The Individual Delinquent*, S. 245-250; Max Huhner, *A Practical Treatise on Disorders of the Sexual Function in the Male and Female* (Philadelphia: F. A. Davis, 1920), S. 163; Hoag und Williams, *Crime*, S. 149; Lamb, »Study«, S. 84.

47 Healy, *The Individual Delinquent*, S. 189-191.

48 *Ebd.*, S. 190 f.

49 Der Fall wird angeführt bei Thomas, *The Unadjusted Girl*, S. 172-194.

50 *Ebd.*, S. 172.

51 *Ebd.*, S. 182-188.

52 *Ebd.*, S. 189.

53 *Ebd.*, S. 191.

54 *Ebd.*, S. 192.

55 Siehe Regina G. Kunzel, »White Neurosis, Black Pathology«, in *Not June Cleaver: Women and Gender in Postwar America, 1945-1960*, hg. von Joanne Meyerowitz (Philadelphia: Temple University Press, 1994), S. 316: »Anfang des 20. Jahrhunderts untersuchte man das Phänomen unehelicher Kinder bei weißen Frauen der Arbeiterschicht kritisch, aber das Pendant bei afroamerikanischen Frauen fand man offenbar nicht der Beachtung wert«. Siehe auch Grob, *The Mad Among Us*, S. 151: »Hypersexuelle Aktivität bei weißen Frauen [am Boston Psychopathic Hospital] war für das ärztliche Personal der Beweis für

eine psychische Erkrankung; ähnliches Verhalten bei schwarzen Frauen dagegen wurde als Ausdruck der natürlichen Unmoral der schwarzen Rasse betrachtet.«

56 Siehe dazu Cynthia Russett, *Sexual Science: The Victorian Construction of Womanhood* (Cambridge, MA: Harvard University Press, 1989).

57 Fälle von Mädchen wie Esther, die zu Tausenden strafrechtlich verfolgt und in Jugendanstalten gesteckt wurden, sowie wirtschaftliche und politische Ängste vor Einwanderern führten in den zwanziger Jahren zu der ersten größeren Einwandererbeschränkung in der Geschichte der Vereinigten Staaten.

58 Carroll Smith-Rosenberg, »The New Woman as Androgyne: Social Disorder and Gender Crisis«, in *Disorderly Conduct: Visions of Gender in Victorian America*, hg. v. Carroll Smith-Rosenberg (New York: Knopf, 1985), S. 245-296; Daniel J. Walkowitz, *Working With Class: Social Workers and the Politics of Middle-Class Identity* (Chapel Hill: University of North Carolina Press, 1999), S. 87-111.

59 John F. W. Meagher, »Homosexuality: Its Psychobiological and Psychopathological Significance«, *Urologic and Cutaneous Review* 23 (1929), S. 509 und 511.

60 Kritisch zitiert bei Florence Guy Seabury, »Stereotypes«, in *Our Changing Morality: A Symposium*, hg. v. Freda Kirchwey (New York: Albert & Charles Boni, 1924), S. 226.

61 William J. Robinson, »Book Reviews«, *New York Medical Journal* 112 (1920), S. 470; Ellis, *Studies*, Bd. 1, Teil 2, S. 241.

62 Zur Bedeutung von Havelock Ellis' Werk siehe Paul Robinson, *The Modernization of Sex* (New York: Harper & Row, 1976), S. 1-42.

63 Alice Beals Parson, »Man-Made Illusions About Women«, in *Woman's Coming of Age*, hg. v. Schmalhausen und Calverton, S. 27-29.

64 Siehe Peter Gay, *The Bourgeois Experience, Victoria to Freud*, Bd. I: *Education of the Senses* (New York: Oxford University Press, 1984), S. 164-168 [deutsch *Erziehung der Sinne. Sexualität im bürgerlichen Zeitalter* [München: Goldmann 2000]).

65 Ernest Jones, »The Early Development of Female Sexuality«, *International Journal of Psycho-Analysis* 8 (1927), S. 467.

66 Zitiert bei Elaine Showalter (Hg.), *These Modern Women: Autobiographical Essays From the Twenties* (New York: Feminist Press, 1979), S. 16.

67 Smith-Rosenberg, »The New Woman«, S. 266.

68 Katherine B. Davis, *Factors in the Sex Life of Twenty-Two Hundred Women* (New York: Harper & Bros., 1929), zitiert bei Simmons, »Companionate Marriage«, S. 54; Nancy Sahli, »Smashing Women's Relationships Before the Fall«, *Chrysalis* 8 (1979), S. 18-27.

69 Collins, *The Doctor*, S. 101.

70 Ellis, *Studies*, Bd. 1, Teil 4, S. 250; siehe auch George Chauncey, »From Sexual Inversion to Homosexuality: Medicine and the Changing Conceptualization of Female Deviance«, *Salmagundi* 58/59 (1983), S. 114-146.

Die Sexexperten

1 Nelly Oudshoorn, »Endocrinologists and the Conceptualization of Sex, 1920-1940«, *Journal of the History of Biology* 23 (1990), S. 163-186; Zitat S. 168.

2 *Ebd.*, S. 167f. Das schweizerische Pharmaunternehmen Ciba brachte im Jahr 1913 Ganzextrakte von Eierstöcken auf den Markt; siehe Gail Vines, *Raging Hormones* (Berkeley: University of California Press, 1993), S. 15. Zuvor hatten Ärzte bei ihren Privatpatientinnen mit Transplantaten von Affen- und Ziegendrüsen experimentiert.

3 Merriley Borell, »Organotherapy and the Emergence of Reproductive Endocrinology«, *Journal of the History of Biology* 18 (1985), S. 1-30.

4 Robert B. Greenblatt, Frank Mortara und Richard Torpin, »Sexual Libido in the Female«, *American Journal of Obstetrics and Gynecology* 44 (1942), S. 658-663; Zitat S. 663.

5 Oudshoorn, »Endocrinologists«, S. 168.

6 Barbara Ehrenreich und Diedne English, *For Her Own Good: 150 Years of the Experts' Advice to Women* (Garden City, N. Y.: Anchor Press/Doubleday, 1978), S. 248; Oudshoorn, »Endocrinologists«, S. 184; siehe auch Diana Long Hall, »Biology, Sex Hormones and Sexism in den 1920s« in *Women and Philosophy: Toward a Theory of Liberation*, hg. v. Carol Gould (New York: G. P. Putnam's Sons, 1976).

7 William H. Perloff, »Role of the Hormones in Human Sexuality«, *Psychosomatic Medicine* 11 (1949), S. 136.

8 Vines, *Raging Hormones*, S. 18f.; Nelly Oudshoorn, *Beyond the Natural Body: An Archaeology of Sex Hormones* (London: Routledge, 1994), S. 15-42.

9 Greenblatt u. a., »Sexual Libido«, S. 663.

10 S. Leon Israel, »Premenstrual Tension«, *Journal of the American Medical Association* 110 (1938), S. 1721f.

11 Eine Untersuchung zur »Physiologie der Nymphomanie bei Milchkühen« definiert die Krankheit und führt sie auf eine hormonelle Störung durch Eierstockzysten zurück. Nymphomanie bei Kühen wurde als »Maskulinität« beschrieben, wobei die Kühe das tiefe Gebrüll und die bedrohliche Haltung des Bullen annehmen. Interessanterweise führte Nymphomanie bei Kühen entweder zu übersteigerter Libido oder zu völligem Fehlen der Libido. Oliver Wayman, *A Study of the Physiology of Nymphomania in Dairy Cattle*, Diss. phil., Cornell University, 1951.

12 Greenblatt u. a., »Sexual Libido«, S. 660.

13 In Einklang mit zeitgenössischen Vorstellungen von angemessener Weiblichkeit wurde in einem Werk von 1935 (das auf der Titelseite der *New York Times* vom 28. Oktober 1935 rezensiert wurde) die Adrenalindrüsenoperation beschrieben, die bei Frauen mit »abnormer Persönlichkeit« empfohlen wurde; dazu wurden Frauen mit einer »Abneigung gegenüber der Ehe, Verzweiflung,

Selbstmordgefährdung und allgemein einer Neigung zu entschiedener Maskulinität« gerechnet.

14 Greenblatt u. a., »Sexual Libido«, S. 662. Der Artikel erörtert weitere ähnliche Untersuchungen (S. 659 f.). Siehe auch Udall J. Salmon und Samuel H. Geist, »Effects of Androgens Upon Libido in Women«, *Journal of Clinical Endocrinology* 3 (1943), S. 235-238.

15 H. S. Rubinstein, H. D. Shapiro und Walter Freeman, »The Treatment of Morbid Sex Craving with the Aid of Testosterone Propionate«, *American Journal of Psychiatry* 97 (1940), S. 703-710. Die nachfolgenden Fälle sind in dieser Studie beschrieben.

16 *Ebd.*, S. 705 f.

17 *Ebd.*, S. 706 f.

18 *Ebd.*, S. 704.

19 A. R. Abarbanel, »Percutaneous Administration of Testosterone. Propionate for Dysmenorrhea«, *Endocrinology* 26 (1940), S. 765-773.

20 *Ebd.*, S. 770.

21 Perloff, »Role of the Hormones«, S. 134.

22 Anne C. Carter, E. J. Cohen und E. Shorr, »The Use of Androgens in Women«, *Vitamins and Hormones* 5 (1947), S. 317-391, mit der Erörterung weiterer Studien über Hormone und Libido.

23 *The Over-Sexed Woman: Relief and Control Under Bromide Sedation* (St. Louis: Dios Chemical Co., 1951). Die nachfolgenden Zitate entstammen der Broschüre, von der ein Exemplar im Kinsey Institute for Research in Sex, Gender, and Reproduction, Bloomingdale, Indiana, aufbewahrt ist.

24 Siehe Nathan Flaxman, »Nymphomania – a Symptom, Part II«, *Medical Trial Technique Quarterly* 19 (1973), S. 308. Flaxman zufolge können bromhaltige Präparate, über Jahre hinweg verabreicht, Bromismus und akute Psychosen auslösen.

25 Allen Churchill, »Psychiatric Looks at the Oversexed Girl«, *Point* 2 (1955), S. 48-52; Zitat S. 49.

26 Nur wenige Ärzte interessierten sich damals schon für das Phänomen des sexuellen Missbrauchs in der Kindheit, der später als eine der Ursachen für sexuell übersteigertes Verhalten betrachtet wurde.

27 John Burnham, »The Influence of Psychoanalysis Upon American Culture«, in *American Psychoanalysis: Origins and Development*, hg. v. Jacques M. Quen und Eric T. Carlson (New York: Brunner Mazel, 1978); Vern L. Bullough, *Science in the Bedroom: A History of Sex Research* (New York: Basic Books, 1994), S. 61 und 148; Miriam Lewin, *In the Shadow of the Past: Psychology Portrays the Sexes* (New York: Columbia University Press, 1984), S. 189; Regina G. Kunzel, »White Neurosis, Black Pathology: Constructing Out-of-Wedlock Pregnancy in Wartime and Postwar U. S.«, in *Not June Cleaver: Women and Gender in Postwar America, 1945-60*, hg. v. Joanne Meyerowitz (Philadelphia: Temple University Press, 1994). S. 311.

28 Louise Fox Connell, *Reader's Digest* (Juli 1943), S. 92-95.
29 Siehe zum Beispiel William G. Niederland, M. D., »›Masculine‹ Women Are Cheating at Love«, *Coronet* (Mai 1953), S. 41-44; Gladys Denny Shultz, »Letters to Joan«, *Ladies' Home Journal* (April 1947), S. 31 und 216 f.; Amram Scheinfeld, »›Cold‹ Women – and Why«, *Reader's Digest* (August 1948), S. 124-126.
30 Niederland, »›Masculine‹ Women«, S. 44; Connell, »Women's Responsability«, S. 93.
31 Zitiert bei Ehrenreich, *For Her Own Good*, S. 279.
32 Diana Scull und Pauline Bart, »A Funny Thing Happened on the Way to the Orifice: Women in Gynecology Textbooks«, *American Journal of Sociology* 78 (1973), S. 1047; Siehe zum Beispiel auch J. P. Greenhill, *Office Gynecology*, 9., überarbeitete Auflage (Chicago: Year Book Medical Publishers, 1971); Edward Weiss und O. Spurgeon English, Psychosomatic Medicine, 2. Auflage (Philadelphia: W. B. Saunders Co., 1943).
33 William S. Kroger und S. Charles Freed, *Psychosomatic Gynecology* (Philadelphia: W. B. Saunders Co., 1951), S. 407.
34 *Ebd.*, S. 409.
35 *Ebd.*, S. 407.
36 Nach Ehrenreich und English, *For Her Own Good*, S. 277, waren nur etwa 5 Prozent der Gynäkologen jener Zeit Frauen.
37 »Medicine: The Cold Women«, *Time*, 26. Juni 1950, S. 80 f.
38 Elaine Tyler May, *Homeward Bound: American Families in the Cold War Era* (New York: Basic Books, 1988), S. 76. May zufolge waren drei Viertel der Frauen, die in der Kriegsindustrie beschäftigt waren, noch im Jahr 1946 in diesem Bereich tätig, aber 90 Prozent von ihnen verdienten weniger als im Krieg.
39 Joanne Meyerowitz, »Beyond the Feminine Mystique: A Reassessment of Postwar Mass Culture, 1946-58«, in *Not June Cleaver*, hg. v. Meyerowitz, S. 231.
40 Greenhill, *Office Gynecology*, S. 120; Weiss und English, *Psychosomatic Medicine*, S. 571.
41 Edmund Bergler, *Neurotic Counterfeit – Sex: Homosexuality, Impotence, Frigidity* (New York: Grune & Stratton, 1951); Frank Caprio, *Female Homosexuality* (New York: Citadel Press, 1953) [dt. *Die Homosexualität der Frau. Zur Psychodynamik der lesbischen Liebe* (Rüschlikon-Zürich: Albert Müller, 1955)]; A. M. Krich, *The Homosexuals: As Seen by Themselves and Thirty Authorities* (New York: Citadel Press, 1954); Donna Penn, »The Sexualized Woman: The Lesbian, the Prostitute, and the Containment of Female Sexuality in Postwar America«, in *Not June Cleaver*, hg. v. Meyerowitz, S. 358-381.
42 Caprio, *Die Homosexualität der Frau*, S. 315.
43 *Ebd.*
44 Victor Eisenstein, *Neurotic Interaction in Marriage* (New York: Basic Books, 1956), S. 107 und 112-114; Auch bei Caprio, *Die Homosexualität der Frau*,

S. 315, heißt es: »Die latente Homosexualität kommt auch bei Ehepaaren zum Ausdruck, nämlich durch Vorliebe für gewisse Sexualakte wie Fellatio, Cunnilingus, Coitus per anum, sowie für verschiedene Stellungen, so zum Beispiel, dass die Frau oben liegt und die aktive Rolle übernimmt«.

45 Allen Churchill und Pierre Rube, »Nymphos Have No Fun«, *Esquire* (August 1954), S. 21 und 104 f.

46 *Ebd.*, S. 104.

47 *MR* (Dezember 1956), S. 6 und 67 f.

48 Roy Walcott Van Horn, »Promiscuous Women Can Be Cured«, *Coronet* (Oktober 1955), S. 77-80.

49 Alfred C. Kinsey, Wardell B. Pomeroy und Clyde E. Martin, *Sexual Behavior in the Human Male* (Philadelphia: W. B. Saunders Co., 1948) [dt. *Das sexuelle Verhalten des Mannes* (Berlin, Frankfurt am Main: G. B. Fischer, 1955)]. Kinsey wollte das Sexualleben von 100 000 Personen erforschen. »Die Sexualgeschichte des männlichen Negers«, so Kinsey in der Einführung, »können wir nicht darstellen, da die Zahl der in der Stichprobe vertretenen Neger, wenngleich von gewisser Größe [etwa 1000], doch nicht hinreicht, Analysen zuzulassen, wie wir sie hier für den weißen Mann unternehmen« (S. 7). Siehe auch Donald Porter Geddes (Hg.), *An Analysis of the Kinsey Reports* (New York: Dutton, 1954). Zu den neueren Untersuchungen gehören Janice M. Irvine, *Disorders of Desire* (Philadelphia: Temple University Press, 1990), S. 45-51; James H. Jones, Alfred C. Kinsey: *A Public/Private Life* (New York: Norton, 1997); Paul Robinson, *The Modernization of Sex: Havelock Ellis, Alfred Kinsey, William Masters and Virginia Johnson* (New York: Harper & Row, 1976), S. 42-119; sowie Leonore Tiefer, *Sex Is Not a Natural Act and Other Essays* (Boulder, CO: Westview Press, 1995), S. 20 f.

50 Wardell B. Pomeroy, *Dr. Kinsey and the Institute for Sex Research* (New Haven: Yale University Press, 1982), S. 342; dort wird das *This Week Magazine* mit »The Great Kinsey Hullabaloo« zitiert.

51 Zitat aus *Time* bei Geddes, *An Analysis*, S. 289; siehe auch Pomeroy, *Dr. Kinsey*, S. 342-367.

52 Alfred C. Kinsey, Wardell B. Pomeroy, Clyde E. Martin und Paul H. Gebhard, *Sexual Behavior in the Human Female* (Philadelphia: W. B. Saunders Co., 1953) [dt. *Das sexuelle Verhalten der Frau* (Berlin, Frankfurt am Main: S. Fischer 1963)]. Die Gesamtzahl der befragten Frauen betrug 7789. Da die Sexualberichte von strafgefangenen weißen Frauen (915 Fälle) in der Analyse als Gruppe sehr von den Berichten der Frauen abwichen, die nicht mit dem Gesetz in Konflikt gekommen waren, und weil die Auslese der farbigen Frauen (934 Fälle) nicht umfangreich genug war, wurden beide Gruppen nicht in die Berechnungen einbezogen.

53 Kinsey u. a., *Das sexuelle Verhalten der Frau*; Statistiken S. 320, 226, 565 und 391.

54 *Ebd.*, S. 14.

55 Zitiert bei Geddes, *An Analysis*, S. 364.
56 Kinsey u. a., *Das sexuelle Verhalten der Frau*, S. 12.
57 *Ebd.*, S. 128 f., 424, 134 f. und 344.
58 *Ebd.*, S. 344.
59 Kinsey, Pomeroy und Martin, *Das sexuelle Verhalten des Mannes*, S. 180.
60 *Ebd.*
61 *Ebd.*, S. 182
62 Zitiert bei Pomeroy, *Dr. Kinsey*, S. 316.
63 Kinsey u. a., *Das sexuelle Verhalten der Frau*, S. 437 f.
64 Edmund Bergler und William S. Kroger, *Kinsey's Myth of Female Sexuality* (New York: Grune & Stratton, 1952), S. 36 und 82; Robinson, *Modernization of Sex*, S. 115; Irvine, *Disorders of Desire*, S. 59.
65 Kinsey u. a., *Das sexuelle Verhalten des Mannes*, S. 8; Robinson, *The Modernization of Sex*, S. 42-119.
66 Kinsey u. a., *Das sexuelle Verhalten der Frau*, S. 344; Irvine, *Disorders of Desire*, S. 46 f.

Nymphomanie vor Gericht

1 *People v. Bastian*, 330 Mich 457, 47 N. W. 2d 692 (1951).
2 Vivian Berger, »Man's Trial, Woman's Tribulation: Rape Cases in the Court room«, *Columbia Law Review* 77 (1977), S. 23; siehe auch Susan Brownmiller, *Against Our Will: Men, Women and Rape* (New York: Bantam Books, 1975), sowie Leon Letwin, »›Unchaste Character‹, Ideology, and the California Rape Evidence Laws«, *Southern California Law Review* 54 (1980), S. 35-89.
3 *People v. Cowley*, 246 Mich 429, 431, 432, 224 N. W. 387 (1929). In diesem Fall ließ das Berufungsgericht die beiden medizinischen Experten als Zeugen zu, die die Klägerin im Gerichtssaal beobachtet hatten. Ihres Erachtens nach war die Klägerin »eine pathologische Lügnerin, eine Nymphomanin und sexuell pervers.«
4 *People v. Bastian*, S. 463; S. 429 wird der Fall *People v. Cowles* zitiert.
5 Der Kommentar »Necessity and Admissibility of Expert Testimony as to Credibility of Witnesses«, *American Law Report* 3d, 20 (1968), S. 688.
6 Roger B. Dworkin, »The Resistance Standard in Rape Legislation«, *Stanford Law Review* 18 (1966), S. 683; weitere Beispiele bei John M. MacDonald, *Rape Offenders and Their Victims*, 2. Auflage (Springfield, IL: Charles C. Thomas, 1975), S. 202: »Unterdrückte erotische Wünsche oder Fantasien können sich in Überzeugungen verwandeln, wobei das Mädchen trotz überwältigender Gegenbeweise von der Richtigkeit des Vergewaltigungsvorwurfes fest überzeugt ist.«

7 Anmerkung *Columbia Law Review* 67 (1967), S. 1138.

8 Roscoe N. Gray, *Attorneys' Textbook of Medicine*, 3. Auflage (New York: M. Bender, 1950), S. 940.

9 Ralph Sklovenko, »A Panoramic Overview: Sexual Behavior and the Law«, S. 52 f., in *Sexual Behavior and the Law*, hg. v. Ralph Sklovenko (Springfield, IL: Charles C. Thomas, 1965), zitiert bei Dworkin, »The Resistance Standard«, S. 682.

10 John Henry Wigmore, *Evidence in Trials at Common Law*, überarbeitet von James H. Chadbourn, 10 Bde. (New York: Little, Brown, 1970). Wigmore veröffentlichte zunächst im Jahr 1904/1905 eine vierbändige Ausgabe von *Evidence in Trials*. 1923 kam eine überarbeitete fünfbändige Ausgabe heraus, 1924 folgte ein Supplementband. Die endgültige, überarbeitete und erweiterte zehnbändige Ausgabe erschien kurz vor Wigmores Tod 1943 im Alter von achtzig Jahren. Siehe »J. H. Wigmore, Scholar and Reformer«, *Criminal Law, Criminology and Police Science* 53 (1962), S. 277-300. Eine kritische Analyse mit Schwerpunkt auf Wigmores Ausführungen zum Inzest und zum sexuellen Missbrauch junger Mädchen gibt Leigh B. Bienen, »A Question of Credibility: John Henry Wigmore's Use of Scientific Authority in Section 924a of the *Treatise on Evidence*«, *California Western Law Review* 19 (1983), S. 235-268.

11 Nach Berger, »Man's Trial«, S. 27: »Aufgrund seiner akademischen Stellung war Wigmore mit seinen Auffassungen über die Beweisaufnahme bei Vergewaltigungsprozessen unverhältnismäßig einflussreich.«

12 Wigmore, *Evidence*, Bd. 3, Abschnitt 924a, S. 736.

13 *Ebd.*, Abschnitt 934a, S. 767-770. Obwohl der Text teilweise überarbeitet wurde, war es wohl bei der ersten größeren Überarbeitung im Jahr 1970 eine editorische Entscheidung, einen Großteil des Originaltextes beizubehalten. Zur jüngsten Überarbeitung siehe Arthur Best, *1999 Supplement to Wigmore on Evidence* (Aspen, CO: Aspen Law and Business, 1999), S. 398, mit dem Abschnitt »Abnormal mentality of women complainants: nymphomania« (»Geistesgestörtheit bei Klägerinnen: Nymphomanie«).

14 Wigmore, *Evidence*, Bd. 3, Abschnitt 924a, S. 736.

15 *Ebd.*, S. 737.

16 Zitiert in *Ebd.*, S. 744. Menninger revidierte später seine Ansicht und gab an, über 75 Prozent der jungen Frauen in seiner Klinik seien sexuell missbraucht worden.

17 Zitiert in *Ebd.*, S. 745 f.

18 Matthew Hale, *History of the Pleas of the Crown*, Bd. I (Philadelphia: R. H. Small, 1847), S. 634. Für das Nichteinverständnis musste körperliche Gegenwehr der Frau und Gewaltanwendung durch den Mann nachgewiesen werden. In den fünfziger und sechziger Jahren wurde die Formulierung »äußerste Gegenwehr« im Allgemeinen durch »angemessene Gegenwehr« ersetzt. Feministinnen kritisierten diese Formulierung aus mehreren Gründen, u. a. mit der Frage, wer darüber befand, was »angemessene Gegenwehr« sei, und weshalb

fehlende Gegenwehr ein Beweis für das Einverständnis des Opfers sein soll, wo es doch bei anderen Verbrechen zur Feststellung von Schuld oder Unschuld keine Rolle spiele.

19 Der Prozentsatz falscher Vergewaltigungsvorwürfe ist schätzungsweise so hoch wie bei anderen Verbrechen. Siehe Susan Estrich, *Real Rape* (Cambridge, MA: Harvard University Press, 1987), S. 15.

20 Abhandlungen, die Medizin und Strafrecht kombinierten, konzentrierten sich ebenfalls auf die weiblichen Fantasievorstellungen, obwohl eingeräumt wurde, dass auch das männliche Gehirn sexuelle Wahnvorstellungen und Halluzinationen hervorbringen kann. Siehe zum Beispiel Francis Wharton, *Medical Jurisprudence*, 4. Auflage (Philadelphia: Kay & Brother, 1882-84), Abschnitt 518. Im Straffall *State of Washington v. Pryor*, 74 Wash 121, 132 P. 874 (1913), in dem es um unerlaubte Abtreibung ging, entschied das Berufungsgericht die Zulassung von Beweismitteln, die zeigten, dass die Klägerin an »Wahnvorstellungen, Halluzinationen und Fantasievorstellungen« leide. Damit sollte die Aussage der Frau angefochten werden, der Arzt habe ihren Fötus abgetrieben.

21 Ein Beispiel für den Einfluss Freud ist der Fall *People of California v. Sigal*, 235 Cal. App. 2d 449, 48 Cal. Rptr. 481 (1965), bei dem der Richter sagte: »Durch Giganten wie Freud wurde uns eine neue Welt psychologischer Erkenntnisse eröffnet ...« Siehe auch das häufig zitierte »Forcible and Statuory Rape: An Explanation of the Operation and Objective of the Consent Standard«, *Yale Law Journal* 62 (Dezember 1952), S. 66: »So verlangen viele Frauen aggressive Akte zur Eröffnung des ›Liebesspiels‹ ... Und ein sichtbares Zeichen des Kampfes könnte einer Frau später bei einer Anzeige als Beweis dienen.« Zur Diskussion über den Einfluss Freuds auf Wigmore und andere Juristen, die sich auf Wigmore beriefen, siehe Bienen, »A Question of Credibility«, S. 240; Brownmiller, *Against Our Will*, S. 343-362.

22 Sigmund Freud, *Collected Papers*, übersetzt von Joan Riviere, Bd. 4 (London: Hogarth Press und Institute of Psychoanalysis, 1950), S. 145; Estrich, *Real Rape*, S. 38. Zahlreiche weitere Texte könnten hier angeführt werden. Zum Beispiel Manfred S. Guttmacher und Henry Weihofen, *Psychiatry and the Law* (New York: Norton, 1952), S. 375: »Frauen haben häufig Vergewaltigungsfantasien«; Winfred Overholser, *The Psychiatrist and the Law* (New York: Harcourt, Brace, 1953), S. 53, der die Bedeutung Freuds und des Unbewussten in der Erkenntnis, dass »falsche Anschuldigungen sexueller Gewalt ... das Ergebnis von Fantasie« seien; sowie Morris Ploscowe, *Sex and the Law* (New York: Prentice Hall, 1951), S. 189f.: »Durch die Regelung, dass ein Mann allein aufgrund der nicht erhärteten Aussage einer Klägerin verurteilt werden kann, wird der Mann der Willkür einer rachsüchtigen, boshaften, erpresserischen oder psychopathischen Frau ausgesetzt.«

23 Helene Deutsch, *Die Psychologie der Frau* (Bern: Hans Huber, 1959), S. 234. Deutsch verwies auf die »Neger, die man oft schrecklichen Strafen unter-

zieht« – aufgrund falscher Vergewaltigungsvorwürfe weißer Frauen und ihrer »fantastischen Lügen, die aus den masochistisch erhitzten Fantasien dieser Frauen entstehen« – eine berechtigte Kritik, allerdings im falschen Zusammenhang. Siehe auch Brownmiller, *Against Our Will*, S. 251 f.

24 Berger, »Man's Trial«, S. 25-28.

25 *People v. Bastian*, S. 462.

26 L. Bender und A. Blau, »The Reaction of Children to Sexual Relations with Adults«, *American Journal of Orthopsychiatry* 7 (1937), S. 500-518, zitiert bei Judith Herman und Lisa Hirschman, »Father-Daughter Incest«, *Signs: A Journal of Women in Culture and Society* 2 (1977), S. 738. Siehe auch Erna Olafson, David L. Corwin und Roland C. Summit, »Modern History of Child Sexual Abuse Awareness: Cycles of Discovery and Suppression«, *Child Abuse and Neglect* 17 (1993), S. 14: Die Autoren zitieren eine »einflussreiche, staatlich geförderte Untersuchung aus dem Jahr 1955 über zumeist weibliche Opfer von Kindesmissbrauch, die an der Langley Porter Clinic in San Francisco entstand und in der es hieß, die Mehrheit der Opfer sei ›verführerisch‹, ›kokett‹ und ›sexuell frühreif‹«. Siehe auch Bienen, »A Question of Credibility«, S. 235: »Vor der Bewegung zur Reform des Sexualstrafrechts Mitte der siebziger Jahre ... wurde der Vorwurf des Inzests oder sexuellen Missbrauchs von Mädchen in der Gesetzgebung, in Entscheidungen der Berufungsgerichte und juristischen Kommentaren im Allgemeinen dementiert oder mit Misstrauen und Unglauben aufgenommen.«

27 Alfred M. Freedman, Harold I. Kaplan und Benjamin J. Sadock, *Comprehensive Textbook of Psychiatry-II*, 2. Auflage (Baltimore: Williams & Wilkins, 1975), S. 1536.

28 Joseph Weiss u. a., »A Study of Girl Sex Victims«, *Psychiatric Quarterly Supplement* 29 (1955), S. 24. Diese Untersuchung war Bestandteil der in Fußnote 26 erwähnten Studie an der Langley Porter Clinic.

29 Die Kontroverse um »wiedergewonnene Erinnerung« und »Syndrom der falschen Erinnerung« besonders im Zusammenhang mehrerer spektakulärer Fälle in den neunziger Jahren, in denen Kinder ihre Betreuer des sexuellen Missbrauchs beschuldigten, hat nur am Rande damit zu tun. Eine kritische Analyse, die den Pulitzer-Preis gewann, ist Richard Ofshe und Ethan Watters, *Making Monsters: False Memories, Psychotherapy, and Sexual Hysteria* (New York: Charles Scribner's Sons, 1994).

30 »Psychiatric Evaluation of the Mentally Abnormal Witness«, *Yale Law Journal* 59 (1950), S. 1325; S. J. Machtinger, »Psychiatric Testimony for the Impeachment of Witnesses in Sex Cases«, *Journal of Criminal Law and Criminology* 39 (1949), S. 750-754.

31 »Necessity or Permissibility of Mental Examination to Determine Competency or Credibility of Complainants in Sexual Offense Prosecution«, *American Law Reports* 4, 45 (1986), S. 310-372.

32 *People v. Russel*, 70 Cal Rept 210, 443 P 2d 794, 796 f. (1968).

33 *Ebd.*, S. 797.

34 *Ebd.*, S. 798.

35 *Ebd.*

36 *Ebd.*, S. 797.

37 *Ebd.*, S. 802.

38 Auch mit Gewalt verbundene Inzesterfahrungen von Jungen wurden auf sexuelle Frühreife zurückgeführt; solche Fälle tauchen aber in der Literatur sehr viel seltener auf. Siehe zum Beispiel Leo L. Orenstien, »Examination of the Complaining Witness in a Criminal Court«, *American Journal of Psychiatry* 107 (1951), S. 686. Der Autor beschreibt den Fall eines fündunddreißigjährigen Weißen, der angeklagt ist, seinen neunjährigen Sohn sexuell missbraucht zu haben. Der Junge wird als in Aussehen und Verhalten »effeminiert« beschrieben, »was den Vater zweifellos zu seinem Handeln einlud.«

39 Zur Diskussion der Gründe, warum es für die Gesellschaft so schwer war, »einfache« Vergewaltigung (bei der ein unbewaffneter Mann eine ihm bekannte Frau vergewaltigt) als »echte« Vergewaltigung anzuerkennen, siehe Estrich, *Real Rape.*

40 *Giles, et al. v. Maryland*, 386 U. S. 66; 87 S. Ct. 793 (1966).

41 Siehe A. Robert Smith und James V. Giles, *An American Tragedy: A True Account of the Giles-Johnson Case* (Washington, DC: New Republic Book Co., 1975); siehe auch MacDonald, *Rape*, S. 253-258.

42 Hubert Feild und Leigh Bienen, *Jurors and Rape: A Study in Psychology and the Law* (Lexington, MA: Lexington Books, 1980), S. 116 und 118, zufolge hat die Rasse des Beschuldigten auf die Geschworenen Einfluss und »prägt das Urteil in Vergewaltigungsprozessen im selben Maß wie das frühere Sexualleben des Opfers, wenn auch in der entgegengesetzten Richtung«. Zitiert bei Charles Alan Wright und Kenneth W. Graham, Jr., *Federal Practice and Procedures*: Evidence Sect. 5382, 1997 Supplement (St. Paul, MN: West Publishing Co., 1997), S. 171.

43 *State of Maryland v. Giles and Giles*, 239 MD 458, 474, 212 A. 2d 101 (1965).

44 Smith und Giles, *An American Tragedy*, S. 231-233.

45 *Giles, et al. v. State of Maryland*, S. 798, Nr. 6, mit der abweichenden Bewertung der Berufungsrichter.

46 *Ebd.*, S. 795.

47 *Ebd.*, S. 811. Richter Black, Clark, Harlan und Stewart waren anderer Meinung.

48 Joseph Johnson wurde 1967 von Gouverneur Agnew begnadigt.

49 GA. Code. Ann. Sect. 24-9-67 (1995) zitiert *Jones v. State of Georgia*, 232 Ga 762, 208 S. E. 2d 850 (1974). Siehe aber auch den Inzestfall *Ohio v. Buerger*, WL 10062 (Ohio App, 1981), bei dem der Angeklagte zu beweisen suchte, dass seine Tochter eine Nymphomanin und damit unglaubwürdig sei. Das Gericht entschied, das mit »Krankheit« im Gesetz von Ohio nicht psychische Störungen wie Nymphomanie, sondern physische Beschwerden wie Gonorrhöe gemeint sei.

50 Siehe zum Beispiel *Iowa v. Myers*, 382 N. W. 2d 91 (1986); *Hampton v. Wisconsin*, 92 Wis 2d 450, 285 N. W. 2d 868 (1979); *Porter v. Nevada*, 94 Nev 142, 576 P 2d 275 (1978).

51 Bis Mitte April 1999 blieb bezüglich dieser Bestimmung das Gesetz von Georgia unverändert. Siehe GA. Code. Ann., Sect. 24-9-67 (1995, Supp. 1999).

52 Jackson Rannells, »Loving Vibes at the Ende of the Line«, *San Francisco Chronicle*, 22. April 1970, S. 1.

53 *Ebd.*

54 Merly Zellerbach, »An Investigator in the Nymphomania Case«, *San Francisco Chronicle*, 30. April 1970, S. 41.

55 Rannells, »Loving Vibes«, S. 1.

56 Jackson Rannells, »Jury Deliberates Case of the Cable Car Blonde«, *San Francisco Chronicle*, 29. April 1970, S. 3; siehe auch »Medical Testimony in a Case of Trauma and Nymphomania (AKA, San Francisco Cable Car Case), Showing the Cross-Examination of the Defendant's Neuropsychiatrist by the Plaintiff's Lawyer«, *Medical Trial Technique Quarterly* 19, Teil I (1972), S. 110. Es handelt sich um die Abschrift ausgewählter medizinischer Gutachten aus dem Prozess, die der Anwalt des Klägers anfertigen ließ.

57 »Medical Testimony«, *Medical Trial Technique Quarterly*, Teil II (1972), S. 5.

58 »Final Day of Cable Car Testimony«, *San Francisco Chronicle*, 25. April 1970, S. 5.

59 »Medical Testimony«, *Medical Trial Technique Quarterly*, Teil I, S. 97.

60 Rannells, »Jury Deliberates«, S. 3; »Cable Car Blonde Awarded $ 50,000«, *San Francisco Chronicle*, 30. April 1970, S. 1 und 26.

61 Einen Überblick gibt Leigh Bienen in ihren Artikeln in *Women's Rights Law Reporter* 3 (1976), S. 45-57; 3 (1977), S. 90-137; 6 (1980), S. 171-212.

62 Julie A. Allison und Lawrence S. Wrightsman, *Rape: The Misunderstood Crime* (Newbury Park, CA: Sage Publications, 1993), S. 209, 216-218; vgl. auch Estrich, *Real Rape*; Gary LaFree, *Rape and Criminal Justice: The Social Construction of Sexual Assault* (Belmont, CA: Wadsworth Publishing Co., 1989); Patricia Searles und Ronald J. Berger (Hg.), *Rape and Society: Readings on the Problem of Sexual Assault* (Boulder, CO: Westview Press, 1995); Cassia Spohn und Julie Horney, *Rape Law Reform: A Grassroots Revolution and Its Impact* (New York: Plenum Press, 1992). Hawaii, Iowa, North Carolina und Florida haben anschließend Gesetze zum Schutz von Vergewaltigungsopfern aufgehoben.

63 Ronald J. Berger, Patricia Searles und W. L. Neuman, »Rape Law Reform: Its Nature, Origin, and Impact«, in *Rape and Society*, hg. v. Searles und Berger, S. 228: »Untersuchungen zufolge hat sich die Quote der zur Anzeige gebrachten Verbrechen, polizeilichen Festnahmen, Überprüfungen und Verurteilungen, die unmittelbar auf Gesetzesreformen zurückgeführt werden kann, kaum verändert. Allison und Wrightman, *Rape*, S. 216: »Bemühungen, die Auswirkungen dieser Reformen empirisch zu bewerten, haben zu gegensätzlichen

Schlussfolgerungen geführt.« Siehe auch Spohn und Horney, *Rape Law Reform*, S. 173: »Wie viele andere, die Strafrechtsformen untersucht haben, [haben auch wir gefunden], dass die Reform des Sexualstrafrechts den gewaltigen Ermessensspielraum der Entscheidungsträger im Strafrechtssystem kaum eingeschränkt hat.«

64 Auch das reformierte Sexualstrafrecht erlaubt es dem Angeklagten unter bestimmten Umständen, das frühere Sexualleben der Klägerin, insbesondere Geschlechtsverkehr mit dem Angeklagten, als Beweismittel heranzuziehen. Obwohl kein Beweis dafür erbracht werden kann, dass sexuell aktive Frauen mit größerer Wahrscheinlichkeit lügen, erlaubt es die Rechtssprechung einem Angeklagten vielfach, die Glaubwürdigkeit des Opfers in Zweifel zu ziehen, indem ein Beweis wie der folgende angeführt wird: Wenn eine Frau einen Mann wegen Vergewaltigung anzeigt, nachdem sie ihn in einer Bar kennen gelernt hat und mit ihm nach Hause gegangen ist, lassen viele Richter Beweismittel über das frühere Sexualverhalten des Opfers gegenüber Männern zu, die sie ebenfalls von einem Barbesuch mit nach Hause genommen hat. Rassistische Annahmen über die Promiskuität afroamerikanischer Frauen – ein hässliches Überbleibsel aus einer Zeit, als weiße Männer mit dieser Argumentation ihren sexuellen Umgang mit Sklavinnen rechtfertigten – verschleiern die Tatsache, dass schwarze Frauen als Vergewaltigungsopfer sehr viel gefährdeter sind als weiße Frauen. Siehe Jennifer Wiggins, »Rape, Racism, and the Law«, in *Rape and Society*, hg. v. Searles und Berger, S. 212-222.

65 Wright und Graham, *Federal Practice and Procedure*, Evidence Sect. 5385 (1980), S. 556 f. Die Autoren dokumentieren, dass Gerichte häufig nicht bereit waren, das Recht der Geschworenen, die Glaubwürdigkeit von Klägerinnen festzustellen, auf Experten zu übertragen. In vielen Fällen, so auch im Fall *New Mexico v. Romero*, entschied das Gericht, dass sich das Opfer keiner psychiatrischen Untersuchung unterziehen müsse. Andere Gerichte halten nach wie vor an ihrem Recht fest, derartige Untersuchungen anzuordnen. Siehe auch *Ebd.*, Evidence Sect. 5385 (1997 Supp.), S. 200.

66 *Ebd.*, Evidence Sect. 5385 (1980), S. 557.

67 Nach Edward J. Imwinkelried, *Exculpatory Evidence: The Accused's Constitutional Right to Introduce Favorable Evidence* (Charlottesville, VA: Michie Co., 1990), S. 201, haben viele Gerichte »die Untersuchung des Sexuallebens der Klägerin als Beweismittel zur Feststellung von Neigungen oder Beweggründen zugelassen.« Siehe auch Wright und Graham, *Federal Practice and Procedure*, Evidence Sect. 5385 (1980), S. 556, und Evidence Sect. 5387 (1994 Supp.), S. 178; dort wird auf den Fall *State v. Clarke*, 343 N. W. 2d 158, 162 (Iowa 1984) verwiesen: »Der Staat ließ die Untersuchung früherer sexueller Handlungen der Klägerin als Basis für die psychiatrische Bewertung zu, das dem Angeklagten zur Last gelegte Verbrechen sei nur erfunden; aber das Gericht vermerkt in diesem Punkt Uneinigkeit bei den Autoren.«

68 *Missouri v. Jones*, 716 S. W. 2d 799, 803 (1986).

69 Imwinkelreid, *Exculpatory Evidence*, S. 229, schreibt: »[Bis dahin] hat sich kein Gericht Richter Blackmars Argument angeschlossen ... der Angeklagte könnte besser beraten sein, statt dessen zu behaupten, [Nymphomanie] sei die Ursache für ihre Lügen.« So kann das verfassungsmäßig garantierte Recht des Angeklagten, der Klägerin Befangenheit nachzuweisen, die Bestimmungen zum Schutz von Vergewaltigungsopfern außer Kraft setzen. Siehe auch Wright und Graham, *Federal Practice and Procedure*, Evidence Sect. 5387 (1994 Supp.), S. 169; dort wird auf den Fall *People v. Hackett*, 421 Mich. 338, 365 N. W. 2d 120, 124 (1984) verwiesen: »Die Darlegung des früheren Sexualverhaltens eines Opfers allein zu dem Zweck, ihre Befangenheit zu beweisen, muss aus verfassungsrechtlichen Gründen fast immer zugestanden werden.«

70 Nach Wright und Graham, *Federal Practice and Procedure*, Evidence Sect. 5387, S. 579, gibt es »guten Grund anzunehmen, dass die Literatur über Frauen als ›krankhafte Lügnerinnen‹ auf veralteten sexistischen, in pseudowissenschaftlichem Jargon verbrämten Annahmen beruht.« »Ein Großteil dieser Literatur«, so heißt es weiter, »beruht auf einer Studie von Mädchen aus Unterschichtfamilien, die Inzestvorwürfe erhoben haben. Die Vermutung, diese Vorwürfe seien unrichtig, gründet sich darauf, dass der Stiefvater oder der Anstaltswärter diese Vorwürfe bestritten haben.«

71 *Missouri v. Jones*, S. 803.

72 *Chew v. Texas*, 804 S. W. 2d 633 (Tex. App – San Antonio, 1991); siehe auch »Victim Returns to Testify After Collapse«, *UPI, Regional News*, 26. Januar 1989, und *Texas Lawyer*, 3. Dezember 1990, die über das erstinstanzliche Verfahren berichten.

73 »Victim Returns to Testify«, *UPI*, S. 14.

74 *Chew v. Texas*, S. 634.

75 *Ebd.*, obwohl sich – technisch gesehen – die Beweisaufnahmeregelungen, die die Klägerin schützen sollen, im Allgemeinen nur auf das »frühere Sexualleben« oder »vergangenes Sexualverhalten« beziehen und nicht auf das Sexualverhalten nach der zur Last gelegten Vergewaltigung.

76 *Ebd.*, S. 638.

77 *Ebd.*, S. 635.

78 *Ebd.*, S. 641 und 643. Richter Peeples machte auch auf die in den Beweisaufnahmeregelungen vorgesehene Unterscheidung zwischen Leumund und bestimmten Verhaltenstatsachen aufmerksam, die dazu dienen, den Charakter der Klägerin darzulegen.

79 Das Gesetz von Texas, das Promiskuität von Vergewaltigungsopfern als Beweismittel zulässt, wurde zwar kritisiert, aber im Fall *Hernandez v. State*, Tex. App., 754 S. W. 2d 321, 324 (1988) angewandt.

80 Die Auffassungen der Berufungsgerichte sind die Grundtexte, die im Jurastudium verwendet werden.

81 Siehe Wright und Graham, *Federal Practice and Procedure*, Evidence Sect. 5382, S. 496 f.: »Die Tatsache, dass es nicht zur Berufung kommt, bedeutet, dass sexu-

eller Missbrauch, der mit einer Verurteilung endete, in den Berichten der Berufungsgerichte nicht auftaucht.«

82 Im *Supplement to Federal Practice and Procedure* von 1997 (S. 139) wird der revidierte Text von Rule 412 kommentiert, die bundesstaatliche Beweisaufnahmeregel bezüglich des Stellenwerts der Vergangenheit des Opfers in Fällen sexueller Aggression. Verwiesen wird auf die Notwendigkeit, »das Opfer gegen stereotype Vorstellungen in Schutz zu nehmen«. Da solche Stereotypen hartnäckig sind, enthalten die neuerdings revidierten Regelungen strengere Richtlinien über die Zulässigkeit von Beweismitteln über das frühere Sexualleben des Opfers. Siehe auch Wright und Graham, *Federal Practice and Procedure*, Evidence Sect. 5385 (1999 Supp.), S. 317: Die Kategorie »Nymphomanie« ist darin aber nach wie vor enthalten. Im angeführten Fall, *In Interest of Doe*, App. 1995, 918 P. 2d 254, 263, 81 Hawai'i 447, basierte die Aussage des Gutachters, das Opfer sei »geistig behindert« und damit unfähig, seine Zustimmung zu geben, auf dem früheren Sexualverhalten des Opfers; die Verteidigung durfte dieses Verhalten im Kreuzverhör ansprechen.

Die sexuelle Revolution

1 William H. Masters und Virginia Johnson, *Die sexuelle Reaktion* (Frankfurt am Main: Akademische Verlagsgesellschaft, 1967), S. 207 (Human Sexual Response [Boston: Little, Brown], 1966).

2 *Ebd.*, S. 137.

3 Masters und Johnson, »The *Playboy*-Interview«, *Playboy* (Mai 1968), S. 158.

4 Mary Jane Sherfey, *The Nature and Evolution of Female Sexuality* (New York: Random House, 1966), S. 110, 122, 134 und 141. [dt. *Die Potenz der Frau: Wesen und Evolution der weiblichen Sexualität* (Köln: Kiepenheuer & Witsch, 1974)] Zuerst veröffentlicht im *Journal of the American Psychoanalytic Association* 14 (1966); in Auszügen erschienen in Robin Morgan (Hg.), *Sisterhood Is Powerful* (New York: Random House, 1970), S. 220-230, eine der ersten Anthologien der Frauenbewegung; allgemein verständlich dargestellt in Barbara Seaman, *Free and Female: The Sex Life of the Contemporary Women* (New York: Coward, McCann & Geoghegan, 1972).

5 Sherfey, *The Nature and Evolution of Female Sexuality*, S. 134-138.

6 Masters und Johnson, *Die sexuelle Reaktion*, S. 16. Die folgende Diskussion der Ergebnisse von Masters und Johnson basiert auf den Untersuchungen von Janice Irvine, *Disorders of Desire: Sex and Gender in Modern American Sexology* (Philadelphia: Temple University Press, 1990), S. 86 f.; Paul Robinson, *The Modernization of Sex* (Ithaca, NY: Cornell University Press, 1989), S. 120-190; Lynne

Segal, *Straight Sex: Rethinking the Politics of Pleasure* (Berkeley: University of California Press, 1994), S. 93; Carol Tavris, *The Mismeasure of Women* (New York: Simon and Schuster, 1992), S. 210f., sowie Leonore Tiefer, *Sex is Not a Natural Act and Other Essays* (Boulder, CO: Westview Press, 1995), S. 41-58.

7 »The Second Sexual Revolution«, *Time*, 24. Januar 1964, S. 54.

8 Die folgende Erörterung der sexuellen Revolution und der Frauenbewegung beruht auf den Untersuchungen von Stephanie Coontz, *The Way We Never Were: American Families and the Nostalgia Trap* (New York: Basic Books, 1992); John D'Emilio und Estelle B. Freedman, *Intimate Matters: A History of Sexuality in America* (New York: Harper & Row, 1988); Alice Echols, *Daring to Be Bad, 1967-1975* (Minneapolis: University of Minnesota, 1989), Barbara Ehrenreich, *Re-Making Love: The Feminization of Sex* (Garden City, NY: Anchor Press/Doubleday, 1986) [dt. *Gesprengte Fesseln?: 20 Jahre Kampf um eine weibliche Sexualität und was wir damit gewonnen haben* (München: Goldmann, 1988]; Lillian Rubin, *Erotic Wars: What Happened to the Sexual Revolution?* (New York: Harper & Row, 1990); sowie Segal, *Straight Sex*. Zwei Studien zur Frauenbewegung erschienen zu spät, um noch berücksichtigt zu werden: Susan Brownmiller, *In Our Time: Memoir of a Revolution* (New York: Dial Press, 1999), und Ruth Rosen, *The World Split Open: How the Modern Women's Movement Changed America* (New York: Viking, 2000).

9 Wie Coontz, *The Way We Never Were*, S. 198, schreibt: »In den siebziger Jahren stieg der Anteil unverheirateter Mädchen, die Geschlechtsverkehr hatten, enorm an, und im selben Ausmaß nahm die Akzeptanz für dieses Verhalten zu.« Siehe auch Irvine, *Disorders of Desire*, S. 103-133; I. David Welch (Hg.), *Humanistic Psychology: A Source Book* (Buffalo: Prometheus Books, 1978).

10 Betty Friedan, *The Feminine Mystique* (New York: Norton, 1963) [dt. *Der Weiblichkeitswahn oder Die Mystifizierung der Frau* (Reinbek: Rowohlt, 1966)]; Helen Gurley Brown, *Sex and the Single Girl* (New York: B. Geis Associates, 1962) [dt. *Sex und ledige Mädchen* (Gütersloh: Bertelsmann, 1964), S. 295].

11 Alex Comfort, *The Joy of Sex* (New York: Simon & Schuster, 1972) [dt. *Joy of Sex = Freude am Sex* (Frankfurt am Main: Ullstein, 1977)]; Boston Women's Health Collective, *Our Bodies, Ourselves* (New York: Simon & Schuster, 1973); Nancy Friday, *My Secret Garden: Women's Sexual Fantasies* (New York: Trident Press, 1973) [dt. *Die sexuellen Phantasien der Frauen* (Bern: Scherz, 1978)]; Marabell Morgan, *The Total Woman* (Old Tappan, NJ: F. H. Revell, 1973).

12 Masters und Johnson, *Die sexuelle Reaktion*, S. 33f.

13 Anne Koedt, *The Myth of the Vaginal Orgasm* (Boston: New England Free Press, 1969), S. 1.

14 Alix Kates Shulman, »Organs and Orgasms«, in *Woman in Sexist Society: Studies in Power and Powerlessness*, hg. v. Vivian Gornick und Barbara K. Moran (New York: Basic Books, 1971), S. 203 und 205. Siehe auch Shere Hite, *The Hite Report: A Nationwide Study of Female Sexuality* (New York: Dell, 1976) [dt. *Hite-Report – Das sexuelle Erleben der Frau* (Gütersloh: Bertelsmann, 1978)]. Zur Geschichte der Klitoris siehe Thomas P. Lowry (Hg.), *The Clitoris* (St. Louis: Warren Gren, 1976).

15 Koedt, *The Myth of the Vaginal Orgasm*, S. 5.

16 Eugene E. Levitt, »Nymphomania«, *Sexual Behavior* 3 (1973), S. 15. Levitt ist Mitverfasser der »Aktualisierung« des Kinsey-Reports von 1989: Albert D. Klassen, Colin J. Williams und Eugene E. Levitt, *Sexual Morality in the U. S.* (Middletown, CT: Wesleyan University, 1989); siehe auch seinen Beitrag zum Stichwort »nymphomania« in der *Encyclopedia of Psychology*, hg. v. Raymond J. Corsini, 2. Auflage (New York: Wiley, 1994 [1984]), Bd. 2, S. 498.

17 Levitt, »Nymphomania«, S. 13; siehe auch Joshua S. Golden, »What Is Sexual Promiscuity?«, *Medical Aspects of Human Sexuality* (von nun an zitiert als *MAHS*) 2 (1968), S. 47-53; Jim Orford, »Hypersexuality: Implications for a Theory of Dependence«, *British Journal of Addiction* 73 (1978), S. 299-310.

18 Levitt, »Nymphomania«, S. 16.

19 *Ebd.*, S. 17.

20 Donald W. Hastings, *Impotence and Frigidity* (Boston: Little, Brown, 1963), S. 15. William Fry, »Psychodynamics of Sexual Humor: Nymphomania«, *MAHS* 12 (1978), S. 119, obwohl Friday anmerkt, auch das sei ein Stereotyp männlicher Sexualität.

21 Eustace Chesser, *Strange Love: The Human Aspects of Sexual Deviation* (New York: Morrow, 1971), S. 180; siehe auch Clifford Allen, *A Textbook of Psychosexual Disorders*, 2. Auflage (London: Oxford University Press, 1969), S. 355.

22 Chesser, *Strange Love*, S. 179 f.

23 Siehe zum Beispiel Golden, »What Is Sexual Promiscuity?«, S. 49-53; Jerry M. Lewis, »Promiscuous Women«, *Sexual Behavior* 1 (1971), S. 74-80; Joseph LoPiccolo und Julia Heiman, »Cultural Values and the Therapeutic Definition of Sexual Function and Dysfunction«, *Journal of Social Issues* 33 (1977), S. 166-183; Ira Reiss, »Sexual Renaissance in America: A Summary and Analysis«, *Journal of Social Issues* 22 (1966), S. 123-137.

24 Alfred Auerback, »Nymphomania«, *MAHS* 6 (1972), S. 9; siehe auch Auerbacks Artikel, »Satyriasis and Nymphomania«, *MAHS* 2 (1968), S. 39-41 und 44 f.

25 »The Don Juan«, *Sexual Behavior* (Dezember 1972), S. 4-9; James L. McCary, *Human Sexuality*, 2. Aufl. (New York: Van Nostrand Reinhold, 1973), S. 304. Mein Dank gilt Leonore Tiefer, die mir mitteilte, dass McCarys Text einer der wenigen war, die ihr für ihre ersten Hochschulseminare über menschliche Sexualität 1972 zur Verfügung standen. Siehe auch Eugene Pumpian-Mindlin,

»Nymphomania and Satyriasis«, in Charles Wahl (Hg.), *Sexual Problems, Diagnosis and Treatment in Medical Practice* (New York: Free Press, 1967), S. 163-171.

26 Auerback, »Satyriasis and Nymphomania«, S. 41 und 44; siehe auch Marcus McBroom, »A Clinical Appraisal of Some Sexually Promiscuous Females«, *Journal of the National Medical Association* 55 (1963), S. 290-294.

27 Stanley E. Willis, »Sexual Promiscuity as a Symptom of Personal and Cultural Anxiety« *MAHS* 1 (1967), S. 22 und 16. Ein ähnlicher Artikel erschien in Wahl, *Sexual Problems*, S. 173-191.

28 Willis, »Sexual Promiscuity«, S. 20 und 21.

29 *Ebd.*, S. 22.

30 Albert Ellis und Edward Sagarin, *Nymphomanie* (München: Lichtenberg 1967), S. 22 (orig.: *Nymphomania: A Study of the Oversexed Woman* [New York: Gramercy Publishing Co., 1964]).

31 *Ebd.*, S. 19-23.

32 *Ebd.*, S. 60.

33 *Ebd.*, S. 9 f.

34 *Ebd.*, S. 13.

35 Thomas Laqueur, *Making Sex: Body and Gender from the Greeks to Freud* (Cambridge, MA: Harvard University Press, 1990), S. 3 f., [dt. *Auf den Leib geschrieben: Die Inszenierung der Geschlechter von der Antike bis Freud* (Frankfurt am Main: Campus, 1992)] schreibt: »Der Gemeinplatz einer heute weitverbreiteten Psychologie – daß Männer Sex wollen, Frauen aber Beziehungen – ist die exakte Umkehrung der voraufklärerischen Vorstellungen, die, bis in die Antike zurückreichend, Freundschaft mit Männern gleichsetzten und Sinnlichkeit mit den Frauen.«

36 Donald W. Burnap und Joshua S. Golden, »Sexual Problems in Medical Practice«, *Journal of Medical Education and Practice* 42 (1967), S. 50; James McCary, *Sex Myths and Fallacies* (New York: Van Nostrand Reinhold, 1971), S. 122.

37 Neben den im Text erörterten seien noch einige der vielen Titel genannt, die in diesem Zeitraum erschienen: Rey Anthony, *The Housewives' Handbook in Selective Promiscuity* (New York: Documentary Books, 1962); Adelaide Bry, *The Sexually Aggressive Woman* (New York: New American Library, 1975); Robert Bledsoe, *Female Sexual Deviations and Bizarre Practices* (Los Angeles: Sherburne Press, 1964); David O. Cauldwell (Hg.), *Unusual Female Sexual Practices* (Inglewood, CA: Banner Books, 1966); Franklin S. Klaf und Bernhardt J. Hurwood, *Nymphomania: A Psychiatrist's View* (New York: Lancer Books, 1964); Benjamin Morse, *The Sexually Promiscuous Female* (New York: Monarch, 1963), sowie Nathan Shiff, *Diary of a Nymph* (New York: Lancer Books, 1961).

38 John Oliven, *Clinical Sexuality: A Manual for the Physician and the Professions* (Philadelphia: J. B. Lippincott, 1974), S. 430, schreibt: »Wegen der moder-

nen Behandlungsmethoden sind die massiven sexuellen Exzesse schizophrener Frauen in Krankenhäusern nicht mehr zu beobachten.« Jerome Goodman, »Nymphomania and Satyriasis«, in *Behavior in Excess*, hg. v. S. Joseph Mule (New York: Free Press, 1981), S. 249, erklärt hingegen: »Nicht selten findet man exzessive sexuelle Stimulation in Verbindung mit schamlosem Sozialverhalten auf den Stationen psychiatrischer Kliniken ...« Siehe auch Ivor Feldstein, »Nymphomania II«, *British Journal of Sexual Medicine* (August 1982), 35 f.

39 Thomas P. Detre und Jonathan M. Himmelhoch, »Hyperlibido«, MAHS 7 (1973), S. 72, 77, 80 und 85, gibt einen Überblick über die mit gesteigertem Sexualverlangen einhergehenden Leiden, zum Beispiel Psychosen, Schizophrenie, Soziopathie, sowie Krankheiten, die man mit einer deutlichen Steigerung des Sexualtriebs in Verbindung brachte wie depressive Störungen und Hirnerkrankungen. Siehe aber auch Ming T. Tsuang, »Hypersexuality in Manic Patients«, *MAHS* 9 (1975), S. 83, 86 und 89, der behauptet, Hypersexualität sei zwar oft das erste Anzeichen einer manischen Erkrankung, aber einräumt, die Doppelmoral führe dazu, dass Frauen im Vergleich zu Männern bereits bei einem geringeren Maß an sexueller Aktivität als hypersexuell eingestuft werden. F. Kraupe Taylor, *Psychopathology: Its Cause and Symptoms*, verbesserte Auflage (Baltimore: Johns Hopkins University Press, 1979 [1966]), S. 162 f., erörtert Nymphomanie neben Dipsomanie und Kleptomanie, nicht aber Satyriasis unter der Kategorie Zwangsneurosen. Andererseits ordnen Harold I. Kaplan und Benjamin J. Sadock, *Modern Synopsis of Comprehensive Textbook of Psychiatry/III*, 3. Auflage (Baltimore: Williams & Wilkins, 1981 [1972]), S. 265, Nymphomanie, Kleptomanie, Pyromanie und Dipsomanie einer Kategorie von zwanghaften Handlungen zu, die in der Regel nicht mit Zwangsneurosen in Verbindung stehen.

40 J. Henry Rusk, *Insatiable Women, Unfaithful Wives* (San Diego: Greenleaf Classics, 1972).

41 Edward Podolsky und Carlson Wade, *Nymphomania*, Sexual Behavior Series, Nr. 3 (New York: Epic Publishing Co., 1961), S. 18 und 20.

42 Victoria Morhaim, *Casebook: Nymphomania* (New York: Dell, 1964) (dt. *Nymphomanie: 4 unersättliche Frauen, 4 aufschlussreiche, psychiatrische Fälle nach authentischen Berichten* [Flensburg: Stephenson, 1968]).

43 *Ebd.*, S. 7. Ellis behauptete gleichfalls, diese Fälle frigider Nymphomaninnen seien repräsentativ, obwohl er in seinem eigenen Buch, *Nymphomanie*, die Anschauung, Nymphomaninnen seien frigide, kritisiert.

44 American Psychiatric Association, *Diagnostic and Statistical Manual of Mental Disorders* (Washington, DC: APA, 1952), S. 98 und 121.

45 Herb Kutchins und Stuart A. Kirk, *Making Us Crazy. DMS: The Psychiatric Bible and the Creation of Mental Disorders* (New York: Free Press, 1997), S. 11.

46 Als Reaktion auf die sich wandelnden kulturellen Vorstellungen von Sexualität konzentrierte sich *DSM-III* vor allem auf zu wenig – und nicht zu viel – Sex. Da

Sex inzwischen als maßgeblich für Gesundheit und Wohlbefinden galt, wurde der freiwillige Verzicht auf Sex oder die mangelnde Genussfähigkeit zur wichtigeren Störung. Siehe Janice Irvine, »Regulating Passion: The Invention of Inhibited Sexual Desire and Sex Addiction«, in *Deviant Bodies*, hg. v. Jennifer Terry und Jacqueline Urla (Bloomington: Indiana University Press, 1995), S. 314-337.

47 *DSM-III* (Washington, DC: APA, 1980), S. 283.

48 Stephen B. Levine, »A Modern Perspective on Nymphomania«, *Journal of Sex and Marital Therapy* 8 (1982), S. 316.

49 *DSM-III-R* (Washington, DC: APA 1987), S. 296.

50 *DSM-IV* (Washington, DC: APA 1987), S. 538. In der Kategorie »Nicht anderweitig spezifizierte sexuelle Störungen« hieß es jetzt: »Verzweiflung über ein Verhaltensmuster wiederholter sexueller Beziehungen mit einer Reihe von Partnern, die vom Individuum nur als Gebrauchsobjekte erlebt werden.«

51 Neuere Umfragen und Untersuchungen haben ergeben, dass Männer bei Kindesmissbrauch einen sehr viel höheren Prozentsatz der Täter stellen als Frauen. Siehe Erna Olafson, David L. Corwin und Roland C. Summit, »Modern History of Child Sexual Abuse Awareness: Cycles of Discovery and Suppression«, *Child Abuse and Neglect* 17 (1993), S. 16.

52 David Finkelhor, *A Sourcebook on Child Sexual Abuse* (Beverly Hills, CA: Sage Publications, 1986), S. 15. Die Zahl der gemeldeten Fälle von Kindesmissbrauch stieg von 7559 im Jahr 1976 auf 71 961 im Jahr 1983. Kindesmissbrauch umfasst ein breiteres Spektrum von Vergehen als Inzest, der im *Webster's Dictionary* als »Geschlechtsverkehr zwischen Personen, die so nah verwandt sind, dass eine Eheschließung gesetzlich nicht zulässig ist«, definiert wird. Da heute immer mehr »Patchwork«-Familien existieren, betrifft Inzest häufiger auch Stiefväter.

53 Finkelhor, *Sourcebook*, S. 67. Finkelhor zufolge zeigen empirische Untersuchungen zwar einen engen Zusammenhang zwischen Schichtzugehörigkeit und Kindesmisshandlung, »die meisten repräsentativen Umfragen können jedoch keinen Zusammenhang zwischen sozialer Schicht und *sexuellem* Kindesmissbrauch feststellen«.

54 Louise Armstrong, K*iss Daddy Goodnight: Aussprache über Inzest* (Frankfurt am Main: Suhrkamp, 1985) (orig.: *Kiss Daddy Goodnight: A Speak Out on Incest* [New York: Pocket Books, 1978]); siehe auch Florence Rush, *The Best Kept Secret: Sexual Abuse of Children* (Englewood Cliffs, NJ: Prentice Hall, 1980); Toni A. H. McNaron und Yarrow Morgan (Hg.), *Voices in the Night: Women Speaking About Incest* (Pittsburgh: Cleis, 1982) sowie Janet Liebman Jacobs, *Victimized Daughters: Incest and the Development of the Female Self* (New York: Routledge, 1994). Wie Jacobs (S. 42) betont, erlebt das kindliche Opfer einen »komplizierten psychologischen Prozess der Selbstanklage, der es ihm ermöglicht, das Bild des idealisierten Vaters zu schützen« und die Illusion der Kontrolle aufzubauen.

55 Siehe Jacobs, *Victimized Daughters*, S. 48; Christine Courtois, »The Incest Experience and Its Aftermath«, *Victimology: An International Journal* 4 (1979), S. 337-347; Mary deYoung, *The Sexual Victimization of Children* (Jefferson, NC: McFarland &Co, 1982); Linda Gordon, *Heroes of Their Own Lives: The Politics and History of Family Violence* (New York: Viking Penguin, 1988); Judith Herman and Lisa Hirschman, »Father-Daughter Incest«, *Signs: Journal of Women in Culture and Society* (1977), S. 735 f.; Judith Herman, *Father-Daughter Incest* (Cambridge, MA: Harvard University Press, 1981).

56 Joseph H. Beitchman u. a., »A Review of the Short Term Effects of Child Sexual Abuse«, *Child Abuse and Neglect* 15 (1991), S. 537-556; Beitchman u. a., »A Review of the Long-Term Effects of Child Sexual Abuse«, *Child Sexual Abuse and Neglect* 16 (1992), S. 101-118.

57 Robert M. Goldenson, *The Encyclopedia of Human Behavior: Psychology, Psychiatry and Mental Health*, Bd. 2 (New York: Doubleday, 1970), S. 882-884; Jerome Goodman, »Nymphomania«, *MAHS* 16 (1982), S. 64 f. und 70; Natalie Shainess, »Nymphomania, Hostile Sex and Superego Development«, in *Sexual Dynamics of Anti-Social Behavior*, hg. v. Louise B. Schlesinger und Eugen Revitch (Springfield, IL: Charles Thomas Publisher, 1983), S. 52.

58 Beitchman, »Review of the Long-Term Effects«, S. 115. In dieser maßgeblichen Studie heißt es: »Im Vergleich zu Frauen, die als Kinder nicht sexuell missbraucht wurden, haben sexuell missbrauchte Frauen in der Regel Sexualstörungen oder sexuelle Dysfunktionen.« Dazu gehört Angst vor Sex, vermindertes sexuelles Interesse, verminderte sexuelle Lust, Promiskuität oder unklare sexuelle Orientierung. Siehe auch »Maltreated Children«, *Annual Review of Psychology*, hg. v. Janet T. Spence, John M. Darley und Donald J. Foss, 48 (Palo Alto, CA: Annual Reviews, 1997), S. 422: »In der Literatur über sexuellen Missbrauch wurde übereinstimmend festgestellt, dass sexueller Missbrauch mit sexuellen Störungen verbunden ist, oft gekennzeichnet durch sexuelle Frühreife, Promiskuität oder sexuelle Aggression.«

59 James Leslie McCary, »My Most Unusual Sexual Case: Nymphomania«, *MAHS* 13 (1979), S. 74 f. McCary schrieb über denselben Fall den Artikel »Nymphomania: A Case Study«, *MAHS* 6 (1972), S. 192, 197 f., 202 und 210.

60 McCary, »My Most Unusual Sexual Case«, S. 74.

61 *Ebd.*, 75.

62 Louise Armstrong, *Der doppelte Mißbrauch. Sexuelle Gewalt: Wie Opfer verhöhnt und Täter geschützt werden* (Reinbek bei Hamburg: Rowohlt 1996), S. 136, (orig.: *Rocking the Cradle of Sexual Politics: What Happened When Women Said Incest* [New York: Addison-Wesley, 1994]), spricht von einem Gegenschlag gegen Mütter, die ihre Männer beschuldigen, die gemeinsamen Kinder sexuell zu missbrauchen. Manche Gerichte, so Armstrong, tun den sexuellen Missbrauch als Trick der Frauen ab, die das Sorgerecht für ihre Kinder bekommen wollen. Die Anwältin und Sorgerechtsexpertin Mary Ann

Mason vertritt einen ähnlichen Standpunkt in *The Custody Wars* (New York: Basic Books, 1999), S. 144f. und 165-173. Siehe auch Helen Daniels, »Truth, Community, and the Politics of Memory: Narratives of Child Sexual Abuse« in *Bad Girls, Good Girls: Women, Sex, and Power in the Nineties*, hg. v. Nan Bauer Maglin und Donna Perry (New Brunswick, NJ: Rutgers University Press, 1996), S. 150-163.

63 Mason, *The Custody Wars*, S. 144f. und 165-173.

64 Joan Jacobs Brumberg, *The Body Project: An Intimate History of American Girls* (New York: Random House, 1997).

65 »Inside Story: Baby Beauty Queens«, Arts and Entertainment Channel, 18. Mai 1998.

Fröhliche Nymphomaninnen und Sexsüchtige

1 *New York Times Sunday Magazine*, 21. November 1993, S. 69; Dinitia Smith, »Eartha Kitt, Living Her Nine Lives to the Fullest«, *New York Times*, 2. März 1999.

2 Jenny Jones, »Three Women Whose Hobby Is Sex«, 10. März 1992, und »Sexual Promiscuity Without Apology«, 16. Mai 1994.

3 Marion Winik, »Confessions of a Serious Nymphomaniac«, *Cosmopolitan* (Juni 1995), S. 160 und 164f.

4 Kathryn McMahon, »The *Cosmopolitan* Ideology and the Management of Desire«, *Journal of Sex Research* 27 (1980), S. 382.

5 Carol Tavris and Susan Sadd, *The Redbook Report on Female Sexuality* (New York: Delacorte Press, 1975), S. 3.

6 Judith Coburn, »Thinking of Having a Fling?« *Mademoiselle* (Mai 1979), S. 182f., 250 und 252.

7 Lewis Burkes Frumkes, »One Night Stands: Risky or Fun?« *Harper's Bazaar* (Februar 1980), S. 107, 151 und 154.

8 David Givens, »Sexcess and Excess: Are You A Nymphomaniac?«, *Harper's Bazaar* (April 1986), S. 72f.

9 Sheila Moramarco, »Women's Confidential Guide to Better Sex«, *Harper's Bazaar* (Oktober 1983), S. 206f. und 248.

10 Sue Mitthenthal, »New Sexual Attitudes«, *Glamour* (September 1985), S. 338f., 425 und 427.

11 Kiki Olson, »Sex with a Stranger«, *Glamour* (Oktober 1985), S. 168 und 172f.

12 Bonnie Allen, »The Sexual Revolution«, *Essence* (Februar 1983), S. 61.

13 Robert Staples, »The Sexual Revolution and the Black Middle Class«, *Ebony* (August 1987), S. 56-58.

14 Allen, »The Sexual Revolution«, S. 62.

15 Bebe Moore Campbell, »Sexual Freedom and the ›Now‹ Woman«, *Ebony* (August 1982), S. 58.

16 McMahon, »The *Cosmopolitan* Ideology«, S. 382; Ellen McCracken, *Decoding Women's Magazines from Mademoiselle to Ms.* (New York: Macmillan, 1993), S. 152-162; Ellen McCracken, »Demystifying *Cosmopolitan*: Five Critical Methods«, *Journal of Popular Culture* 16 (1982), S. 30-42.

17 Winik, »Confessions«, S. 164.

18 *Ebd.*, S. 165.

19 *Ebd.*, S. 160. Lillian Rubin, *Erotic Wars: What Happened to the Sexual Revolution?* (New York: Harper & Row, 1990), S. 116, stellt fest, dass Frauen ihre sexuellen Erfahrungen häufig herunterspielen, weil sie glauben, dass ihr Freund es missbilligen würde, wenn er die Wahrheit erführe.

20 »Ask E. Jean«, *Elle* (Februar 1995), S. 78.

21 Blanche Vernon, »Sex Questions Guys are to Embarrassed To Ask You«, *Mademoiselle* (November 1996), 148-150.

22 »Dr. Ruth«, *Los Angeles Times*, 28. Februar 1988.

23 Die folgende Erörterung von Pornofilmen und -videos beruht auf den Analysen von Linda Williams, *Hard Core: Power, Pleasure an the »Frenzy of the Visible«* (Berkeley: University of California Press, 1989) [dt. *Hard-Core: Macht, Lust und die Traditionen des pornografischen Films* (Basel: Stroemfeld, 1995)]; Feminist Anti-Censorship Task Force (FACT), *Caught Looking: Feminism, Pornography, and Censorship* (East Haven, CT: Long River Books, 1992); Laura Kipnis, *Bound and Gagged: Pornography and the Politics of Fantasy in America* (New York: Grove Press, 1996); Robert H. Rimmer und Patrick Riley, *The X-Rated Videotape Guide IV* (Buffalo: Prometheus Books, 1994); sowie Robert Stoller, *Porn: Myths for the Twentieth Century* (New Haven: Yale University Press, 1991). Der Begriff »fröhliche Nymphomanin« stammt von mir.

24 Williams, *Hard Core*, S. 112 f. Einen anderen Standpunkt vertritt Susan Lurie, »Pornography and the Dread of Women«, in *Take Back the Night: Women on Pornography*, hg. v. Laura Lederer (New York: Morrow, 1980), S. 159-173. Linda »Lovelace« Marchiano schloss sich später der Antipornografie-Bewegung an und sagte bei den Anhörungen in Minneapolis 1983 aus, sie sei gefangen gehalten und gezwungen worden, an Pornofilmen mitzuwirken. Siehe Catherine A. MacKinnon und Andrea Dworking, *In Harm's Way: The Pornography Civil Rights Hearings* (Cambridge, MA: Harvard University Press, 1997), S. 60-66.

25 John Hubner, *Bottom Feeders from Free Love to Hard Core* (New York: Doubleday, 1993), S. 172 und 203.

26 *Time*, 30. März 1987, S. 63.

27 Williams, *Hard Core*, S. 175-179.

28 Candida Royale, »Porn in the USA«, *Social Text* 37 (1993), S. 23-32; Linda Williams, »A Provoking Agent: The Pornography and Performance Art of Annie

Sprinkle«, *Social Text* 37 (1993), S. 117-133; Kegan Doyle und Dany Lacombe, »Porn Power: Sex, Violence, and the Meaning of Images in 1980s Feminism«, in *Bad Girls, Good Girls: Women, Sex, and Power in the Nineties*, hg. v. Nan Bauer Maglin und Donna Perry (New Brunswick, NJ: Rutgers University Press, 1996), S. 188-204.

29 Meine Erörterung des Kampfes gegen die Pornografie beruht auf folgenden Darstellungen: Gail Dines, Robert Jensen und Ann Russo, *Pornography: The Production and Consumption of Inequality* (New York: Routledge, 1998); Andrea Dworkin, *Pornography: Men Possessing Women* (New York: G. P. Putnam's Sons, 1979); Carole S. Vance (Hg.), *Pleasure and Danger: Exploring Female Sexuality* (Boston: Routledge & Kegan Paul, 1984) [dt. *Pornographie: Männer beherrschen Frauen* (Frankfurt am Main: Fischer, 1990)]; FACT, *Caught Looking*; Kipnis, *Bound and Gagged*; Lederer (Hg.), *Take Back the Night*; MacKinnon und Dworkin, *In Harm's Way*; Lisa Palac, *The Edge of the Bed: How Dirty Pictures Changed My Life* (Boston: Little, Brown, 1998); Lynne Segal und Mary McIntosh, *Sex Exposed: Sexuality and the Pornography Debates* (New Brunswick: Rutgers University Press, 1993); sowie Ellen Willis, *Not More Nice Girls: Countercultural Essays* (Hanover, NH: University Press, 1992).

30 Attorney General's Commission on Pornography, *Final Report* (Nashville, TN: Rutledge Hill Press, 1986).

31 Susan Brownmiller, »Let's Put Pornography Back in the Closet«, in *Take Back the Night*, hg. v. Lederer, S. 254.

32 Andrea Dworkin, *Woman Hating* (New York: Harper & Row, 1974); Dworkin, »Why So-Called Radical Men Love and Need Pornography«, in *Take Back the Night*, hg. v. Lederer, S. 152.

33 MacKinnon und Dworkin, *In Harm's Way*, S. 269 f.

34 Ellen Willis, »Feminism, Moralism, and Pornography«, in FACT, *Caught Looking*, S. 56.

35 Dave Kerr, »Friday's Guide to Movies and Music«, *Chicago Tribune*, 20. März 1992.

36 *Basic Instinct* – Beschreibung auf der Videohülle

37 Yvonne Tasker, *Working Girls: Gender and Sexuality in Popular Culture* (London: Routledge, 1998), S. 124 f. Siehe auch Mary Anne Doane, *Femmes Fatales: Feminism, Film Theory, Psychoanalysis* (New York: Routledge, 1991), S. 238; sowie Andrea Weiss, *Vampires and Violets: Lesbians in Film* (New York: Penguin, 1993) [dt. *Vampires & Violets: Frauenliebe und Kino* (Dortmund: Ed. Ebersbach im eFeF-Verlag, 1995)].

38 John Lahr, »The Big Picture: Call Her Voracious«, *New Yorker*, 25. März 1996, S. 72-79.

39 Center for the Study of Southern Culture, *The Encyclopedia of Southern Culture* (Chapel Hill: University of North Carolina Press, 1989), S. 662.

40 CNN *Showbiz Today*, transcript # 769, segment #6, 6. April 1995.

41 Kevin Smith, Drehbuch zu *Chasing Amy*, S. 97 und 102.

42 John Hughes, Drehbuch zu *The Breakfast Club*, S. 97 und 102. Ich danke meiner Forschungsassistentin Kathy Feeley, die mich auf diese Szene aufmerksam gemacht hat.

43 Zitiert nach dem Film. Ich danke meiner Kollegin Norma Manatu-Rupert; vgl. ihre Dissertation *A Comparison of Sexual Imagery of Black Women in Contemporary American Films by Black and White Filmmakers*, New York University, 1998; Jacquie Jones, »The Construction of Black Sexuality: Towards Normalizing the Black Cinematic Experience«, in *Black American Cinema*, hg. v. Manthia Diawara (New York: Routledge, 1993), S. 247-256; bell hooks, »whose pussy is this? a feminist comment«, in *reel to reel: race, sex and class at the movies*, hg. v. hooks (New York: Routledge, 1995), S. 227-235; Michele Wallace, »Films«, *The Nation*, 4. Juni 1988, S. 800 f.

44 Zitiert nach dem Film *She's Gotta Have It*.

45 Zitiert nach dem Film *Alle sagen: I Love You*; Joel und Ethan Coen, Drehbuch für *The Big Lebowski*, S. 50 und 52 f.

46 Molly Haskell, *From Reverence to Rape*, 2. Auflage (Chicago: University of Chicago Press, 1987), S. 388.

47 *Atlanta Constitution*, 9. September 1991; *Chicago Tribune*, 20. September 1991; *The Guardian*, 10. Januar 1992; *Los Angeles Times*, 10. September 1991; *Newsday*, 15. Dezember 1991; *New York Times*, 1. August 1991; *People*, 23. September 1991; *St. Petersburg Times*, 11. August, 11. September und 1. November 1991; *Times Picayune*, 13. September 1991; *Toronto Star*, 5. September 1992; *USA Today*, 4. September und 31. Oktober 1991; *Washington Post*, 23. Juli, 28. August und 11. September 1991; sowie Reuters Wire Service, 13. und 26. September 1991, sowie UPI, 30. Juli 1991.

48 Ellis Rubin, zitiert nach Richard Smitten, *Kathy: A Case of Nymphomania* (Hollywood, FL: Lifetime Books, 1993), S. 157.

49 *Geraldo*, 10. Februar 1992.

50 Rubin, *Kathy*, S. 25-28; Reuters Wire Service, 26. Juli 1991.

51 *Larry King Live*, 8. November 1991.

52 *St. Petersburg Times*, 11. September 1991.

53 *Larry King Live*, 8. November 1991.

54 *Ebd.*

55 *Geraldo*, 10. Januar 1994.

56 *Ebd.*, 10. Februar 1992.

57 *Maury Povich*, 16. April 1996.

58 *USA Today*, 4. September 1991.

59 *Oprah Winfrey*, 14. Mai 1999.

60 Patrick Carnes, Mitbegründer der Bewegung, hat erklärt, ein Drittel seiner Gruppenteilnehmer seien Frauen. Siehe Daniel Goleman, »Some Sexual Behavior Viewed as an Addiction«, *New York Times*, 16. Oktober 1984. Die statistischen Daten der National Association of Sexual Addiction Problems sind

zitiert nach *Oprah Winfrey*; siehe auch Eileen P. Gunn, »Addicted to Sex«, *Fortune*, 10. Mai 1999, S. 66-80. Das Thema exzessiver Sex zieht die Öffentlichkeit in seinen Bann. Die Psychologin und Sexualtherapeutin Sandra Leiblum erklärte jedoch nach einem Vortrag über Nymphomanie, den ich bei Keens Seminar on Sexuality im Jahr 1991 hielt, dass Patientinnen viel häufiger über geringes sexuelles Verlangen klagen (das alte Lied »ich bin zu müde«) als über Sexbesessenheit. Siehe Janice Irvine, »Regulated Passions: The Invention of Inhibited Sexual Desire and Sexual Addiction«, in *Deviant Bodies*, hg. v. Jennifer Terry und Jacqueline Urla (Bloomington: Indiana University Press, 1995), S. 314-337.

61 Siehe zum Beispiel »Dear Abby«, »Says She's Addicted to Sex«, *New York Post*, 26. Dezember 1983; Carol Saline, »To the Addict, Sex is Like the Junkie's Needle, or the Alcoholic's Next Martini«, *Daily News*, 24. Februar 1985; Ann Landers, »The Double Life of the Sex Addict«, *Los Angeles Times*, 26. April 1988; »Sexual Binging Won't Bring You Happiness«, *USA Today*, 5. August 1986; Barbara Dolan, »Do People Get Hooked on Sex?«, *Time*, 4. Juni 1990, S. 72; sowie Jean Seligman, »Taking Life One Night at a Time«, *Newsweek*, 20. Juli 1987. Einer der ersten medizinischen Artikel zu dem Thema stammt von Jim Orford, »Hypersexuality: Implications for a Theory of Dependence«, *British Journal of Addiction* 73 (1978), S. 299-310.

62 Der Abschnitt über Sexsucht beruht auf folgenden Untersuchungen: Janice Irvine, »Reinventing Perversion: Sexual Addiction and Cultural Anxiety«, *Journal of the History of Sexuality* (1995), S. 429-450; Patrick Carnes, *The Sexual Addiction* (Minneapolis: CompCare Publications, 1983); Tana Dineen, *Manufacturing Victims: What the Psychology Industry Is Doing to People* (Montreal: Robert Davies, 1996); Charlotte Kasl, *Women, Sex, and Addiction: A Search for Love and Power* (New York: Harper & Row, 1989); Wendy Kaminer, *I'm Dysfunctional, You're Dysfunctional* (Reading, MA: Addison-Wesley, 1991) [dt. *Ich bin k.o., du bist k.o.*: Das Geschäft mit der Selbstverwirklichung (München: Droemer Knaur, 1993)]; Robin Norwood, *Women Who Love Too Much* (Los Angeles: Jeremy P. Tarcher, 1985) [dt. *Wenn Frauen zu sehr lieben: Die heimliche Sucht, gebraucht zu werden* (Reinbek bei Hamburg: Rowohlt, 1988)]; sowie Stanton Peele, *Diseasing of America: Addiction Treatment Out of Control* (Lexington, MA: Lexington Books, 1989).

63 Die Begriffe emotionale Vernachlässigung oder seelische Misshandlung haben ein breites Bedeutungsspektrum und umfassen neben Misshandlung auch die Folgen von Scheidung, Todesfällen, Unfällen, Krieg, Krankenhausaufenthalten in der frühen Kindheit und Isolation.

64 Wie Janice Irvine in »Regulated Passions«, S. 314-317, betont, entstanden »gehemmtes Sexualverlangen« und »Sexsucht« als diagnostische Kategorien zur gleichen Zeit.

65 Stephen Arterburn, *Addicted to »Love«: Understanding Dependence of the Heart: Romance Relationships and Sex* (Ann Arbor, MI: Vine Books, 1996).

66 Siehe die Website des National Council on Sexual Addiction and Compulsivity NCSAC) unter *www.ncsac.org*.

67 Norwood, *Women Who Love Too Much*. Bei den Anonymen Alkoholikern bezog sich der Begriff »koabhängig« ursprünglich auf den Partner, in der Regel die Partnerin, eines Alkoholikers, dessen Verhalten es dem Abhängigen »ermöglichte« weiterzutrinken.

68 Kasl, *Women, Sex, and Addiction*, S. 43. Siehe auch Charlotte Kasl, *Many Roads, One Journey* (New York: Harper Perennial, 1992), S. 96; Anne McBean, »Assessment and Treatment of Sexually Compulsive Women: A Guide Through the Labyrinth«, Vortrag bei der National Conference on Sexual Compulsivity/Addiction, gesponsert vom Program in Human Sexuality der Universität von Minnesota, 19.-21. Mai 1991. Herzlichen Dank an Tim Smith, der mir Tonbandaufzeichnungen der Konferenz zur Verfügung gestellt hat.

69 »Position Paper: Women Sex Addicts«, Website des NCSAC.

70 Rebecca Chalker, »Updating the Model of Female Sexuality«, SIECUS Report 22 (1994), S. 1-6, zitiert bei Peter B. Anderson und Cindy Struckman-Johnson, *Sexually Aggressive Women* (New York: Guilford Press, 1998), S. 30.

71 Hier eine kleine Auswahl von Sendungen: »What Sexual Addiction Is and How It Can Be Overcome«, *The 700 Club* des Christian Broadcasting Network, 28. April 1998; »Three Women Recovering from Sexual Addiction Discuss Their Therapy«, *Real Personal* von CNBC, 26. Juni 1995; »My Wife Can't Get Enough Sex«, *Geraldo*, 10. Januar 1994; »Do People Really Suffer from Sexual Addiction?« *Doctor Dean*, 4. September 1992; »Sex Addicts«, *Jenny Jones*, 21. November 1991.

72 *Oprah Winfrey*, 14. Mai 1999.

73 Solche Fragenkataloge gibt es in vielen unterschiedlichen Versionen, siehe zum Beispiel die Website des NCSAC sowie Alan J. Smith, »Development of the Neismith Sexual/Romantic Addiction Questionnaire«, Diss. Phil., University of Nebraska, 1990.

74 In *Women, Sex, and Addiction*, S. xi erklärt Kasl zum Beispiel, dass »Missbrauch in der Kindheit neben Armut und Unterdrückung vielen Süchten zugrunde liegt«. In ihrem Buch geht sie aber nur auf Missbrauch in der Kindheit ein. Kritisch äußern sich auch Martin P. Levine und Richard R. Troiden, »The Myth of Sexual Compulsivity«, *Journal of Sex Research* 25 (1988), S. 347-363.

75 *Oprah Winfrey*, 14. Mai 1999.

Nachwort

1 Natalie Angier, *Woman: An Intimate Geography* (New York: Houghton Mifflin, 1999 [dt. *Eine intime Biografie des weiblichen Körpers* (München: Bertelsmann 2000]) setzt sich kritisch mit den neuesten Theorien der Evolutionspsychologie auseinander, Frauen hätten ein geringeres Sexualverlangen als Männer – eine traditionelle Vorstellung. Angier wirft die Frage auf, wie Frauen erkennen sollen, welches potentielle Sexualverlangen bei ihnen vorhanden ist: Anders als Männer, für die »die Diagnose Nymphomanie nie gestellt wird«, werden Frauen generell bestraft, wenn sie starkes Verlangen zeigen und »ihrer ›natürlichen‹ Tendenz zu einer unterdrückten Libido nicht folgen«.

Register

Ein hollywoodreifes Ehedrama

Leonard Blussé
Rosenkrieg
Ein Scheidungsdrama um
Besitz, Macht und Freiheit
im 17. Jahrhundert
2000. 220 Seiten, geb.
ISBN 3-593-36396-8

Cornelia van Nijenroode
ist eine wohlhabende
Handelsfrau im niederlän-
dischen Orient. Ohne Mann bleiben ihr viele Türen
verschlossen, und so heiratet sie kurzentschlossen
den zwielichtigen Joan Bitter. Erst wenige Tage nach
der Hochzeit erkennt sie, dass dieser Mann nur eines
will: ihr Geld. Cornelia sucht die Scheidung. Zuneigung verwandelt sich in erbitterte Feindschaft, Ge-
meinheiten werden ersonnen, die beiden kämpfen
mit Zähnen und Klauen. Atemlos verfolgt die feine
Kolonialgesellschaft den in aller Öffentlichkeit aus-
getragenen Ehestreit.

Liebevoll recherchiert und wunderbar erzählt –
Geschichte von ihrer besten Seite.